FERT ve AİLEDE MUTLULUK YOLU

Dr. Sevim ASIMGİL

İPEK YAYIN DAĞITIM A.Ş.

Çatalçeşme Sok. No. 52/B Cağaloğlu-İSTANBUL
Tel.: (0 212) 528 71 94-95 Fax: 528 71 96

Kapak
Kenan Özcan

Dizgi-Mizanpaj
Aynur Bayır

Baskı-Cilt
Kilim Matbaası

Baskı Tarihi
2007

İPEK YAYIN DAĞITIM A.Ş.

Dr. Sevim Asımgil

Çocukluk yılları Avrupa'da geçmiş olan yazar, liseyi Bursa'da bitirmiş, yüksek öğrenimini İstanbul Üniversitesi'nde tamamlamıştır. Evlidir; bir oğlu bir kızı vardır. Dr. Sevim Asımgil 1988'de muayenehanesini kapatarak mesaisini tamamen yazıya ve sohbetlere ayırmıştır. Değerli hocalardan senelerce Arapça dersler almış, İslâmî ilimleri tahsil etmiştir. Zaman zaman, çeşitli gazete ve dergilerde yazıları neşredilen yazar Türkiye içinde ve dışında seri olarak konferanslar vermektedir. İslâmî ilimleri araştırmaya yönelik kitaplarının yanısıra, toplumun iğdiş edilen değer yargılarını ön plana çıkarıcı romanları ve hikâyeleri de mevcuttur.

Fert ve Ailede Mutluluk Yolu, Benim Müslüman Yavrum, Gönül Bahçesine Giden Yol: Tarikat, Peygamberler Târihi, İnsanlık Tarihinin En Büyük Lideri Allah'ın Resûlu Hz. Muhammed isimli kitapları Kur'ân evlerinde ders kitabı olarak okutulmuştur.

İPEK YAYINLARINDAN ÇIKAN ESERLERİ:

1- Hz. Hatice

2- Hz. Ayşe

3- Hz. Fâtıma

4- Hz. Havva, Hz. Meryem, Hz. Âmine

5- Mübarek Aylar, Günler ve Geceler

6- Evlilik ve Mahremiyetleri

7- Sihir-Büyü-Fal

8- Fert ve Ailede Mutluluk Yolu

9- Muhteşem Hayatlar
10- Ölüm, "Bir Hiç" Olmak mıdır?
11- Cennet ve Cehennem
12- Duâ Âdâbı
13- Mutfak Kültürü
14- Kadın İlmihâli
15- Kadın Olmak Kolay Değil
16- Cennetin Kapısı Herkese Açık

VE DİĞER YAYINLANAN ESERLERİ...
1- Siyah Zambak ve Merve -Roman-
2- Sevda Geri Dön -Roman-
3- Dilârâ -Roman-
4- Cennete Çağrı
5- Meriç'in Kanlı Gelini -Roman-
6- Gönül Bahçesine Giden Yol
7- Düğünümde Ağlama -Roman-
8- Benim Müslüman Yavrum
9- Diana -Roman-
10- İsmâil Sokağı -Roman-
11- Yüreğim Nereye -Roman-
12- Aşka Çıkış Yok -Roman-
13- Terketme Beni -Roman-
14- Ayrılan Kalpler -Roman-
15- Burçlar

16- İnsanlık Tarihinin En Büyük Lideri
Hz. Muhammed -s.a.v.-
17- Sevgili Peygamberimizin Mübarek Hayatı
18- Şerefle Yaşanmış Hayatlar
19- İnsanlığa Işık Veren Hayatlar
20- Sen Gidince
21- İslâm'ın Beş Esası
22- Allah'a Nasıl Duâ Etmeliyiz?
23- Reenkarnasyon Var mı?
24- İşte Hayat Bu
25- Gusül Abdesti Nasıl Alınır?
26- Ramazan-ı Şerif Rahmet Ayıdır
27- Milletçe Sevinçli Günlerimiz: Bayramlarımız
28- Mübârek Namazımız
29- İnanç Dünyasına Tutulan Meş'âle
30- Yaşamak Güzeldir
31- Güller Açarken Gel
32- Her İnsan Servet Sahibi Olabilir
33- Sana Hiç Elveda Demedim ki

Bir hediye:

Sevgiyle okunur eserleriniz
Evlere huzurdur fikirleriniz
Vicdanları nurlanır okurlarınızın
İyiye yönelir duygularınız.
Mimarı oldunuz sevgi evinin
Âşıkları çoğaldı tatlı dilinizin
Sözlerin-sohbetin nur saçıyor
Işıksınız kalplere, ruhları açıyor.
Mânâ âlemine rehber oldunuz
Gönüller içinde mevki buldunuz
İsterim Rabbimden size hayırlı ömür
Lâle, sümbül misali yaşamınız olsun özgür

Ragıp GÜZEL
Dorbin, 17.04.2007

İÇİNDEKİLER

Kalpler İçin Bir Demek Çiçek 15

<u>Giriş</u>
İnsan En Güzel Biçimde Yaratılmıştır 19
İslâm İnsanı Hem Dünya Hem Âhiret İçin Hazırlar 20
İnsanı Yüce Allah Terbiye Etmiştir 20

<u>Birinci Bölüm</u>
Akıl Terbiyesi 23
İlim Öğrenmenin Fazileti 23
İlim Öğretmenin Fazileti 26
Ruh Terbiyesi 27
Beden Terbiyesi 28
Beslenme 29
Uyku 31
Temizlik 32
Görünüm 34
Sağlığa Zararlı Şeylerden Korunma 35
Hastalanınca Tedavi 36

Nazar-Göz Değmesi...... 36
Sihir...... 36
Arapça İfadeli Muskalar...... 37
Yer Değiştirmek...... 38

İkinci Bölüm
Ahlâk İlmi...... 41
Ahlâk İlminin Gayesi...... 43
Dini Olmayanın Güzel Ahlâkı da Olmaz...... 43
İslâm Ahlâkı Allah -c.c.-'a İtaatle Başlar...... 45
Müslümanda Bulunması Gereken Hasletler...... 46
Allah -c.c.-'ı ve O'nun Resûlü'nü Sevmek...... 46
Allah İçin Bir Kimseyi Sevmek...... 47
Allah İçin Buğzetmek...... 49
Tövbe...... 50
Takvâ...... 57
Niyet...... 55
İhlâs...... 57
Reca...... 58
Havf...... 61
Mukarabe...... 63
Muhasebe...... 64
Şükretmek-Hamdetmek...... 64
Sabır...... 67
Tevekkül...... 70

İÇİNDEKİLER

Tefekkür 73
İnsanları Sevindirmek 74
Affetmek 75
Güler Yüzlü Olmak 77
Merhametli Olmak 78
Hilm 79
Şefkat 81
Rıfk 82
Ayıpları Örtmek 83
Müslümanların Arasını Yapmak 84
İnsanlara Fayda Temin Etmek ve Onlardan Zararı
Gidermek 84
Kolaylaştırmak Zorlaştırmamak 85
Kanaatkâr Olmak 87
Hayır Yapmayı Sevmek 87
Susmanın Fazileti 88
Sır Saklamak 90
Hakkı Söylemek 91
İyiliği Emretmek, Kötülüğü Nehyetmek 91
Şefaat Etmek 93
Adaleti Gözetmek 94
Salih Kul İçin Mal Hayırdır 95
Doğruluk -Sıdk- 97
Tevazu 98
Duâ Etmek 99

Hatimeden -İmansız Gitmekten- Korkmak...............101
Vakar... 102
Haya..103
Cömertlik.. 104
İsar..106
Allah Yolunda Cihad Etmek........................... 107

Üçüncü Bölüm

Âdâb -Edepler-... 111
Âdetleri İslâm'ın Ölçüsüne Uydurmak...........111
Misafirlik.. 114
Yemek İkramında Bulunmak..........................116
Dâvete İcabet Etmek...................................... 118
Büyüklere Saygı, Küçüklere Sevgi ve Merhamet.............. 119
Selâmlaşmak... 120
İzin İstemek..123
Su veya Meşrubat İçmedeki Âdâb..................125
Yemek Yemedeki Âdâb................................... 126
Mecliste Nasıl Davranılır?..............................128
Büyüklerin Elini Öpmek................................ 132
Yakını Ölen Kimseye Taziyede Bulunmak.....132
Kutlama Tebrik...135
Hediyeleşmek.. 136
Hastayı Ziyaret Etmek................................... 137
Camiye Girme Âdâbı.......................................139

İÇİNDEKİLER

Ezanı Dinlemek... 141
Kur'ân-ı Kerîm Okunurken Dinlemek............................ 142

Dördüncü Bölüm

Müslümanda Bulunması Gereken Hasletler................... 147
Ruhsal Hastalıkların En Müzmini Kötü Huylardır.......... 147
Müflislik.. 149
Cehalet.. 149
Öfke -Gadap-... 150
Hıkd-Kin.. 154
Gıybet... 156
Su-i Zan.. 161
Tecessüs... 163
Yalan Söylemek... 164
İftira Etmek... 167
Haset.. 168
Hırsızlık.. 172
Hümeze-Lümeze.. 173
Koğuculuk... 173
Israrcılık... 174
İnat... 175
Mâlâyani -Boş ve Faydasız Yere- Konuşmak................... 175
Fahiş Konuşmak.. 177
Sövmek -Dil ile Yermek-.. 177
Lânetlemek... 178

İÇİNDEKİLER

Mira' ve Cedel -Münakaşa Etmek- 180
Mizah 182
Kahkaha ile Gülmek 184
Alay Etmek 184
Bir Kimseye Kötü Lâkap Takmak 185
Hile Yapmak 186
Kaba Söz Söylemek 186
Fitne 187
Hafif Meşreplik 187
Acelecilik 188
Husûmet 189
Dünya Sevgisi 190
Dünya İşlerinden Dolayı Üzülmek 191
Küfran-ı Nimet 194
Kibir -Büyüklenme- 194
Ucûb 203
Gurur 205
Tezelzül 206
Cimrilik 207
İsraf 208
Şikâyet ve Sızlanmak 210
Müslüman Kardeşinin Başına Gelen Kötülüğe
Sevinmek 210
Yapılan İyiliği Başa Kakmak 210

İÇİNDEKİLER

13

İki Yüzlülük 211
Nifak 211
Övmek 212
Riya 216
Tabirde ve Sözün İnceliklerinde Hata Yapmak 224
Dünyevî Mal ve Menfaat Dilenmek 225
Şöhrete Düşkün Olmak 227
Yemin Etmek 228
Bedduâ Etmek 230
Tâbi Olanın, Tâbi Olunanı Reddetmesi 230
İnsanlarla Ünsiyete Dalmak 231
Mal Sevgisi 231
Harislik 233
Tetayyur (Uğursuz Saymak) 234
Tefe'ül-Fe'l 235
Fal Baktırmak 235
Kaza ve Kaderin Mahiyetinden Sormak 236
Allahu Teâlâ'nın Zâtından Araştırıp Sormak 238
Bazı Durumlarda Susmanın Kötülüğü 239
Lüzumsuz İncelemelerde Bulunmak 239
Vesvese 240
Özrü Kabul Etmemek 241
Günaha Yönelen Kimseye Dil ile Yol Göstermek .. 241
Uzun Yaşamayı Hayal Etmek 242

Beşinci Bölüm

Ahlâk Sosyal Bir Disiplindir 245
İslâm'da Aile 246
Akrabalarla Dostluk ve Dayanışma 249
Müslümanın Komşularıyla İlişkileri 251
Salih Bir Muhitte İyi İnsanlarla Yaşamak 254
Hicret Etmek 255
Müslümanın Hocasıyla Olan Münasebetleri 256
İslâm'da Yardımcılara Muamele 258
Müslümanı Dost ve Arkadaşlarıyla İlişkileri 259
Arkadaş Seçimi 264
Müslümanın, Müslümanla Kardeşliği 265
Yetim Hakkı 267
Kul Hakkı 268
Kâfir Hakkı 270
Hayvanlara Muamele 270
İşte İnsan Budur 272

KALPLER İÇİN BİR DEMET ÇİÇEK

Artık İslâm diyarları üzerinde ruhaniyet, şefkat ve kardeşlik rüzgârları sanki hiç esmiyor. Müslüman toplumlarda, pek çok insan, kalabalıklar içinde yalnızlık çekiyor, haksızlıklara uğruyor...

Boğucu maddî hayattan usanmış, yaşamın her bölümüne uzanmış kavgalardan bıkkın, kadınlar ve erkekler, delikanlılar, kızlar hatta çocuklar, bedbîn...

Dünya insanı yılgın... Dünya insanı yorgun ve şaşkın... Fakirin zeytin ekmeğinden, zenginin mükellef sofralarından tat, lezzet kalkmış. Huzur, tamah çöllerinde kaybolmuş...

Akıllar donuk, kalplar hasta, nefisler dünya sevgisinin peşinde koşuyor... Cemiyetler kindar, kıskanç, hırslı, katı, hak nedir tanımayan acımasız kalplerle dopdolu...

Diğer tarafta gönülleri kırık, boyunları bükük çaresiz kalmış mazlum insanlar...

Delikanlı anasına isyanda, baba evlâdına hâin, kardeş, kardeşe sırt çevirmiş, kuvvetli zayıfa merhametsiz...

En basit menfaatlerde dahi çıkarlar dostlukları silmiş süpürmüş... İnsanoğlu bâtıla gömülmüş, gaflete dalmış...

Birçok yer modern Pompei: Ahlâksızlıklar... Haksızlıklar... Zulümler...

Dudaklarda küçük, samimi bir tebessüme, yüzde açık, aydınlık bir ifadeye hasret günümüz insanını, bu kargaşadan Mars'a gitmek mi, yoksa kansere bulunacak çare mi kurtaracak? Yoksa beşerî sistemlerin yetiştirdiği insan mı?

Ne kadar kültürlü, görgülü, akıllı ve zekî olursa olsun insan zayıf yaratılmıştır. Allahu Teâlâ bu konuda şöyle buyuruyor: *"Çünkü insan zayıf yaratılmıştır."* (Nisa, 4/27)

Her devirde ve medeniyetteki bütün insanlara hitap edecek, dünyada onlara istikrarlı hayatı, âhirette de ebedî kurtuluşu temin edecek hükümler ortaya koymak, yaratılmışların gücü dahilinde değildir. Bu ancak bütün zamanlara ve mekânlara Hakim, her şeye hükmü geçen âlemlerin Rabbinin kudreti ile olur. Kur'ân-ı Kerîm'in ve sünnetin çerçevesini çizdiği insan şahsiyeti eşsizdir, mükemmeldir. Çünkü İslâm, insana ve insan ilişkilerine adeta manevî dev telekoplarlar, mikroskoplarla, hem de insanüstü güçlerle bakmıştır.

Kalbinde Allah -c.c.- inancı yatan insanlar, kısacık dünya hayatlarını, hep İslâm'ın gölgesinde geçirseler, huzur ve mutluluk içinde yaşayacaklar...

Her taraftan sular çağlayacak, dallarda bülbüller ötecek, önlerinde yemyeşil nurdan bahçeler uzanacak...

İslâm'ın hakikatine ermiş bir Müslümandan, mükemmel sıfatlar ve doğruluk sızar...

Din ahlâkıyla süslenmiş bir Müslümanın kalbi çiçek bahçeleri gibidir. Yeryüzünde en güzel renkler, en nefis kokular, gözü ve ruhu okşayan harika şekiller hep orada o çiçek bahçelerinde değil midir?

Üstün ahlâkı hayatına nakşetmiş bir Müslümanın kalbi de saadetler diyarı, sevgi yurdu ve iyilikler kaynağıdır.

Bütün bahçeyi olduğu gibi göstermek imkânsız olduğu için bu güzelliklerden sadece küçücük bir demet yapabildik. Ümit ettik ki bu buketten tüm bahar anlaşılsın ve her mevsim, gönüllerde taptaze çiçekler açsın.

Gayret bizden, tevfik Allah'tandır.

Dr. Sevim ASIMGİL

GİRİŞ

Resûlullah -s.a.v.- Efendimiz *"Rabbim beni terbiye etti de ahlâkımı güzelleştirdi."* buyurmuştur.
Huylarımızın güzelleşmesi için en güzel terbiye Allah -c.c.-'ın terbiyesi, en güzel ahlâk İslâm ahlâkıdır.

☙❧

İNSAN EN GÜZEL BİÇİMDE YARATILMIŞTIR

Yüce Allah -c.c.-, kendisine en güzel şekli vermekle insanı onurlandırdığını ve ona ikramda bulunduğunu bildirmiştir.[1] İnsan seçkin ve başka canlılardan, özellikle hayvanlardan tamamen ayrı bir türdür.

İnsanın diğer varlıklar karşısındaki üstünlüğünün onun ruhî meziyetlerinden ileri geldiği kabul edilir.

İnsanın şerefi Yüce Allah'ın ona verdiği ruhtan dolayıdır.

Bu ruh Allahu Teâlâ'nın nurundan bir pırıltı ve ruhundan bir üfürmedir. İnsanın duygularını, ilerlemesini ve yükselmesini sağlayan ruhtur.

Ruhî üfleme[2] sadece insanların atası Hz. Âdem -a.s.-'a mahsus değildir. Belki onun şahsında insan soyu ve cinsine olmuştur. Yüce Allah, Hz. Âdem'e verdiği akıl, ilim ve ruh özelliklerini diğer insanlara da vermiş, yeryüzünde, Hz. Âdem'i halife yaptığı gibi diğer insanları da halife yapmıştır.

1- Teğabün, 64/3; Tîn, 95/4.
2- Said, 38/71-72.

İslâm İnsanı Hem Dünya Hem Âhiret İçin Hazırlar

Allahu Teâlâ'nın buyruğu olan İslâm, dünya ve âhirette mesut olacak, insan yetiştirmeyi amaçlar. İslâm'ı öğrenmek ve anlamak, ancak ferdin, ailenin ve toplumun terbiyesi ile gerçekleşir.

Terbiyenin dînî tarifi, kişiyi dinî ve dünyevî vazifelerini hakkıyla yerine getirebilecek bir seviyeye ulaştırmaktır.[3]

İslâm ahlâkı ile ahlâklanma özel planda ferdin ve ailenin; genel planda ümmetin, mutlak ve kesin problemidir. Ahlâkta uğranılan dejenerasyon büyük bir silkiniş istemektedir.

İnsanı Yüce Allah Terbiye Etmiştir

Resûlullah -s.a.v.- Efendimiz "Rabbim beni terbiye etti de ahlâkımı güzelleştirdi." buyurmuştur. Huylarımızın güzelleşmesi için en güzel terbiye Allah -c.c.-'ın terbiyesi, en güzel ahlâk İslâm ahlâkıdır.

Bunun için kesinlikle uymanız gereken kitap, Kur'ân-ı Kerîm, örnek alacağımız şahıs Peygamber -s.a.v.- Efendimizdir.

İslâm, insanı akıl, ruh ve beden bütünlüğü içinde terbiye eder.

3- M. Fuat, Vazaif-i Âile, s. 24.

BİRİNCİ BÖLÜM

İslâm'ın ahlâkî normlarının yükseltici asaleti milyonlarca kalpleri fethedip onları kendi saflarına katmaya sebep oluşur. Çünkü İslâm bütün temel faziletleri emretmiştir.

Güzel ahlâk Peygamber -s.a.v.- Efendimizin sıfatıdır.

Sıddıkların amelinin en faziletlisidir.

Müttakilerin mücadelesinin meyvesidir.

Abidlerin riyazetidir.

Gerçek mânâda güzel ahlâk sadece Müslümanlara mahsustur.

☙❧

AKIL TERBİYESİ

Akıl ve zekânın vazgeçilmez ihtiyacı ilimdir. Her şeyde başarılı olmanın temeli bilmek, bildiklerini denemek ve yapmaktır. Her şeyi çok iyi bilen yüce Allah, ilmin ve âlimin değerini bildirmek için:

"Hiç bilenlerle bilmeyenler bir olur mu?" (Zümer, 39/9) buyurmaktadır.

İnsanlık tarihinde ilme en çok önem veren din, İslâm dinidir.

Resûlullah -s.a.v.- Efendimiz:

"İlim talep etmek erkek kadın her Müslümana farzdır." buyurmuştur.

Hangi durum üzere bulunursa bulunsun, Müslümana, kendi halleri içinde gereken şeyleri öğrenmesi farzdır.

İslâm dini ilim hakkında tamamıyla müspet bir tavır takınmakta; ilmi insan şahsiyetinin temel unsuru olarak görmektedir. İslâm dini ilim dinidir. İslâm'a göre akıllı insan, yaşamını, ölümden sonrasına, hazırlık yaparak sürdürendir.

Allah'ın kitabı Arapça olarak indirilmiştir. Dini öğrenebilmek için kaynak kitaplara kadar bakabilmek gerekir. Bu da ancak İslâm'ın dili olan Arapça'yı bilmekle mümkündür.

Onun için her Müslüman ana dilinden sonra ilk olarak Arapça'yı öğrenmeyi kendisine vazife telâkki etmelidir.

"İlim helâl ve haramın alâmeti, cennet ehlinin yollarının nurudur. Yalnız olana iyi bir arkadaştır. Gurbette yoldaş, tenhada konuşan bir meslektaştır. Geniş ve sıkıntılı anlarda yol gösterendir.

Düşmana karşı silahtır. Dostların yanında ziynettir. Allah, ilimle bazı toplulukları yükselterek hayırlı yolu göstermede onları öncü eder, eserlerine tâbi olunmakla onları önder yapar. O toplulukların işlediklerine uyulur. Meseleler onların görüşleriyle neticelenir. İlim, kalpleri bilgisizlikten kurtaran hayattır. Karanlıklarda gözlerin çırasıdır. Kul, ilim ile iyiler makamına erişir, dünya ve âhirette yüksek derecelere ulaşır.

İlmî mevzularda düşünme oruç tutmaya bedeldir; ilmî dersler yapmak namaza bedeldir. Yakın akrabalar arasında gidip gelme ve kaynaşma ilim ile olur. Helâl ve haram ancak onunla bilinir. İlim, amelden önde gelir; amel ona tâbidir."[1]

İlim Öğrenmenin Fazileti

Allahu Teâlâ Hazretleri Kur'ân-ı Kerîm'de:

"*Rabbim ilmimi artır de.*" (Taha, 20/114) buyurmaktadır.

Kesîr bin Kays -r.a.- anlatmıştır:

"Ashab-ı kiramdan Ebû Derda Hazretleri, Şam'da bulunduğu bir sırada, Medine'den bir adam onun yanına geldi. Ebû Derda Hazretleri ona:

1- Tarikat-ı Muhammediye, s. 81-82.

– Medine'den gelişinizin sebebi nedir, dedi. Adam cevap verdi:

– Resûlullah -s.a.v.-'den bir hadis rivâyet ettiğinizi duydum, onun için geldim.

– Başka bir hacet için gelmediniz mi?

– Hayır.

– Ticaret için gelmiş olmayasınız?

– Hayır.

– Peki yalnız bu hadis için mi geldiniz?

– Evet.

– Şüphesiz ben Resûlullah -s.a.v.-'in şöyle buyurduğunu işittim:

"İlmi arzulayarak, yola çıkan kimseyi, Allah cennet yoluna alır."

"Âlimin âbid üzerine olan üstünlüğü, ayın diğer yıldızlar üzerine olan üstünlüğü gibidir. Şüphesiz âlimler peygamberlerin varisleridir. Peygamberler altın ve gümüş miras bırakmadılar. Miras olarak ilmi bıraktılar. Kim ilimden bir şey aldıysa, hakikat o büyük bir pay almıştır."[2]

İbn-i Abbas -r.a.-:

"İlim talep ederken büyük zorluklara göğüs gerdim, fakat ilmi elde ettikten sonra aziz oldum." demiştir.

Bir hadis-i şerifte:

"Ya âlim ol, ya talebe ol, ya dinleyen ol. Sakın bunlardan başka dördüncü bir sınıfa dahil olma; yoksa helâk olur gidersin." buyrulmuştur.

2- Tarikat-ı Muhammediye, s. 76.

İlim Öğretmenin Fazileti

Allahu Teâlâ Hazretleri Kur'ân-ı Kerîm'de:

- *"Allah dilediğine ilim ve hikmet verir Kime hikmet verildiyse, gerçekten ona çok hayır verilmiştir. Bunu ancak akıl sahipleri düşünebilirler."* (Bakara, 2/269)

- *"Allah, melekler ve ilim sahipleri O'ndan başka mabud olmadığına şahitlik etmişlerdir. O, her an adalet üzeredir."* (Âl-i İmrân, 3/18) buyurmaktadır.

"Dikkat edilirse görülür ki, ikinci âyet-i celîlede Allahu Teâlâ evvela zât-ı uluhiyetinden başlayarak birliğine şehadet ediyor. İkinci olarak melekleri şahit tutuyor. Üçüncü olarak da âlimlerin şahitliğini ortaya sürüyor. Bu da ilmin ve âlimin büyüklüğünü gösteren en büyük bir delil olsa gerek."

"Mü'minin, dinlediği hayırlı bir kelimeyi başkasına öğretmesi ve onunla amel etmesi, bir yıllık -nafile- ibâdetten daha hayırlıdır."[3]

"Âlimler, ümmetin anne babalarından daha merhametlidirler."

Yahya b. Muaz, bu merhametin keyfiyeti hakkında demiştir:

"Çünkü anne ve babalar çocuklarını ancak dünyadaki felaketlere karşı korumaya çalışırlar. Oysa âlimler, Muhammed ümmetini âhiretin şiddetli azâbından korurlar." demiştir.

Hayra delâlet eden -hayır yolunu gösteren- o hayrı bizzat işlemiş gibi sevaba nail olur.

3- İhya-yı Ulûm-id Din, c. 1, s. 112.

İlmin bir değeri vardır, onun değeri, onu koruyabilecek ve hiçbir şekilde zayi etmeyecek kimselere öğretmektir.⁴

Ruh Terbiyesi

Yüce Allah bir âyet-i kerîmede:

"*O insana ruhumdan üfledim.*" (Hicr, 15/29) buyurmaktadır.

Ruhumuz Allah -c.c.-'tan gelmiştir. Ruh sağlığı çok önemlidir. Ömrümüz bitince ölüm sadece bedenimizedir. Ruhumuz asla ölmez. Ruhumuzun yaşamı süresiz ve sonsuzdur. Gerçek yaşamı âhirette lâyık olduğu yerde -bu dünyada ömrümüz sona erince- başlar.

Ruhumuzun, kıyâmete kadar olan sürede geçici olarak kalacağı yeri Resûlullah -s.a.v.- Efendimiz şöyle bildirmiştir:

"Kabir -ölen kimsenin ruhu için- ya cennet bahçelerinden bir bahçe ya da cehennem çukurlarından bir çukurdur."⁵

Kıyâmet kopup, ruhlar bedeni bularak insan yeniden dirildikten sonra, önce Allah -c.c.-'ın huzurunda dünya hayatının hesabı verilir. Daha sonra iyi kimseler cennete, kötü kimseler cehenneme gider.

Ruh, kalbi çalıştırır. Beyin ve sinirler aracılığı ile hareketi ve kımıldamayı meydana getirir. Dış ve iç duyguları da sağlar.

Hakikatte asıl gören, işiten, tadan, koku alan, dokunduğu şeyin sert, yumuşak, soğuk veya sıcak olduğunu anlayan ruhtur. Bu dış duygularda insan ve hayvanlar birleşirler.

4- İhya-yı Ulûm-id Din, c.1, s. 106-116.
5- Tirmizî, Kıyâme, 26.

Hatta bazı hayvanlarda bu duygular insandan çok daha kuvvetlidir.

Fakat iç duygular hayvanlarda sınırlı, insanlarda sınırsızdır. Hayvanlar yaşamlarını yaratıldıkları hal üzere sürdürüp ölürler. Onlar insanlar gibi düşünebilseydiler, yeryüzü insan için yaşanmaz bir mekân olurdu.

İnsanı yükselten, alçaltan, meleklerden daha üstün, hayvanlardan daha aşağı kılan, kimini mü'min, kimini kâfir, kimilerini âdil, kimilerin zâlim, insanı iyi ya da kötü yapan hep ruhtur.

Ruh Sağlığı Dört Şeyle Gerçekleşir

1- Kuvvetli imânla,

2- Ruhun ibâdetlerle beslenmesi, terbiye edilerek disiplin altına girmesiyle,

3- Kötü ahlâklardan kurtulmakla,

4- Kişinin takvâ yolunda yürümekle.

Allah -c.c.-'ın çokça anıldığı, İslâm'dan ve onun yüceliğinden bahsedilen meclislere devam etmek de ruhu arındırır. Kalp berraklaşır. İnsanın varlığını imân sevinci kaplar.

BEDEN TERBİYESİ

Sıhhat, kişinin dünyevî ve uhrevî vazifelerini tam olarak ifa edebilmesi için muhtaç olduğu birinci şarttır. Bu sebeple İslâm'da beden terbiyesi son derece önemli bir yer tutar. Peygamber Efendimiz:

"Sağlam, kuvvetli mü'min, Allah katında zayıf mü'minden daha sevimlidir."[6] buyurmuştur.

6- Âile Eğitimi, 1-336.

Hz. Peygamber, kuvvetli imânı ifade eden yakînden sonra en kıymetli şeyin sıhhat olduğunu belirtmiştir:

Allah'tan af ve afiyet dilemeli, zira hiçbir kimseye yakînden sonra afiyetten daha hayırlı bir şey verilmemiştir.[7]

Sağlık:

1- Beslenme,

2- Uyku,

3- Temizlik,

4- Görünüm,

5- Sağlığa yararlı hareketler,

6- Sağlığa zararlı şeylerden korunma,

7- Hastalanınca tedavi ile korunur.

Bütün bunlar, ferdî görevler için olduğu kadar, toplumsal görevlerin yerine getirilmesi için de önemli ve gereklidir.

Sağlıksız ve güçsüz fertlerin çok olduğu cemiyetlerde içtimaî gelişme, iktisadî büyüme ve düşman güçlere karşı kuvvetli olma imkânları da tehlikeye düşer.

Beslenme

Yaşayan her canlının, canlılığını koruması için mutlaka beslenmesi gerekir. Aşırı veya yetersiz, yahut da dengesiz ve hatalı beslenmeler birçok olumsuz sonuçlara sebep olur. Yemekten amaç, karnı doldurmak değil, beslenmektir. İbâdet etmeye güç, kuvvet kazanmak niyetiyle yemeli. Müslüman mideyi aşırı doldurmaktan sakındırılmıştır. Tirmizî'nin rivâyet ettiği hadiste şöyle buyurulmuştur:

7- Hz. Muhammed'in Sünnetinde Terbiye, s. 235.

"Âdemoğlu karnından daha kötü bir kap dolduramaz. Belini doğrultabilmesi için âdemoğluna iki lokma yeter, ama mutlaka fazla yiyecekse midesinin üçte birini yemek, üçte birini içmek ve üçte birini de nefes alıp vermek için ayırsın."

Yemek hususunda Peygamber Efendimizin çeşitli tavsiyelerde bulunmuştur:

– Yemeği çok yemekten sakının. Şüphesiz kul, şehvetini âhiretine tercih etmedikçe helâk olmaz. İbâdet az yemektir.

İbnü'l-Ebû Dünya, Hz. Âişe -r.anhâ-'dan şöyle nakletmektedir: "Bu ümmet içinde Peygamberlerinden sonra ilk meydana gelen yenilik, devamlı tok bulunmaktır. Çünkü mideyi aşırı doyurmanın sonucu beden yağlanır, kalp zayıflar ve şehvet galip gelir."

– Mü'min, bir kâfir yedi kursağına yer. İnsan yemesini azalttığı zaman içi nur dolar.

– Yemeğin hayırlısı soğuk ve tatlı olanıdır.

– Yemeği çok sıcak yemeyin. Zira o yemeğin bereketini giderir. Size soğuk tavsiye ederim. Zira onun yenmesi daha afiyetli, bereketi daha büyüktür.

– Yemeğin hemen arkasından ağzınızı çalkalayın.

Bu, dişler için sıhhat vericidir.

– Akşam yemeğini bırakmayınız. Bir avuç hurma da olsa. Onu terketmek insanı çabuk kocaltır.

– Yemeği Allah'ın zikri ve namazla eritmeli, yemek üzerine uykuya yatmamalı, yoksa kalpler katılaşır.

– Müslüman, Allah -c.c.-'ın helâl kıldığı yiyecekleri yer, çünkü Allah'ın haram kıldıklarında şifa yoktur.

Yeme, İçmede İsraf Edilmemeli

Kur'ân-ı Kerîm'de:

"Yiyiniz, içiniz israf etmeyiniz. Çünkü Allah israf edenleri sevmez." (A'raf, 7/31) buyurulmaktadır.

Müslüman yeme ve içme hususunda bu âyet-i kerîmeyi rehber edinir. Yemede olduğu gibi meşrubatta da itidal üzere olmalı.

– Haram olan içkilerden kaçınmalı, zira o her şerrin anahtarıdır.

– İçki derttir. Deva değildir.

– Resûlullah -s.a.v.- Efendimiz içilecek şeylerden en çok sütü, şerbetlerin içinde en çok bal şerbetini severlerdi.

Uyku

Her canlının mutlaka dinlenmeye ihtiyacı vardır. Bitkiler ve ağaçlar dahi çiçeklerini, ürünlerini belli aylarda verirler. Diğer aylarda dinlenirler. İnsanlar da hayvanlar da dinlenir. Dinlenmenin fazlası tembelliktir. Azı ise yetersizdir.

Uyanıkken çalışan, yorulan, hareket eden vücut uykuda rahatlar, dinlenir. Vücudun yıpranan yerleri onarılır. Uyanıkken ölen hücrelerin yerine uykuda yenisi oluşur. Uykuyu yaratan Allah'tır.

– Uykuda önemli olan süre değil, dinlendirici olmasıdır.

Yüce Allah bir âyet-i kerîmede:

"Uykunuzu bir dinlenme vasıtası yaptık." (Nebe, 78/9) buyurmaktadır.

– Erken yatmalı. Resûlullah -s.a.v.- yatma hususunda "Yatsı namazından sonra konuşmak ve sohbet etmek yoktur." buyurmuştur.

— Sabahleyin erken kalkanlar hakkında Peygamber Efendimiz duâ buyurmuştur:

"Allahım ümmetimden sabahları erken uyananların ve erken iş başı yapanların zamanını ve kazancını bereketlendir."

— Müslümanlar namaz kılmak için, şafaktan önce kalkarlar. Bir habere göre, bir kimse sabah namazını kıldığı yerde işrak namazını kılıncaya kadar otursa, deniz köpüğü kadar da günahı olsa mağfiret olur.

"Ne güzel âdettir kuşluk uykusu" denmiştir.

— Yatılacak yer temiz olmalı.

— Vücudun bir kısmı güneşte, bir kısmı gölgede kalacak şekilde yatmamalı.

— Müslüman yüz üstü yatmaktan menedilmiştir.

Temizlik

Temizliğe gereği gibi önem vermeyen bir Müslüman, Müslümanlığın bu yönünü bilmiyor veya biliyor da önemsemiyor demektir. Bir hadis-i şerifte "Temizlik imânın yarısıdır."[10] buyurulmuştur.

Temizliğe dikkat etmeyenler ya imânı zayıf, ya akılları noksan, ya çok tembel ya da kötü alışkanlıkların esiri olmuş kimselerdir. Kur'ân-ı Kerîm'in otuz yerinde temizliğe değinilmesi, İslâm'ın maddî ve manevî temizliğe ne kadar çok kıymet verdiğini gösterir.

Allahu Teâlâ -c.c.- Kur'ân-ı Kerîm'de:

10- Ramuz-el Ehadis, 1-221.

"*Şüphesiz ki Allah çok çok tövbe edeleri ve temiz olanları sever."* (Bakara, 2/222) buyurmaktadır.

İslâm'da; maddî şeyler ile kirlenen vücudu, elbiseyi ve mekânı temizlemek titizlikle uyulması istenen bir vazifedir.

Maddi Temizlik, İnsan Hayatlarında Çok Önemlidir

– İslâm'da esas olan, her ne sebeple olursa olsun kirlenen vücudu, giyeceği, yeri vs. su ile temizlemektir. Bu temizlik ameliyesi, temizlenecek şeyin haline göre farz, sünnet veya müstehap olur.

– Namaz kılabilmek için abdest almak ve gerektiği zaman gusletmek farz olan bir temizlik vazifesidir.

– Müslümanlar için yüzde, kulakta, burunda, tırnaklarda, saç ve sakalda bulunan kirleri gidermek, saçları derli toplu bulundurarak, "insanların nefretine meydan vermemek" sünnet olan bir nezafet vazifesidir.

– Her Müslümanın haftada bir kere olsun vücudunu yıkaması müstehaptır. Efdal olan cuma gününde yıkanmaktır. Çünkü cuma Müslümanların bayramıdır.

– Müslümanın, uzayan tırnaklarını ve bıyıklarının fazla kısmını kesmesi müstehaptır.

– Kol altındaki ve kasıklardaki tüyleri yolmak veya tıraş etmek müstehaptır. Bunlar haftada veya on beş günde bir temizlenmelidir. Kırk gün kadar hali üzerine bırakmak tahrimen mekruhtur.

– Şuurlu bir Müslüman ağız ve diş temizliğine de dikkat eder.

Ağız temizliğine Resûlullah -s.a.v.-'in gösterdiği özen O'nu "Ümmetime zor gelmeyeceğini bilseydim onlara her namazda misvak kullanmaları emrederdim." buyurmaya kadar götürmüştür.

– Peygamber Efendimiz soğan, sarımsak ve pırasa yiyenlerin koku geçinceye kadar camilere yaklaşmamasını emir buyurmuştur:

"Soğan, sarımsak ve pırasa yiyenlerin ağız kokusundan melekler de insanlar da rahatsız olur."

– Oturulan yerden, çöpler atılmazsa, oradan bereket kaldırılacağı haberi gelmiştir.

Görünüm

Müslüman, insanlar arasına girmeden önce kendini kontrol eder. Güzel bir görünümle, göze rahatlık verecek ve herkesi kendisine ısındıracak bir şekilde insanların arasına girmeye çalışır.

Hz. Âişe -r.anhâ-'nın şöyle dediği rivâyet edilmiştir: Resûlullah'ın ashabından bir grup O'nu kapıda bekliyordu. Daha evden çıkmamıştı. Evde bir su küpü vardı. Resûlullah ona bakıp saçını ve sakalını düzeltmeye başladı. Ona "Ey Allah'ın Resûlü sen de mi bunu yapıyorsun?" dediğimde bana "Evet! Birisi kardeşlerinin yanına çıkacağı zaman kendisini hazırlasın. Çünkü Allah güzeldir ve güzeli sever." buyurdu.

Müslüman, bütün bunları ifrat ve tefrite düşmeden orta yolu takip prensibine uygun olarak yapar. Zühd ve tevazuyu, dış görünümü ihmal ve pislik içinde oturma mânâlarına almamak gerekir.

İmam Ebû Hanife -r.a.- güzel görünüş ve elbiseye, hoş koku ve giyimde inceliğe dikkat gösterirdi. Başkalarını da buna teşvik ederdi. Bir gün dostlarından birini eski bir elbiseyle gördü. Onunla yalnız kaldıklarında, ona yeni elbise alması için on bin dirhem verdi. Dostu:

– Ben zenginim ve nimet içindeyim. Verdiğin paraya ihtiyacım yok, dedi. Ebû Hanife:

– "Allah nimetinin eserini kulu üzerinde görünmesini sever." hadisini bilmez misin? Din kardeşinin sana acımaması için kıyafetini değiştirmen gerekir, cevabını verdi.

İslâm; süslenmekte aşırılığı, insanı bu hayata kul yapacak ifratı ve her şeyi bırakıp sadece giyim kuşamla ilgilenmeyi de hoş karşılamamıştır.

Resûlullah -s.a.v.- Efendimiz bu husustaki aşırılığı yasaklayarak:

"Dinar, dirhem, kadife ve ipek kumaşa düşkün kullar helâk oldu. Onlar kendilerine verilse râzı olur, verilmezse sabretmezlerdi."[14] buyurmuştur.

Sağlığa Zararlı Şeylerden Korunma

Bu korunmaya hastalık getirici etkenlerden sakınmak, hastalığa sebep olacak davranışlardan kaçınmak ve hastalıklara karşı direncimizi artırıcı önlemler almak girer.

Gereken aşılar yapılmalı, sağlıklı beslenmeli, sağlık kurallarına dikkat edilmeli.

14- Müslüman Şahsiyeti, s. 40.

Hastalanınca Tedavi

Hastalık belirtileri görülürse doktora gitmeyi ihmal etmemelidir. Muayene ve tedavisi geciken hastalıkların iyileşmesi zorlaşır.

"Her hastalığın bir ilacı vardır. Verilen ilaç hastalığı giderecek vasıftaysa, Allah'ın izniyle kişi o hastalıktan kurtulup iyileşir."

Nazar-Göz Değmesi

Peygamberimiz:

"Göz değmesi haktır."[16] buyurmuştur.

Bazı kimselerin, bir şeye bakıp beğendikleri zaman "bakılan üzerinde menfi tesirler meydana geleceği" kabul edilmiştir.

Nazarı değen kimse, hatta herkes, beğendiği bir şeyi görünce "Maşaallah" demeli, ondan sonra o şeyi söylemelidir.

"Nazar değen kimse şifa için Âyete'l-Kürsî, Fâtiha, Muavvazeteyn ve Nûn sûresinin son âyetini okusun" denmiştir.

Sihir

Resûlullah -s.a.v.-:

"İçkiye devam eden, sihre inanan, akrabalarından ilgisini kesen kimse cennete giremez." Efendimiz buyurmuştur

İslâm hukukçularının bir kısmı sihri küfür saymışlar, bir kısım da küfür kapısının aralandığını söylemişlerdir.

16- Ramuz-el Ehadis, s.1-224.

Kur'ân-ı Kerîm'de, sihirbazların şerrinden Allah'a sığınmamız emredilmektedir. Zira sihirbaz ve büyücüler düğümlere üfleyerek karı-kocayı birbirinden ayırmaya çalışır, ayrıca bazı insanlara kötülükte bulunmayı tasarlar. Cinlerin ve düğümlere üfleyen büyücülerin şerrinden emin olmak için, Muavvazeteyn sûrelerinin okunması tavsiye edilmiştir.

Hz. Âişe -r.anhâ- anlatmıştır:

"Resûlullah -s.a.v.- akşam olup yatağına uzanmak istediği zaman hemen her gece iki avucunu birleştirip, "Kul huvallah", "Kul eûzü bi-Rabbi'l-felak" ve "Kul eûzü bi-Rabbi'n-nâs" sûrelerini okur, üfler sonra da iki elini bedeninden dokunabileceği her yere sürerdi. Tabii önce başına ve yüzüne sürmekle başlar ve bunu üçer defa tekrarlardı."[17]

Arapça İfadeli Muskalar

"Açık bir Arapça'yla mânâsı anlaşılır şekilde Hz. Peygamberden sabit olan duâlar, şifa âyetleri, Muavvazeteyn gibi sûreler ile yazılıp hazırlanmış muskalar takınmakta bazı fakihler şer'i mahzur görmemiştir. Bunun gibi hasta veya yılan ya da akrep tarafından ısırılmış kimseler üzerine Fâtiha, bazı sûre ve âyetleri şifa ve rahmet niyetiyle okuyup sonra da el ile meshetmek, ağzın ıslaklığını çıkarmadan hafifçe üflemek de caiz görülmüştür. Nitekim İmam Nevevî, Hâfız İbn Hacer ve diğer âlimler bunun meşru olduğu konusunda görüş birliğindedirler. Muskanın veya okunan şeyin bizatihi tesir etmeyeceğine ancak Allah'ın izniyle, kudretiyle, inayetiyle tesir edeceğine inanmalıdır."[18]

17- Âile Eğitimi, 1/426-427.
18- Âile Eğitimi, 1-428.

Yer Değiştirmek

Hz. Peygamber tedavide -mekân değişikliği- ve hava değişikliğine de yer vermiştir.

Medine'de hastalanan Ureynililer Hz. Peygambere gelerek "Biz ziraat ehli değiliz, hayvan ehliyiz -yani bedeviyiz, çöllerde yaşarız-, bize burası yaramadı." dediklerinde Hz. Peygamber onları hazine malları olan kırlara göndermiştir.

Yeni girdikleri evde uğursuzluğa maruz kaldıklarını söyleyen kimselere de evi, satma veya bağışlama yoluyla, terketmelerini tavsiye etmiştir.[19]

19- Hz. Peygamber'in Sünnetinde Terbiye, s. 248.

İKİNCİ BÖLÜM

İnsan, Allah'ın -c.c.- râzı olacağı vasıfların neler olduğu, bu vasıfların en doğru ve en güzel bir şekilde nasıl geliştirebileceği hususunda bazı bilgilere muhtaçtır. Ahlâk ilmi insana hayır ve şer denilen davranışların neler olduğunu öğretir.

☙❧

AHLÂK İLMİ

İnsan, oluşması özlenen, istenen, yüksek ruhî ve manevî vasıfların, neler olduğunu, bu vasıfları en doğru ve en güzel bir şekilde nasıl geliştirebileceği hususunda bazı bilgilere muhtaçtır. Ahlâk ilmi insanın bu ihtiyacını karşılamayı üstlenir. İnsanların, fiillerin değerleri konusunda yerinde hükümler verebilmesi ve doğru seçimler yapabilmesi ahlâk ilmi ile mümkündür.

Her insan, hayır ve şer denilen tutum ve davranışların neler olduğunu öğrenmelidir.

Ahlâk ilmi, kısaca vazifeler ilmi, faziletler ilmi, hayrın ilmi diye tarif edilmiştir.[1]

Müslümanın hepsi hayatta, ahlâk unsurunun değerini ve İslâm'daki önemini bilmelidir.

İslâm kendi prensiplerine kalpten inanılmasını ister, kalbî ve vicdanî tasdike önem verir.

Kur'ân-ı Kerîm'de:

1- M. Ali Aynî, Ahlâk Dersleri, s. 6-7

"Bedeviler 'İnandık.' dediler. De ki: Siz imân etmediniz. Öyle ise 'İslâm olduk.' deyiniz. -Çünkü- henüz imân kalplerinize yerleşmedi." (Hucurat, 49/14) buyurulmaktadır.

İnsanın aklı, ruhu ve kalbi İslâm'ın Rabbani parlak nuruyla tamamıyla aydınlanmış olmalıdır. Çünkü insan mahlukatın en değerlisidir ve mutluluğu ona bağlanmıştır. İnsanı üstün ahlâkın yüksek seviyelerine çıkarmak maddeci ilmi icraatın çok üstünde bir şeydir. Medeniyetin keşfettiği top, füze, uydu, televizyon, vs. insanı mutlu etmez.

Medeniyet insanın yaratılış gayesini hedef edinmedikçe, bu en önemli noktayı ihlal ettikçe, kargaşalık devam edecektir. Medeniyet edebiyatı yapmakla meseleler çözümlenmez.

Mutluluk, Yalnız Müslüman Fert, Müslüman Aile, Müslüman Topluma Mahsustur

Müslüman saflarında gördüğümüz geri kalmışlık, ayrılık, dağınıklık, düşmanlık, ilgisizlik, savaşlar, hep sağlam imân bağından kopmaların ve İslâm ahlâkından uzaklaşmaların delillerindendir. Müslümanlar, Allah -c.c.-'ın ebedî metoduna sadık kalsalardı bütün bunlar olmayacaktı. Var gücümüzle insânî değerlerin hâkim kılınmasına çalışmalıyız. Hem Rabbimiz imân ümmetine yardım edecektir.

"İnananlara yardım etmek bize hak olmuştur." (Rum, 30/44)

İslâm, sadece genel bir ifadeyle güzel ahlâk deyip geçmez, onun nelerden ibaret olduğunu tek tek açıklar, teferruat üzerinde durur. Müslümanın, kulluğunu, temeyyüz ettiği ileri düzeydeki sosyal şahsiyetini göstermek için bütün bu nasları teker teker ele alması gerekmektedir. İyilik çürümez, günah unutulmaz, Allah -c.c.- da ölmez. İstediğimizi yapabiliriz, fakat karşılığını mutlaka bulacağımızı unutmamalıyız.²

Ahlâk İlminin Gayesi

Peygamber Efendimiz "Ben ahlâk güzelliklerini tamamlamak için gönderildim"³ buyurmuştur.

Ahlâk ilminin gayesi, Peygamberimizin yalın ifadesiyle insanlara iyi huyları ve yüksek vasıfları kazandırmaktır. İnsan ruh ve bedenden müteşekkildir. Ruhun hastalığı ve sağlığı, bedenin hastalığı ve sağlığı vardır. Ruh sağlığına önem verilmeli ve bu konuda bilinçli olunmalıdır.

Ahlâk ilmine "Ruhî tıp ilmi" denmektedir. Ahlâk ilmi, hayır ve şer hakkında bilgi vererek, uymak zorunda olduğumuz kural ve kanunları, vazife ve sorumlulukları tanıtarak ferdî ve sosyal bakımdan mükemmel bir insanlık meydana getirmeyi amaçlar.

Dini Olmayanın Güzel Ahlâkı da Olmaz

Dînî şuurun zayıfladığı toplumlarda ahlâkî düşüşlerin çokça olduğu görülmektedir. Bir gün Allah'ın huzuruna dönüp yaptıklarının hesabını vereceği kaygısının kalplerden çekilmesi, ahlâkî sorumluluk düşüncesinin silinmesine sebep olmaktadır. Hürriyet düşüncesi, her türlü ahlâkî kayıtlardan sıyrılma arzusu halini almaktadır. Dînî otoritenin yerini hiçbir güç dolduramaz. İnsan, kalbini ancak imân sayesinde selâmete yöneltebilir. Mü'min çirkin bir iş yaptığında veya

---

2- Ramuz-el Ehadis, c. 1, s. 194.
3- Mutavva, Husnü'l-Hulk, 8.

kötülük işlemek suretiyle kendine zulmettiğinde hemen günahlarının bağışlanmasını diler. Yaptığında bile bile ısrar etmez.

Bir zât, Peygamber Efendimize sordu:

– Ey Allah'ın Resûlü! Din nedir?

– Din, güzel ahlâktır.

Aynı adam Peygamberimizin sağ tarafından gelerek, sordu:

– Ey Allah'ın Resûlü, din nedir, diye sordu.

– Din güzel ahlâktır.

O kimse bu defa yön değiştirerek Resûlullah'ın sol taraftan gelip sordu:

– "Din nedir?"

– Din güzel ahlâktır.

Sonra, aynı şahıs Peygamberimizin arkasından geldi:

– Ey Allah'ın Resûlü! Din nedir?

Resûlullah -s.a.v.- Efendimiz ona bakarak dedi ki:

– Anlamıyor musun? Din güzel ahlâk ve senin öfkelenmemendir.[4]

Güzel Ahlâk Dinden Kaynaklanır

Güzel ahlâktan bahsetmeyen hiçbir ilâhi din yoktur. Fakat eski dinler güzel ahlâkı tamamıyla bünyesinde toplamış değildir. Ahlâkın bütün güzellikleri İslam dininde toplanmıştır. Örnek edineceğimiz, Resûlullah -s.a.v.- Efendimizin ahlâkıdır. O da Kur'ân ahlâkıdır. Kur'ân, Allah -c.c.-'ın

---

4- Şuara, 26/37, Kalem, 68/4.

kelâmı olduğuna göre, bunun üstünde hiçbir ahlâk düşünülemez.

Bazıları, *"Allahu Teâlâ zâhir ve bâtınınıza nimetlerini tamam etti."* (Lokman, 31/20) âyetinde "Zâhirden maksat ahlâkın düzeltilmesi, bâtından maksat da ahâkın saf edilmesidir." demişlerdir.[5]

Müslüman yaşadığı sürece çok dikkatli olmalı, şuurlu yaşamalı her şeyi bilerek yapmalıdır. Bilinmesi gereken şeyleri öğrenmeli, bildiklerini de hayatına uygulamalı. Kendi terbiyesini üstlenmelidir. Müslüman aklı, ruhu, bedeni arasındaki dengeyi sağlayıp her birine hakkını vermeli, birine aşırı derecede önem vererek diğerini ihmal etmemeli, bu hususta Peygamberimizin yolunu takip etmelidir.

Müslüman yeryüzünde örnek insan demektir.

İslâm Ahlâkı, Allah'a -c.c.- İtaatle Başlar

Allahu Teâlâ ile olan güzel ahlâk O'nun emirlerin yerine getirmek, yasaklarından kaçınmak, her bir durumda O'na teslim olmakla gerçekleşir.

Gerçek Müslüman, kökleşmiş sadık bir imâna sahiptir, sürekli salih amel işler, daima Allah -c.c.-'ın rızâsını gözetir, O'na olan kulluğunu kuvvetlendirmeye çalışır ve Allah'ın *"Cin ve insanları ancak bana kulluk etsinler diye yarattım."* âyetiyle çizdiği hayattaki varlığının hedefini aklından ve kalbinden çıkarmaz.

Allah -c.c.-'ın emrettiği her şey iyidir, yasakladığı her şey de kötüdür. Fayda da zarar da insanlar içindir. Allah -c.c.-'tan başkasına kulluk eden kimsede hayır yoktur.

5- İbn Manzur, Lisanu'l-Arap, c. 6, s. 374.

İslâm'daki ibâdetler ahlâkî meyveler verme amacına yöneliktir.

Güzel ahlâk, gerçek mü'min ve Müslüman olmanın şartlarından, insanlık şeref ve haysiyetinin alâmetlerindendir.[9]

MÜSLÜMANDA BULUNMASI GEREKEN HASLETLER

Müslüman, yeryüzünde örnek insan demektir. O İslâm ahlâkı ile donatılmış olmalıdır. İslâm'ın insana kazandıracağı ahlâkî vasıfları şöyle sıralayabiliriz:

Allah -c.c.-'ı ve O'nun Resûlü'nü Sevmek

İslâm âlimleri, Allah -c.c.-'ı ve O'nun Resûlü'nü sevmenin farz olduğunda ittifak etmişlerdir.

Allahu Teâlâ Hazretleri Kur'ân-ı Kerîm'de:

"Allah onları sever, onlar da Allah'ı severler!" (Mâide, 5/53) buyurmaktadır.

Muhabbet; sevgi, dostluk ve ruhun kendisinden lezzet duyduğu şeye, meyletmesi demektir.

Allah için muhabbet, makamların en son gayesi ve derecelerin en yüksek noktasıdır.

Resûlullah -s.a.v.- Efendimiz şöyle duâ etmişlerdir:

"Allahım! Beni senin sevgin, seni sevenin sevgisi ve beni senin sevgine yaklaştıracak şeylerin sevgisiyle rızıklandır. Senin sevgini bana soğuk suyu sevmekten daha sevimli kıl."

9- Temel Nitelikleriyle İslâm, s. 245; Ahlâk Hadisleri, c. 1, s. 287.

Ve, "Sizlerden herhangi birinize, ben ana ve babasından, çocuğundan ve bütün insanlardan daha sevgili olmadıkça kâmil bir imâna sahip olamaz." buyurmuşlardır.

Kalpte imân demek, Allah -c.c.-'ı sevmek demektir.[10]

İmam Rabbani -k.s.-: "Resûlullah -s.a.v.-'e uymaya çalışmanın, insanı mahbubiyet makamına kavuşturağını söylemiştir."

Cenâb-ı Hak, bu hususta Kur'ân-ı Kerîm'de:

"De ki: Eğer Allah'ı seviyorsanız bana uyun ki, Allah da sizi sevsin ve günahlarınızı bağışlasın!" (Âl-i İmrân, 3/31) buyurmaktadır.

Sehl Hazretleri de:

"Allah sevgisinin alâmeti Kur'ân sevgisidir. Allah ve Kur'ân sevgisinin alâmeti, peygamber sevgisidir. Peygamber sevgisinin alâmeti, âhiret sevgisidir. Âhiret sevgisinin alâmeti, dünyayı sevmemedir. Dünyayı sevmemenin alâmeti, ondan ancak kendisini âhirete ulaştıracak orada mutlu olmasına vesile olacak bir azığı edinmektir, demiştir.

Hakiki muhabbetin meyveleri kendini kalpte, lisanda ve azalarda belli eder."

Allah -c.c.- İçin Bir Kimseyi Sevmek

Bir hadis-i şerifte:

"Mü'min sever ve sevilir. Sevmeyen ve sevilmeyende hayır yoktur." buyurulmuştur.

Müslümanın sıfatlarından biri de insanlarla ilişki kurup onlara yönelmesidir. İnsanlar da ona yönelirler. Bu, dinini

---
10- Ramuz-el Ehadis, c. 1, s. 192.

iyi tanıyan bir Müslümanın meziyetidir. Bunun ismi ülfettir. Sempatiklik diyebileceğimiz bu özelliğe ne kadar da muhtacız. Kaba saba, kırıcı bir Müslümanın bu cemiyette İslâm adına yapacağı bir şey olamaz.

Fudayl bin İyad "Kişinin sevgi ve şefkat yoluyla Müslüman kardeşinin yüzüne bakması ibâdettir." demiştir.

— "Yâ Resûlallah, kiminle oturalım?" diye sorulduğunda, Peygamberimiz:

— "Gördüğünüz zaman size Allahu Teâlâ'yı hatırlatan, konuşması ilminizi artıran, amelleri ve işleri size âhiret için çok çalışma şevk ve zevkini veren kimselerle oturunuz." buyurmuştur.

İmam Gazalî Hazretlerinin Kimya-yı Saadet isimli kitabında şöyle yazmaktadır:

"Allahu Teâlâ peygamberinden birine vahiy gönderdi ve buyurdu ki: Zahidliği seçmekle kendi rahatını düşündün. Zira bununla dünya sıkıntılarından kurtuldun. Bana ibâdetle meşgul olmakla kendi izzetini elde ettin. Fakat dikkat et, sevdiklerimi benim için sevdin mi, düşmanlarıma benim için düşmanlık ettin mi?"

Okul, yolculuk ve aynı mahallede bulunmak sebebiyle olan dostluk, görüşme ve alışkanlık, Allah için sevme değildir. Yüzü güzel, sözleri hoş olduğundan bir kimseyi sevmek de Allah için değildir. Makam, mal veya bir dünya maksadından dolayı biri için bir kimseyi sevmek de, Allah için değildir. Allah için olan dostluk ve sevgi imânsız ele geçmez. Bu da iki derecedir:

Birinci derece: Bir kimseyi, yaptığı ve yapacağı bir iyilikten dolayı sevmektir. Ama bu iyilik dînî hususlarda olmalı ve Allah için yapılmalıdır. Hocayı ilim öğrettiği için sevmek gibi... Bu Allah için olan sevgidir. Bundan da maksat, makam ve mal değil, âhiret olmalıdır. Maksat sırf dünya menfaati olursa, bu sevgi Allah için olmaz. Üstad talebesini, ona ilim öğrettiği için sever ve bu ilim öğretmekten amacı Allahu Teâlâ'nın rızâsını kazanmak olursa sevgisi Allah için olur.

İkinci derece: Bu daha kıymetlidir. Bu bir kimseyi ondan hiçbir fayda görmeksizin yalnız Allahu Teâlâ -c.c.- için sevmektir. Ne ilim öğreniyor, ne ilim öğretiyordur, ne de dinine hizmet ve yardım için herhangi bir iyilik söz konusudur. Onu yalnız Allahu Teâlâ'ya itâat ettiği için, Allahu Teâlâ'yı sevdiği için sever.

Allah -c.c.- İçin Buğzetmek

Allahu Teâlâ'ya itâat edenleri Allah için seven kimse, kâfirleri, zalimleri, âsileri ve fasıkları yine Allah için düşman tutar. Çünkü bir kimseyi seven, onun dostlarını sever, düşmanlarına da düşman olur. Allahu Teâlâ kâfirleri, zalimleri, âsileri ve fasıkları sevmez. O halde bir Müslüman fasık olursa, Müslümanlığı için sevilir, fıskı için de düşman bilinir.

Allahu Teâlâ'ya isyan edip karşı geleni, kendine kötülük yapılmış gibi kabul edip karşı gelmesi miktarınca onu düşman bilmek, emirlere uyması kadar da sevmek lâzımdır.

Rivâyete göre Hz. İsa:

"Allah'a isyan edenlere düşman olmakla, kendinizi Allahu Teâlâ'ya sevdiriniz. Âsilerden uzak durmakla Allahu Teâlâ'ya yaklaşınız, onlara sert davranmakla Allahu Teâlâ'nın rızâsını kazanınız." buyurmuştur.

Tövbe

Allahu Teâlâ -c.c.- Kur'ân-ı Kerîm'de:

"Ey mü'minler! Hepiniz Allah'a tövbe edin. Tâ ki korktuğunuzdan emin ve umduğunuza nail olasınız." (Nur, 24/31) buyurmaktadır.

Tövbe lûgat mânâsı ile, rücû etmek, dönmek demektir.

Şeriatte tövbe; dinde kötü-çirkin olan söz ve davranışlardan, yine dinde güzel ve iyi olan amellere dönmektir. Günahı, isyanı terk etmenin, insanı Rabbine ve cennete yaklaştıracağını bilmektir.

Kul, günahlarını sadece Allah -c.c.- rızâsı için terketmelidir. Tövbe, pişmanlıktır. Aynı günahı bir daha işlememeye azmetmektir.

Bir hadis-i şerifte:

"Günahın keffareti pişmanlıktır."[11] buyurulmuştur

Büyük Günahlar

Günahların, küçüğü vardır, büyüğü vardır.

Âlimlerin bazıları, büyük günahları şu şekilde sıralamışlardır:

1- Allahu Teâlâ'ya şirk -ortak- koşmak.

2- Günaha devamda ısrar etmek.

3- Allahu Teâlâ'nın rahmetinden ümidini kesmek.

4- Allahu Teâlâ'nın azâbından emin olmak.

5- Yalan yere şahitlik etmek.

11- İhya-yı Ulûm-id Din, c. 8, s. 234.

6- Namuslu bir kadına zina isnat etmek.
7- Doğruyu yanlış, yanlışı doğru göstermek için yalan yere yemin edip başkasının malını almak.
8- Büyü yapmak.
9- Sarhoşluk veren içkiler içmek.
10- Haksız yere yetim malı yemek.
11- Faiz yemek.
12- Zina etmek.
13- Livâta yapmak.
14- Adam öldürmek.
15- Hırsızlık yapmak.
16- Ana ve babaya karşı gelmek.

Tövbenin Şartları

– Şeriate uymayan işlere pişman olmaktır.

– Her hal ve zamanda bütün kötülükleri ve kötü sözleri derhal terk etmektir.

– Günah ve kötülükten yapmış olduğu şeyleri bir daha tekrar etmemeye azmetmektir.[12]

Küçük Günahı Büyük Günaha Çeviren Sebepler

– Israr, yani küçük günaha devam etmek.

– Günahı küçük görmek.

Resûlullah -s.a.v.- Efendimiz:

12- Günyetü't-Tâlibin, s. 191.

"Mü'min günahını, başı ucunda asılı bir dağ gibi görür ve üzerine yıkılacağından korkar. Münafık da günahını, hemen uçurabileceği burnuna konan bir sinek gibi görür." buyurmuştur.

– Günahı ile sevinmek, onunla böbürlenmek. "Onu nasıl perişan ettim." veya "Onu nasıl rezil ettim..." gibi konuşma ve davranışlar bu türdendir.

– Gizli işlediği günahı, toplum içinde anlatmak. Bu, Allah'ın onun günahını örtmesini kendinden kaldırmak, dinleyenleri kötülüğe teşviktir.

– Bazıları, Allahu Teâlâ'nın günahı teşhir etmeyip gizlemesini ve mühlet vermesini, kendisi hakkında bir yardım sanır. Bunun bir imtihan olduğunu, ağır ağır helâkine sebebiyet vereceğini düşünmez bundan korkmaz ve küçük günahı büyük olur.

– Küçük günahı büyük günah yapan sebeplerden biri de, küçük günahları işleyen kimsenin örnek kabul edilen bir âlim olmasıdır. Onun kötü davranış ve hareketleri başkalarını cesaretlendirir ve "Yapılmayacak olsaydı, o yapmazdı." demelerine vesile olur.[13]

Herkes Tövbeye Muhtaçtır

Tövbe, her Müslümana farz-ı ayndır. Müslümanın tövbe dışında kalması imkânsızdır. Çünkü insan, uzuv ve organlarıyla günah işlemekten uzak değildir. Bedeni ile günah işlemese, kalbi ile günaha düşmekten kurtulamaz. Bundan da kurtulsa, şeytanın kendisini Allahu Teâlâ'yı anmaktan gafil

---

13- İhya-yı Ulûm-id Din, c. 8, s. 287.

MUTLULUK YOLU

bırakmak için çeşit çeşit düşünceleri kalbine sokması ile meydana gelen vesveseden kurtulamaz. Ondan da kurtulsa, Allahu Teâlâ'yı sıfat ve fiilleri ile bilmekten meydana gelen gaflet ve kusurdan kurtulamaz.[14]

Halkı Günahları Terketmeleri İçin Tövbeye Teşvik Etmekte Faydalı Olan Çareler

– Günahkârları ve âsileri korkutan âyetleri hatırlatmak; günahkârları kınayan ve tövbe edenleri öven hadisleri, büyüklerin sözlerini nakletmek.

– Peygamberlerin ve geçmiş büyüklerin hikâyelerini ve günahları sebebiyle onların başlarına gelen musibetleri anlatmak. Meselâ; Hz. Âdem'in yanlış tutumu sebebiyle cennetten çıkarılması gibi.

Bu ve benzeri hususları, günahta, ısrar edenlere, çokça söyleyip hatırlatmak gerekir.

– Onlara, dünyada uğranılan peşin cezanın günahlara dayandığını, kulun başına gelen belâların kendi kötü davranışları sebebiyle olduğunu söylemek, bunlarla onları korkutmak.

– İçki içmek, zina etmek, hırsızlık yapmak ve daha başka günahlara teker teker verilecek cezaları, bildirmek.[15]

Tövbe eden kişi, geçmiş yaşantısında üzerinde Allahu Teâlâ'nın ve kulların hangi hakları olduğu üzerinde dikkatle durmalıdır.

14- Günyetü't-Tâlibin, s. 184.
15- Gazalî'den Vaazlar, s. 595-596.

Allahu Teâlâ'nın Kulları Üzerindeki Hakları İki Kısımdır

1- Farzları yapmaları,

2- Günahlardan kaçınmaları.

Kişi, farzlar için, mükellef olduğu andan itibaren geçen zamanı günü gününe hesap edip bu süre içinde kılmadığı namazı, tutmadığı Ramazan orucu, zengin olduğu halde vermediği zekâtı varsa bunların kazasını yapmalı, gereklerini yerine getirmelidir. Ayrıca işlediği büyük küçük bütün günahları için tövbe etmeli. Üzerinde kul hakkı varsa ödemeli, herhangi bir şey aldıysa bunları sahiplerine -yoksa vârislerine- vermeli, sağ olanlarla helâlleşmeli. Ömrünün geri kalan bölümünde çokça ibâdet etmeli, kıyâmet günü, günahlarına yetecek kadar iyi amel işlemelidir.[16]

Dili ile söylediği fakat kalbin karışmadığı tövbenin kişiye fazla faydası yoktur.

"Ancak dil ile yapılan istiğfar da sevaptır. Zira gafletten de gelse dilin tövbeyle meşgul olması, aynı saatte bir Müslümanın gıybetiyle veya fuzulî bir konuşmayla meşgul olmasından daha iyidir. Dil ile de olsa istiğfar sükût etmekten daha hayırlıdır. Fakat lisan ile yapılan istiğfar, kalp ile yapılan istiğfara nispeten çok eksiktir."[17]

Takvâ

Kur'ân-ı Kerîm'in, bütün insanlar hakkında yegâne değer ölçüsü olarak kabul ettiği takvâ, psikolojik mânâda bir korku değildir.

16- Kimya-yı Saadet, s. 630, 640.

17- İhya-yı Ulûm-id Din, c. 8, s. 338.

- Günahlardan tam bir hassasiyetle korunmak,
- Şüpheli görünen ve bilinen her şeyi terketmek,
- Âhirette insana zarar verecek şeylerden sakınmak,
- Allah -c.c.-'a derin bir şekilde saygı duymak,
- Her türlü faaliyetlerde Allah rızâsını, diğer bütün taleplerin üstünde tutmak,
- O'nun rızâsını kaybetmeye yol açacak davranışlardan sakınmak,
- Allah -c.c.-'ın haram kıldığı şeyleri terkedip, farz kıldığı şeyleri yerine getirmek,
- İnsanı Allah -c.c.-'tan uzaklaştıracak her şeyden kaçınmak, gibi mânâlara gelir.

Niyet

Resûlullah -s.a.v.- Efendimiz bir hadis-i şerifte:

"Ameller ancak niyetlere bağlıdır. Her şahıs için ancak niyet ettiği vardır. Binaenaleyh kimin hicreti Allah'a ve O'nun Resûlü'ne ise onun hicreti Allah ve O'nun Resûlü'nedir. Her kimin de hicreti -niyeti- elde edeceği dünyalığa veya evleneceği bir kadına ise, onun hicreti hicret ettiğine -niyet ettiğine-'dir."

Diğer bir hadis-i şerifte ise:

"Muhakkak ki Cenâb-ı Hak, sizin suret ve mallarınıza değil, ancak kalplerinize ve amellerinize bakar." buyurmuştur.

Âlimler: Önce amele niyet etmeyi öğreniniz sonra amel ediniz, demişlerdir.

Mü'minin Niyeti Amelinden Hayırlıdır

Peygamberimiz, bununla amelsiz niyetin, niyetsiz amelden üstün olduğunu demek istememiştir. Çünkü niyetsiz amelin ibâdet ve amelsiz niyetin itaat olmayacağı aşikârdır. Belki bunun mânâsı, itaatin beden ve kalp ile olmasındadır. "Ameller üç kısımdır. Günah, tâat ve mübah." Resûlullah -s.a.v.- Efendimiz "Ameller niyetlere göredir." buyurduğu için günahların da, iyi niyetlerle yapıldığı zaman iyi amellere sokulacağını sananlar olmuştur. Bu yanlıştır. Böyle bir niyetin buna etkisi olmaz. Yalnızca kötü niyet, onu daha habîs ve aşağı yapar. Günah, niyetle sevap olmaz. Sevap, sevap olduğu bildirilen şeyi yapmaktır.

İkinci kısım ibâdetlerdir: Bunda niyet iki şekilde etkisini gösterir. Birincisi: İbâdetin kendisi sahih niyet ile edâ edilir. İkincisi: Niyet ne kadar çok olursa sevap da o kadar fazla kazanılır. Niyet ilmini öğrenen, bir tâat ile birkaç iyi niyet yapabilir ve hepsi ibâdet olur.

Meselâ; güzel koku kullanmak mübahtır. Bir kimsenin Cuma günü güzel koku sürmesi, zenginliği ile övünmek, gösteriş yapmak veya yabancı kadınların gönlünü kazanmak gibi kötü niyetlerle de olabilir. Burada iyi niyet Cuma'ya hürmet, Allah'ın evi olan camiye saygı, başkalarını rahatsız etmemek gibi düşüncelerdir. Bu ve bunun gibi düşünceler iyilik yapmak niyetinde olanlarda görülür ve her biri Allahu Teâlâ'ya yaklaştırıcıdır. Geçmiş din büyükleri böyleydi. Yemek yerken, ve hanımları ile sohbet ederken, her birine ayrı ayrı niyet ederlerdi.

Hiçbir mübah hayra vesile olmaktan uzak değildir. Hayra niyet edilince sevabına kavuşulur. Meselâ; iyi bir mü'minin hanımı ile sohbet ederken niyetine, çocuğu olup Resûlullah -s.a.v.- Efendimizin ümmetinin çoğalmasına sebep olmak, hanımını rahat ettirmek, onu ve kendini günahlardan korumak istekleri girebilir.[19]

İhlâs

İhlâs, karışıksız demektir. İhlâsın zıttı işrak -katışmaktır.

İhlâs, bütün işleri Allah için yapmaktır.

Meselâ; oruç tutan bir kimsenin maksadı, sıhhati için perhiz yapmak, yemek pişirmek ve hazırlamak sıkıntısından kurtulmak olsa; şehirler göreyim, çoluk çocuk sıkıntısından kurtulayım, düşmanın zararlarından emin olayım düşünceleri hac niyetine karışsa; gönül darlığından kurtulmak niyetiyle ilim okutulsa; hasta olduğu zaman kendisini de ziyarete gelsinler ve ona sitem etmesinler diye hasta ziyaretine gidilse bunların hepsi az da olsa, çok da olsa ihlâsı bozar. Hâlis olan niyet, nefsin hiç pay almadığıdır.

Çeşitli amaçlar ve insanlık sıfatları arasından, saf ve hâlis ameli çıkarmak, işkembe ve kan arasından sütü ayırmak gibi zordur.

Bundan kurtuluş çaresi, kulun dünya sevgisinden vazgeçip kalbinde Allah sevgisinin kuvvetlenmesidir. Kalbinde dünya sevgisi kuvvetli olan kimse namaz ve oruçta bile çok zor ihlâslı olabilir. Çünkü bütün ameller kalbin sıfatında olur ve ona doğru meyleder.

Cenâb-ı Hak, Fâtiha sûresinde mü'minleri şöyle demeye çağırıyor: "Ancak sana ibâdet ederiz ve ancak senden yardım dileriz."

19- Kimya-yı Saadet, s. 688-689 (özet).

Havariler, Hazreti İsa'ya sorarlar:

– Amellerden hâlis olan hangisidir?

Hz. İsa:

– O kimse ki Allah için amel eder ve o amelden ötürü hiç kimsenin kendisini övmesini sevmez. Onun ameli hâlis ameldir, cevabını verir.

Reca

Reca, Allahu Teâlâ'dan ümit etmek demektir.

Basiret sahipleri; dünyanın, âhiretin bir tarlası, kalbin bir toprak, imânın oraya ekilen tohum, tâat ve ibâdetin de toprağı nadas edip temizlemek ve su arklarını açmak gibi olduğunu, dünyaya meyledip dalan kalbin, çorak toprak misali mahsül vermediğini, kıyâmet gününün harman mevsimi olup herkesin ektiğini orada biçeceğini, kötü ahlâk ile olan imânın, faydasının az olacağını söylemişlerdir.

O halde bir kulun Allah'tan mağfiret ümidi, tarla sahibinin mahsül ümidi gibi olmalıdır. Kişinin, verimli bir arazi bulup nadasını yapması, oraya iyi tohum ekmesi, su, gübre ve benzeri ihtiyaçlarını temin edip, mahsülün bitmesine engel olacak yabancı maddelerden temizledikten sonra, her türlü afetten korunması için Allah'a duâ edip, ümit ettiği şeyin gerçekleşmesini beklemesi recadır.

Reca, kulun, iradesi altına giren sebeplerin hepsini hazırladıktan sonra sevileni beklemeye verilen isimdir. Öyle ki geride yalnız kulun iradesi kapsamına girmeyen şeyler kalmıştır. O da Allah'ın fazlıdır.

Kerem ve fazilet ümidiyle Allahu Teâlâ'ya ibâdet etmek, cezasından korkarak yapılan ibâdetten daha iyidir. Zira ümitten muhabbet doğar. Muhabbet makamından ise yüksek makam yoktur. Cenâb-ı Hak ümitsizliğin aslını haram kılmıştır.

Allahu Teâlâ Hazretleri Kur'ân-ı Kerîm'de: *"Allah'ın rahmetinden ümidinizi kesmeyiniz."* (Zümer, 39/53) buyurmaktadır.

İki Grup İnsan Reca Bakımından Tedaviye Muhtaçtır

Birisi ümitsizliğe düşüp tamamen ibâdeti terkeden, diğeri de fazla korkuya kapılıp kendini ve âilesini rahatsız edecek şekilde ibâdete dalandır. Bunların ikisi de orta yoldan ayrılmış olup biri çok aza, diğeri de çok fazlaya kaçmıştır.

Onun için, bunları orta yola sevkedecek tedaviye ihtiyaç vardır. İsyana dalıp ibâdete yüz çevirmek suretiyle Allah'a ümit bağlayan kimseye de, onu korkuya sevkedecek sebepler hatırlatılır.

Bütün vasıf ve ahlâkta aranan orta yoldur. İşlerin hayırlısı da orta derecesidir. Hz. Ali -r.a.- "Gerçek âlim, cemaatini Allah'ın mekrinden emin kılmayıp rahmetinden de ümitsizliğe düşürmeyen kimsedir." demiştir.

"De ki: Ey kendilerinin aleyhinde -günahta- haddi aşanlar, Allah'ın rahmetinden ümidinizi kesmeyin. Çünkü Allah bütün günahları bağışlar. Şüphesiz ki O, çok bağışlayandır, çok esirgeyicidir." (Zümer, 39/53)

Hz. Enes'in rivâyetinde, Peygamber Efendimiz:

"Kul bir günah işlediği zaman aleyhine olarak defterine vazılır." buyurmuştur. Bedevî'nin biri sormuş:

- Tövbe ederse ne olur?
- Defterinden silinir.
- Tekrar günah işlerse ne olur?
- Tekrar yazılır.
- Tekrar tövbe ederse?
- Tekrar silinir.
- Defterden günahın silinmesi ne zamana kadar devam eder?

Peygamberimiz bu soruya:

– "Tamamen tövbe edip Allah'a yönelinceye kadar devam eder. Kul istiğfardan usanmadıkça Allah-u Teâlâ da affetmekten usanmaz. Bir kul bir iyiliğe niyet ettiği vakit, daha onu yapmadan sağdaki melek hemen defterine bir sevap yazar.

Niyet ettiği bu iyiliği yaptığı vakit, bire on nispetinde artırarak yazar, sonra da yedi yüz dereceye -ve daha fazlaya- yükseltir. Kötülük yapmaya niyet ettiği vakit, yapmadan bir şey yazılmaz. Niyet ettiği bu kötülüğü yaptığı vakit defterine bir günah olarak geçilir. Bununla beraber ilerde Allahu Teâlâ'nın af ve mağfireti vardır." cevabını vermiştir.

Ümit İki Yerde Övülmüştür

Birincisi; günahlara dalmış âsi hakkındadır.

Cenâb-ı Hak -c.c.- bir âyet-i kerîmede:

"Şüphesiz ki ben, tövbe ve imân edenleri, iyi amelde bulunanları, sonra da doğru yolda sebat edenleri elbette çok bağışlayıcıyım." (Tâhâ, 20/82) buyurmaktadır.

İkincisi; nafile ibâdetlerin faziletlerinden kendisini mahrum bırakan, yalnız farz ibâdetlerle yetinen kimse hakkındadır.

Bu kişi nefsi için, Allah'ın nimetlerini ve salih kullara vadedilenleri umarsa, içinde ibâdetlere yönelme isteği doğar, faziletli amellere yönelir. Ve Allah'ın şu âyetlerine inanıp bağlanırsa ümidinde isabet eder:

"Mü'minler muhakkak felâh bulmuştur. Ki onlar namazlarında huşûya riâyetkârdırlar." (Mü'minun, 23/1-2)

Birinci ümit, tövbeye engel olan umutsuzluğu ortadan kaldırır. İkinci ümit de nafile ibâdetlere karşı istek ve gayreti engelleyen gevşekliği söker.

Tövbeye ve ibâdetlere karşı gayrete gelmeyi, teşvik eden her bekleyiş ümittir. İbâdetlerde gevşemeyi, tembelliğe meyletmeyi gerektiren her ümit de, aldanıştır.[20]

Havf

Havf, Allah'tan korkmak demektir.

Korku; hoşlanılmayan bir şeyin, gelecekte olmasını beklemek sebebiyle kalbin sızlamasından ve yanmasından ibarettir.

Hoşlanılmayan şeyin, sebeplerini bilmek, kalbin yanmasını ve sızısını alevlendiren ve arttırır. Bu yanma ve sızı korkunun kendisidir.

– Bazen Allah'tan korkmak, kişi, Allah'ı tanıdığı ve sıfatlarını bildiği için olur. Zira o dilerse âlemleri helâk eder; kimse ona karşı koyamaz.

20- İhya-yı Ulûm-id Din, c. 4, s. 530.

– Bazen insan işlediği günahların çokluğunu düşünür ve Allah'tan korkar.

Bazen de korkmak her iki sebepten olur. Bu marifeti sebebiyle, kişinin nefsinin ayıplarını düşünmesi, Allah'ın celâlini, onun her şeyden müstağni olduğunu, yaptıklarından sorguya çekilemeyeceğini, halbuki insanların sorguya tutulacaklarını bilmesi, onun korkusunu ziyâdeleştirir.

İnsanların Allah'tan en çok korkanı, nefsini ve Rabbini en iyi bilenleridir. Bunun için Resûl-i Ekrem Efendimiz: "Ben Allah'tan en çok korkanınızım." buyurmuştur.

Yüce Allah'ı tanıma, kemâle erince kulda korkunun şiddetlisini ve kalbin yanmasını doğurur. Sonra yanmanın eseri kalpten bedene ve organlara sirayet eder.

Korku ile kalpte zillet, huşû ve teslimiyet duyguları vücut bulur. Kibir, kin, haset oradan ayrılır. Kişi nefsini murakabe ve muhasebe eder.

Korkunun bedene sirayetine gelince;kul azalarla işlenilen günahlardan el çeker, geleceğe hazırlanmak için onları ibâdete bağlar.[21]

Mü'min Cenâb-ı Hakk'tan Korkmaktan Uzak Kalmaz

Allahu Teâlâ kendisinden korkanlar için hidayet, rahmet, ilim ve rızâ müjdesini şu üç âyette toplamıştır. Bu âyetler korkunun faziletini gösteren delillerdir.

"Hidâyet ve rahmet o kimselere mahsustur ki onlar Rablerinden korkarlar." (A'raf, 7/154)

21- Gazalî'den Vaazlar, s. 620-621 (özet).

"Allah onlardan râzı olmuştur; bunlar da O'ndan hoşnut olmuşlardır. İşte bu -saadet- Rabbin-in azabın-den korkan-lar-a mahsustur." (Beyyine 98/8)

"Allah'tan kulları içinde ancak âlimler korkar." (Fâtır, 35/28)

"İlmin üstünlüğüne delâlet eden her şey korkunun faziletine de delâlet eder. Çünkü korku ilmin mahsulüdür."[22] Allah'ın azâbından emin olanlar Firavunlar, cahiller ve ahmaklardır.

Muaz bin Cebel -r.a.-:

"Mü'min bir kimse cehennem köprüsünü arkasına bırakmadıkça korkusu dinmez." demiştir

Murakabe

Cenâb-ı Hak Kur'ân-ı Kerîm'de:

"Nerede olursanız olun mutlaka O -Allah-, sizinle beraberdir. Allah yaptıklarınızı görüp bilendir." (Hadîd, 57/4) buyurmaktadır.

Müslümanlar, küçük yaştan itibaren, Allah'ın her şeyi görüp gözettiğini, her şeyi duyduğunu, her şeyin gizli ve açığını bildiğini, bütün tutumlarında ilâhî gözetim ve denetim altında bulunduklarını öğrenmeli, bunu hayat boyu hissetmelidirler.

Murakabe, murakıbı -kendisini gözeteni- düşünmek, bütün düşünceyi ona sarfetmektir.

Resûlullah -s.a.v.- bir hadis-i şerifte: "Allah'a sanki O'nu görüyormuşsun gibi kulluk yap! Zira sen O'nu görmüyorsan da O seni muhakkak görüyor." buyurmuştur.

22- Kimya-yı Saadet, s. 654, 649.

Kişinin ibâdetlerindeki murakabesi ihlâs ve şartlara riâyet ederek, onları afetlerden koruması ile olur.

Eğer isyan içinde ise onun murakabesi tövbe, pişmanlık, günahların hepsini terketmektir.

Eğer bir mübah işliyorsa, onun murakabesi de edep gözetmektir.

Muhasebe

Muhasebe, hesaba çekmek demektir.

Kur'ân-ı Kerîm'de:

"Ey imân edenler! Allah'tan korkun! Ve herkes yarın için önden ne göndermiş olduğuna baksın!" (Haşr, 59/18) buyurulmaktadır.

Bu âyet geçmiş ameller üzerinde muhasebeye işarettir.

Meymun bin Mihran'dan rivâyet edilmiştir: "Kul nefsini ortağından daha fazla hesaba çekmedikçe müttaki kimselerden olamaz! Halbuki ortaklar iş yaptıktan sonra hesaplaşırlar."

Allah'a ve âhiret gününe imân etmiş akıl sahipleri, hesaba çekilmeden önce nefislerini hesaba çekerler.

Şükretmek-Hamdetmek

Şükrün sözlük mânâsı, nimeti düşünüp ortaya çıkarmaktır. Şükür, Allah -c.c.-'ın nimetlerine karşı memnunluk göstermektir.

Şükür kıymetli bir mertebedir. Şükredenler Kur'ân ve hadislerde övülmüştür. Cenâb-ı Hak -c.c.- Kur'ân-ı Kerîm'de:

"Şüphesiz biz şükredenleri mükâfatlandıracağız." buyurmaktadır. (Âl-i İmrân, 3/20)

Şeytanın gayesinin insanları şükürden uzaklaştırmak olduğu Kur'ân-ı Kerîm'de şöyle anlatılmaktadır:

"Sonra, andolsun, onların önlerinden, arkalarından, sağlarından, sollarından kendilerine geleceğim -musallat olacağım-. Sen de onların çoğunu şükredici -kimseler-ler bulmayacaksın." (A'raf, 7/17)

Bir nimetin kadrini bilip şükretmek, o nimetin artmasına sebep olmaktadır.

"Andolsun; eğer şükrederseniz elbette size ni.netimi artırırım." (İbrahim, 14/8)

Kişinin, dünya menfaatinden faydalandığı ve faydalanmayı arzu ettiği şeylere nimet denir. Hakikatte nimet, uhrevî saadettir. Şu halde, insanı, âhiret saadetine ulaştıran, ona yardım eden her sebebe, nimet ismini vermek çok doğrudur. Çünkü bu sebep hakiki nimeti kazandırır.[23]

Şükrün Mertebeleri

– İlimle olan şükür, bütün ni'metlerin Cenâb-ı Hakk'tan olduğunu bilmektir.

– "Amelî şükür, kalp, dil ve beden ile olur. Kalp ile olan şükür herkes için iyilik istemek, kimseye haset etmemektir. Dil ile olan şükür, şükretmek, 'Elhamdülillah' demek ve her halde nimet sahibine memnuniyetini belirtmektir.

Beden ile yapılan şükür, bütün azâların Yüce Allah tarafından verilmiş bir nimet olduğunu bilmek ve ne için yara-

---

23- İhya-yı Ulûm-id Din, c. 8, s.5, 502.

tılmış iseler o işte kullanmaktır. Hepsi âhiret için yaratılmıştır. Rabbimizin istediği ise bunları âhiret için kullanmamızdır. Verdiği nimeti, istediği ve sevdiği işe sarfedince şükrünü yapmış oluruz."[24]

Bütün ibâdetler, şükürdür. İnsan sıkıntı ve belâ içinde de, bollukta da hamdetmeli.

Allah'ın Takdir Ettiği ve Seçtiği Her Şeyde Hikmetler Vardır

Nice kullar vardır ki kendileri için hayır, fak r ve hasta olmalarındadır. Eğer sağlıklı ve varlıklı olsaydılar Hakk'a karşı geleceklerdi. Nice kullar da vardır ki, kendileri için hayır, zengin ve sıhhatli olmalarındadır. Eğer hakir ve hasta olsaydılar isyan edeceklerdi.

Küfür ve günahlardan başka, sıkıntıların içinde bilmediğimiz nice iyilik olabilir. Allahu Teâlâ, bizim için, neyin iyi olduğunu bizden daha iyi bilir.

Her belâya beş sebepten hamdetmelidir.

Birincisi; bedene ve dünya işine gelip insanın âhiretine zarar verecek bir belâ değildir. Sehl-i Tüsterî'ye, bir kimse "Hırsız evime girdi ve eşyalarımı götürdü." demiş. Sehl, "Şeytan kalbine girse ve imânını götürse ne yapacaktın?" cevabını vermiş.

İkincisi; hiçbir belâ ve hastalık yoktur ki ondan beteri bulunmasın. Yâni beterin de beteri vardır.

Üçüncüsü; âhirete bırakılan her ceza dünyadakinden şiddetli olur. Belâ, günahlara kefarettir. Günahsız olunca ceza da olmaz.

24- Kimya-yı Saadet, s. 621-622.

Dördüncüsü; Levh-i mahfuzda bu belâ kişiye yazılmıştı. O halde bunu atlatınca şükretmek, hamdetmek gerekir.

Beşincisi; belâ, iki yönden âhirette sevaba kavuşmaya sebeptir. Belalara sabredip hamdetmenin büyük sevabı vardır. Bir diğeri, bütün günahların başı dünya ile yakınlık kurmaktır. Dünyada kim belalara mübtela olursa kalbi dünyadan soğur.

İnsanların şükürde kusur etmelerinin bir sebebi, Allahu Teâlâ'nın nimetlerinin çokluğunu hakkıyla bilmemelerindendir. Diğer sebep de verilen nimetin nimet olduğunu anlamamalarındandır.

Sabır

Sabır büyük bir meziyettir. Sabır; acıya katlanmak, nefse ve bedene ağır gelen hallere telaş göstermeksizin katlanmaktır. Akıl ve dine aykırı şeylerden kaçınarak, nefse hâkim olmak da sabırdır. Farzları edâ etmek ve bir günahı yapmamak sabretmeksizin olmaz. Sabır insana mahsustur. Hayvanlarda sabır yoktur. Onlar öyle yaratılmıştır. Dinin yardımcısı melekler, şehvetin yardımcısı ise şeytanlardır. Eğer din kuvveti hevânın, yani nefsin arzularına diretirse ve bunda devam ederse buna sabır denir. Eğer daima onunla kavga ederse, buna nefisle cihad denir. O halde sabır, din kuvvetinin ve gayretinin, nefis kuvveti karşısında direnmesi demektir.

Allahu Teâlâ -c.c.- Kur'ân-ı Kerîm'in yetmişten çok yerinde sabrı bildiriyor. Bir âyet-i kerîmede: *"Sabredenlerin mükâfatını, şüphesiz yapmakta olduklarından daha güzeliyle vereceğiz."* (Nahl, 16/153) buyurulmaktadır.

Rivâyete göre Cenâb-ı Hak -c.c.- Hz. Dâvûd aleyhisselâma şöyle vahyetti:

"Benim ahlâkımla ahlâklan. Muhakkak ki benim ahlâkımdan birisi de benim çokça sabreden olmamdır." Genişliğe karşı şükür etmeli, belaya karşı sabırlı olmalı ve kazaya karşı rızâ göstermelidir.

Her Zaman Sabra İhtiyaç Vardır

Kul, her anında nefsinin hoşuna giden veya gitmeyen bir durumla karşı karşıyadır. Her iki halde de sabra muhtaçtır. Arzularına uygun olanlar, mal, nimet, makam, sıhhat, kadın, evlât ve buna benzer şeylerdir. Hiçbir halde sabır bunlardakinden mühim değildir. Çünkü bir kimse kendini tutamayıp bu nimetlere dalarsa, onda nimetlere aşırı derecede bağlanıp haddi aşmak meydana gelir. Nitekim, herkes mihnete katlanabilir, -sıddîklar hariç- afiyete sabredemez, demişlerdir. Mal ve nimet ashab-ı kirâm zamanında çok olunca: "Mihnet ve sıkıntı içerisinde bulunduğumuz zamanlar sabretmek, bugün içerisinde bulunduğumuz nimet ve zenginliklere sabretmekten daha kolay idi." dediler. Bunun için Allahu Teâlâ -c.c.- bir âyet-i kerîmede "Mal ve çocuklarınız ancak imtihan vesilesidir." buyurmaktadır.

Zenginliğe sabretmek zor olur. Zenginlik günaha dalma sebebi değilse de günaha dalanlar içinde zenginlerin sayısının çokluğu mü'mini dikkatli olmaya zorlar. Hz. Ebû Bekir -r.a.-, Hz. Osman -r.a.- gibi zengin olmalıdır. Nimete sabır, kalbi ona bağlamamak ona sevinmemektir. Geçici olduğunu, çabucak elinden alınacağını bilmektir.

Mü'min, Allahu Teâlâ'nın kendisine verdiği mal, sıhhat ve her nimet için şükür ile meşgul olmalıdır. Bunların her birinde sabra ihtiyaç vardır.

Müslüman Sabırlı Olmaya Alışmalı

İbn-i Abbas -r.a.- "Kur'ân-ı Kerîm'de sabır üç şekil üzeredir":

1- Allah'ın farz kılmış olduğu vazifeleri edâ etmeye karşı sabretmek. Bunun üç yüz derecesi vardır.

2- Allah'ın haramlarına karşı sabretmek. Bunun altı yüz derecesi vardır.

3- İlk sadme anında musibete karşı sabretmek. Bunun dokuz yüz derecesi vardır, demştir.

İncindiğimiz ve tedirgin olduğumuz her şey, bizim için musibettir.

Musibetin azı, çoğu, büyüğü, küçüğü vardır. İbn Mübârek:

"Musibet birdir. Fakat sabretmeyince iki olur. Bunlardan biri büyük musibettir. Büyük musibet, musibete sabretmeyenlerin elinden alınan musibete sabır sevabıdır. Kendisine sabredilmeyen bu musibet ise küçük musibettir." demiştir.

"İnsan şüphesiz ki nefsinde musibeti hoş görmez. Bu iradesi dışındadır. Ancak sızlanmakla, şikâyette mübalâğa etmekle, üzüntüyü belirtmekle, giyeceğinde, yatağında ve gıdasında âdetini değiştirmekle sabredenlerin makamından çıkmış olur. Halbuki bu insanın iradesi dahilindedir. İnsanın, Allah'ın -c.c.- kaderine rızâ göstermesi ve âdeti üzere devam etmesi gereklidir."[25]

Bir hadis-i şerifte; "Sabırdan dolayı sevinmeyi beklemek ibâdettir."[26]

25- İhya-yı Ulûm-id Din, c. 8, s. 5, 422.
26- İhya-yı Ulûm-id Din, c. 8, s. 417.

Başka bir hadis-i şerifte de: "Bir Müslümana bir dert, bir ağrı, bir düşünce, bir gam, bir hüzün isabet ettiğinde, Allah yolunda bir uzvuna bir diken battığında bunların sebebiyle Cenâb-ı Hak -c.c.- o Müslümanın hatalarını ve setreder." buyurulmuştur. Bu haller, o Müslümanın günahlarına keffaret olur. Mü'mine her eziyet veren şey musibettir."[27] Musibete sabır, ecri bol bir ameldir.

İbrahim Hakkı meşhur şiirinde:

"Haktan olacak işler

Boştur gam ü teşvişler.

Hak bildiğini işler

Mevlâ görelim neyler.

Neylerse güzel eyler." demiştir.

Fudayl b. İyad:

"Allah imânlı kulunu belâ ile yoklar. Kişinin, âile efradını hayır ile yokladığı gibi." demiştir.

Lokman Hekim oğlunu uyarmıştır: "Ey oğul! Altın, ateşle deneniyor. Salih kul da belâ ile dikkat et."

Tevekkül

Tevekkül; vekâlet kelimesinden türemiştir. Birisine güvenmek, işini birisine havale etmek mânâsına gelir.

Allahu Teâlâ herkese tevekkülü emretmiştir. Cenâb-ı Hakk Kur'ân-ı Kerîm'de:

"Eğer imânınız varsa Allah'a tevekkül ediniz." (Mâide, 5/23) buyurmaktadır.

27- Kur'ân-ı Kerîm'in Türkçe Meâli Âlisi ve Tefsiri, Ö. Nasuhi Bilmen, c. 1, s. 149.

Tevekkül, kalpte oluşan bir duygudur. Tevhide ve Allahu Teâlâ'nın lütûf ve ihsânının pek çok olduğuna imân etmekle kazanılır. Bu hâl kalbin vekile itimat etmesi, güvenmesi, O'na inanması ve O'nun ile rahat etmesidir.

Âl-i İmrân sûresindeki *"Allah bize yetişir. O çok iyi bir vekildir"* âyet-i kerîmesini iyi anlayıp her şeyi Allah -c.c.- yapar, diyen; bir kimse, Allahu Teâlâ'nın fazlına itimat eder, sebeplere güvenmez, "Cenâb-ı Hakk, bana kendi büyüklüğüne, merhametine yakışacak işleri yapar", der. Bazı kimseler buna inanır, amma içinde bir korku, bir ümitsizlik bulunur.

Çok kimseler, bir şeye imân eder, inanırlarsa da, tabiatları imânlarına uymayıp evham ve hayallere kapılırlar. Hatta bu hayallerin yanlış olduğunu bildikleri halde yine onu yenemezler. Meselâ; bazı kimseler ölünün hareket edemeyeceğini bildiği halde onunla aynı odada yatamaz.

Tevekkül için hem kuvvetli imân, hem kuvvetli kalp lâzımdır. İtimat tam olmadıkça, tevekkül tam olmaz. Çünkü tevekkül, kalbin her işte Allahu Teâlâ'ya güvenmesi demektir.

Tevekkül edici kimse, her işinde Allahu Teâlâ'nın âdeti olan sebeplere tutunur. Fakat tevekkülü bırakmaz, çalışmasına güvenmeyip Allahu Teâlâ'nın fazlına, keremine, ihsanına güvenir. Kendisini başvurduğu sebeplerle maksada eriştirmesini O'ndan bekler. Sebeplere tutunur, eline geçeni Allahu Teâlâ'dan bilir. Kehf sûresindeki *"Her şeye kuvvet veren ancak Allahu Teâlâ'dır."* âyet-i kerîmesinin mânâsı budur.

Hz. Ebû Bekir -r.a.- mağarada, yılanın deliğine mübârek ayağını dayayarak ondan korundu. Halbuki onun tevekkülü çok üstündü. Fakat o yılandan korkmuyordu. Yılanı yaratandan, O'nun yılana kuvvet ve hareket vermesinden korkuyordu. Her şeyin kuvvet ve hareketinin ancak Allahu Teâlâ'dan olduğunu biliyordu.

Tevekkülü Yanlış Anlayanlar Vardır

Çok kimse tevekkülü her işi oluruna bırakıp cüz'i irâde ile bir şey yapmamak, para kazanmak için uğraşmamak, tasarruf yapmamak, yılandan, akrepten, aslandan sakınmamak hasta olunca ilâç içmemek, dini, şeriatı öğrenmemek, din düşmanlarından sakınmamak, sanır. Tevekkülü böyle düşünmek yanlıştır. Şeriata uygun değildir. Halbuki tevekkül şeriatın emrettiği şeydir. Şeriata uygun olmayan şeyler tevekkül olmaz.

Sebeplere bağlı işlerde tevekkül, sebepleri bırakmak değildir. İlim ile hal ile tevekkül etmektir. Meselâ; Allah isterse beni yemeden doyurur demek tevekkül değil aptallıktır.

İlim ile tevekkül, açlıktan kurtulmak için sebepleri yani eli, ağzı, dişleri, mideyi, yemekleri, hepsini Allahu Teâlâ'nın yaratmış olduğunu bilmektir. Hâl ile tevekkül, kalbin Allahu Teâlâ'nın ihsanına güvenmesi, ele, ağza, sıhhate güvenmemesidir. El bir anda felç olabilir. Kişi aniden hastalanabilir.

İnsan kapısını kilitler. Kilitlemelidir de... Fakat kilide güvenmemelidir. Nitekim hırsızların kilitleri kırdığı çok duyulmuştur.

Bir gün, Resûlullah Efendimizin yanına gelen bir köylü. "Devemi "Allah'a tevekkül edip kendi haline bıraktım." deyince "Bağla ve sonra tevekkül et." buyurmuştur.

Allah'ın emrine, âdetine uymalıdır.

Tefekkür

Kelime itibarıyla düşünmek, zihni bir hususta yormak gibi mânâlara gelen tefekkür İslâm'ın üzerinde önemle durduğu bir husustur. Çünkü; İslâm'ın emirleri, yasakları, tavsiyeleri üzerinde düşünmeyen, bu âlemde var olan her şeye zihin yormayan, vücuda gelen hâdiseleri düşünce süzgecinden geçirmeyen bir mü'min İslâmın yüceliğini anlayamaz.

Tefekkür Kur'ân'ın çeşitli yerlerinde emredilmiş ve Allah'ın yaratıkları üzerinde düşünmeyenler ayıplanmıştır. Şu âyette Allahu Teâlâ -c.c.- gerçek akıl sahiplerine işaret ederek buyurmaktadır:

"Onlar -o sâlim akıl sahipleri- ayakta iken, otururken, yanları üstünde -yatar- iken -hep- Allah'ı hatırlayıp anarlar ve göklerin, yerin yaratılışı hakkında inceden inceye düşünürler. İşe onlar şöylece tesbih ve niyazda bulunur dururlar: Ey Rabbimiz! Sen bunları boşuna yaratmadın, sen münezzehsin, artık bizleri ateşin azabından koru..." (Âl-i İmrân, 3/191)

Resûlullah -s.a.v.- Efendimiz buyurmuştur: "Bir saat tefekkür, bin sene ibâdetten iyidir."

Eğer insanlar Allah'ın azameti hakkında düşünseydi, Allah'a asla isyan etmezlerdi. İbn-i Abbas -r.a.- anlatmıştır:

Bir kavim, Allah'ın Zâtı hakkında düşünceye dalmışlardı. Peygamberimiz onlara:

"Allah'ın mahlûkatı -yarattıkları- hakkında düşününüz. Fakat O'nun Zâtı hakkında düşünmeyiniz. Çünkü sizler Cenâb-ı Hakk'ı gereği gibi anlayıp kavramaktan âcizsiniz."[29] buyurdu.

---

[29] Gazalî'den Vaazlar, s. 678.

Düşünce bütün hayırların başlangıcı ve anahtarıdır. Düşüncenin meyvesi, ilim ve marifeti elde etmektir. Kalpte bilgi hasıl olduğunda kalbin durumu değişir. Kalbin hâli değişince de organların amelleri değişir.[30]

Allahu Teâlâ'nın Dışında, Varlık Âleminde Olan Her Şey Allah'ın Fiili ve Yaratığıdır

Kâinatın her zerresinde hayret verici acaiplikler, gariplikler vardır. Allah'ın hikmeti, kudreti, celâli ve azameti bunlarla açığa çıkar. Hepsini saymak imkânsızdır.

Kâinat, sınırı görülemeyecek kadar geniştir. Fakat hiçbir şey Allah'ın ilmi dışında değildir. Kâinat deyince akla sadece gördüğümüz âlem gelmemelidir. Melekler, cinler gibi göremediğimiz nice varlıkların da âlemi vardır. Bütün bunlar "Allahu Ekber" ibaresi yanında çok küçüktür. Çünkü kâinatı yaratan ve idare eden Allah'tır. Tefekkür, kişiyi gerçek imân ve salih amel işlemeye götürmelidir. Kâinat ilâhi bir sanat galerisidir. Allah -c.c.- varlığının alâmetidir. Kur'ân-ı Kerîm ise sonsuzluk rehberidir. Onun için Kur'ân'ın ruhlar üzerindeki etkisi sınırsızdır. Asıl tefekkür bâtıldan hakka göç etmektir.

Tefekkür gibi ibâdet yoktur.

İnsanları Sevindirmek

Resûlullah -s.a.v.- Efendimiz:

"Müslüman, kardeşini Allah'ın rızâsına uygun bir şeyle sevindirerek karşılarsa Allah da onu kıyâmet günü sevindirir." buyurmuştur.

30- Gazalî'den Vaazlar, s. 678.

Müslümanların birbirini sevindireceği nice helâl davranışlar vardır. Teselli edici bir yakınlık, samimi bir ziyaret, güzel söz, güler yüz, fedakârlık, basit de olsa bir ihtiyacı karşılama, candan dostluk göstermek gibi daha birçok şeyle Müslüman kardeşimizi sevindirebiliriz.

Bir insan için dil güzelliği bir servettir. Hoş konuşma birçok insanın gönül neş'esine vesile olur.

Affetmek

Afv; hataları bağışlamak ve hakkı olanın, alması gerekli şeyden kendi isteğiyle vazgeçmesi demektir.[31] Günahkâr kimse hakkında, lâyık olduğu cezasını bir lütuf olarak terketmek mânâsına gelmektedir.

Bir âyet-i kerîmede:

"Şimdi sen onlardan yüz çevir ve iyi davran." (Hicr, 15/85) buyurulmaktadır.

Allah -c.c.-, haksızlığa, tecavüze uğrayan kimseye, hakkını almaya kudreti yettiği halde bunu yapmayıp hasmını affetmesini öğütler.

Takvâ sahibi Müslüman, affedicidir. Bir kişide kısas ve diyet gibi hak ettiği bir hakkı olsa, onu almayıp bu hakkından vazgeçicidir. İslâm zulme uğrayan kimseye, nefsinin aynı şekilde zulümle davranma isteğine boyun eğmemesini tavsiye etmiştir. Affederek suçu bağışlamada büyük sevap vardır.

Kur'ân-ı Kerîm'de: *"Kim affeder ve ıslah ederse onun mükâfatı Allah'a aittir."* buyurulmaktadır. (Şura, 42/40)

31- Ahmet Rıfat, Tasvir-i Ahlâk, s.37.

İnsan başkası adına suç bağışlayamaz, ancak kendisine karşı işlenen bir suçu bağışlayabilir.

Fenalık, iyilikle karşılanırsa kalpler kazanılır, insanlar arasında yakınlık meydana gelir. Kötülüğe karşı iyilikle ve en güzel olanla karşılık vermek büyüklerin işlerindendir.

Mütevazı zâtlar, cehâletle kendilerine karşı yapılan bir hakarete maruz kalırlarsa "selâmetle" derler. Cenâb-ı Hakk'ın bu hususta Kur'ân-ı Kerîm'de buyurduğu üzere davranırlar

"O Rahmân'ın kulları -o kimselerdir- ki, yeryüzünde alçakgönüllü yürürler; cahiller onlara söz attığı vakit 'selâmetle' derler." (Furkan, 25/65)

İmam Gazalî "Şahısların, uğradıkları her zulme, benzeriyle karşılık vermek caiz değildir." Meselâ; gıybete gıybetle, tecessüse tecessüsle karşılık vermek, sövmeye sövmekle mukabele etmek doğru olmaz. Diğer günahlar da böyledir. Kısas ve cezalandırma, Allahu Teâlâ'nın belirttiği oranda ve nispette yapılır." demiştir.

Haram Olmayacak Tarzda Kişinin Hasmına Karşılık Vermesi, Dinimizce Caiz Görülmüştür

Fakat susup cevap vermemek daha güzel bir davranış güzeldir. Çünkü böyle yapmak, cevaba başlamaktan daha kolaydır. Ve cevapta, şeriatın çizmiş olduğu hudut üzerinde durmak söz konusudur."[32]

Hz. Âişe vâlidemiz, Peygamberimizin "Kim ki, kendisine zulmedenin aleyhinde bedduâda bulunursa, zulmedenden

---
32- İhya-yı Ulûm-id Din, c. 7, s. 54.

hakkını almış ve bedduâsı nispetinde zalimdeki hakkını kaybetmiş olur." buyurduğunu haber vermiştir.

Hz. Enes -r.a.- anlatmıştır:

Resûlullah -s.a.v.- bize şöyle buyurdu:

"Kullar kıyâmet gününde Allah'ın huzurunda durdukları zaman bir çağırıcı şöyle seslenir:

– Allah katında ecir ve sevabı olan bir kimse ayağa kalksın ve cennete girsin.

Oradakilerden birisi Resûlullah'a sordu:

– Allah katında ecir ve sevabı olan kimdir?

Resûlullah -s.a.v.- şu cevabı verdi:

"Halkı affedenlerdir. Binlerce kişi ayağa kalkar ve hesaba çekilmeden cennete girer."[33]

İslâm'da işlenen suçun affedilmesi için özür dileme gereklidir. Bunun genel adı 'tövbe'dir. Aksi halde suç bağışlanmaz. Allah, Hz. Âdem ile Hz. Havva'yı özür diledikleri için affetmiş, şeytanı özür dilemediğinden affetmemiştir.

İnsan bağışlamaya ve hoşgörülü olmaya alışırsa bu güzel ahlâk onun nefsinde yer eder. Böylece intikam ve hırs tutkusundan uzak yaşar.

Güler Yüzlü Olmak

İslâm, Müslümanı her zaman güler yüzlü olmaya, yaratılmışlara güzel muamelede bulunmaya teşvik etmiştir.

Resûlullah -s.a.v.- Efendimiz:

"Kardeşini güzel yüzle karşılamak dahi olsa iyilikten hiçbir şeyi küçük görme."[34] buyurmuştur.

33- İhya-yı Ulûm-id Din, c. 7, s. 54.
34- Müslüman Şahsiyeti, s. 174.

Abdullah b. Haris "Resûlullah -s.a.v.-'den daha çok tebessüm edeni görmedim." demiştir.

Bir hadis-i şerifte "İnsanlara müdârâ -dostça muamelesadakadır" buyurulmuştur.[35]

Bir Müslümanın dünya hayatında hoşgörülü olması, onun en zor gününde belki de kurtarıcısı olacaktır.

Sattığında, satın aldığında ve hükmettiğinde hoşgörü sahibi olan kişiye Allah rahmet eder.

Merhametli Olmak

Merhamet, çaresizlerin hallerine kalben acıyarak kendilerine yardımda bulunma arzusudur. Bilinçli bir Müslüman merhamet sahibidir.

Bir hadis-i şerifte:

"Sen yerdekilere merhamet et ki gökteki de sana rahmet etsin." buyurulmuştur.

İslâm'da merhamet bütün insanlığı içine alacak kadar genelleştirilmiştir.

Ebû Musa el-Eş'ari, anlatmıştır. Resûlullah -s.a.v.-:

– "Birbirinize acımadıkça -tam- imân etmiş olmazsınız." buyurdu.

Sahabe:

– Yâ Resûlallah! Hepimiz merhametliyiz, dediler.

Buyurdu ki:

"Asıl merhamet birinizin arkadaşına olan merhameti değildir. Asıl merhamet bütün insanlara, herkese acımaktır."

35- Büyük İslâm İlmihali, s. 649.

Hz. Ömer -r.a.- Akra b. Habis'i Müslümanlara vâli tâyin etmek istemiş. Fakat onun çocuklarını öpmediğinden haberdar olunca vazgeçip "Senin nefsin çocuklarına bile acımıyorsa, insanlara nasıl merhamet edersin. Vallahi seni vâli tâyin etmem." demiştir. Ve elinde tuttuğu tâyin emrini gösteren kâğıdı yırtmıştır.

Resûlullah -s.a.v.- Efendimiz, insanlara ve hayvanlara karşı çok merhametliydi.

Peygamberimiz, bir defasında bir yerde konaklamıştı. Bu sırada bir kuş onun başı etrafında kanat çırpmaya başlamış. Sanki yumurtasını alarak kendisine zulmetmiş birini şikâyet eder gibi Peygamberimize sığınıyormuş.

Resûlullah -s.a.v.- Efendimiz:

– "Hanginiz yumurtası sebebiyle bu kuşa acı verdi?" diye sorunca. İçlerinden birisi:

– "Yâ Resûlallah! Ben aldım." demiş. Resûlullah -s.a.v.-:

– "O yumurtayı yerine koy!" buyurmuş.

Hilm

Hilm; öfkenin insan nefsine hâkim olduğu bir anda cezalandırmaya ve intikam almaya gücü yettiği halde kişinin bu fikirden vazgeçip ölçülü davranmasıdır.

İnsan, fazla öfke anında dengeli olmayı, öfkesini tutmayı öğrenmeli, yaşadığı zaman dilimi içinde, hilm ile ziynetlenmelidir. Böyle kişilere toplumumuzda övgü mahiyetinde, "halim-selim bir insan" denir.

– Hilm, aklın kemâline delâlet eder. Hilm, öfke kuvvetinin kırılması ve öfkenin akla teslim olmasıdır.

– Halim kimse, Allah -c.c.-'ın sevgisine erişir.

– Hilm, Resûlullah -s.a.v.- Efendimizin ziyneti ve ümmetinden isteğidir.

Resûlullah -s.a.v.- Efendimiz genellikle şöyle duâ etmiştir:

"Allahım! Beni ilimle zenginleştir, hilmle -yumuşak huyluluk- ziynetlendir, takvâ ile bana ikramda bulun, sıhhat ve afiyetle beni güzelleştir."

– Hilm, dereceleri yükseltir.

– Hilm, ilmin yakını olmuştur.

Bu hadis-i şerifte:

"İlim, vakar ve yumuşaklık isteyin. İlim öğretirken ve öğrenirken ahlâkınızı güzelleştirip yumuşak davranın; haddini aşan kibirli âlimlerden olmayın, sonra cehliniz hilminize galip gelir." buyurulmuştur.

Hz. İsa -a.s.- Yahudilerden bir gurubun yanından geçer. Onlar Hz. İsa -a.s.-'a çirkin lâflar atarlar. Hz. İsa da onlara hayırlı ve güzel sözlerle cevap verir. Beraberinde bulunanlar Hz. İsa'dan sorarlar:

– Onlar çirkin, sen ise hayırla konuşuyorsun. Bu nasıl olur?

Hz. İsa -a.s.- cevap olarak:

– Herkes yanındaki sermayeden harcar, buyurur.

Hz. Ali'nin torunu, Hz. Hüseyin'in oğlu olan Ali Zeynelâbidin, mescide gitmek için bir gün evinden ayrılır. Yolda karşılaştığı bir adam ağır bir dille kendisine hakarette bulunur. Yanındakiler o adama müdahale etmek ister. Onlara engel olur. Adama döner:

– "Ey kişi! Ben senin dediğinden de kötü bir insanım, benim hakkımda bilmediklerin, bildiklerinden daha çoktur. Eğer o taraflarımı da öğrenmeye ihtiyacın varsa sana anlatayım."

Sonra, Zeynelâbidin Hazretleri, üzerindeki sırma işlemeli kaftanını çıkarır o kimseye hediye olarak verir. Adam, Zeynelâbidin'in bu tutumuna şaşar kalır ve utanır:

– "Ben şehadet ederim bu genç, cidden Resûlullah - s.a.v.- Efendimizin torunudur!" diyerek takdirini ifâde eder.

Bu davranışı ile Zeynelâbidin, şu beş hayra sebep olmuştur:

1- Kızmamış halimlik göstermiştir.

2- Bir eziyeti ortadan kaldırmıştır.

3- Bir müslümanı Allah'tan uzaklaşmaktan kurtarmıştır.

4- Onu pişman olup tövbe etmeye teşvik etmiştir.

5- Adamı, övgü ve medhe mecbur bırakmıştır.

Ve Zeynelâbidin, bütün bunları dünya nimetlerinden az bir şeyle elde etmiştir.

Yumuşak huyluluk yolunu seçen kimsenin her zulmü kabul edip kendisini ezdirmesi de çirkindir. Hilm de bu derece, düşmanın, kötü insanın cesaretini artırır.

Şefkat

Müslümanlıkta, Allahu Teâlâ'nın emirlerine riâyet, hürmet, mahlukatına şefkat büyük bir esastır. Şefkat korku ile karışık merhametten ileri gelen bir ruh hâlidir. Başkalarının uğradığı veya uğrama ihtimali olan nahoş durumlar karşısında meydana çıkar. Şefkat, saf ve temiz kalpli insanların belirgin özelliklerindendir.

— Yumuşak ve şefkatli davranana ateş haram olur.

Bir hadis-i şerifte:

"Kıyâmet günü cehenneme girmeyeceklerin kimler olduğunu biliyor musunuz? Kolaylaştıran, yumuşak davranan ve cana yakın olan herkese kıyâmet gününde ateş haram olur. Yani bu sıfatlara sahip olan kimseleri ateş yakmaz." buyurulmuştur

— Şefkat ve yumuşak huyluluktan mahrum olan kimse, bütün hayırlardan mahrum olmuştur.

— Şefkatte uğur vardır.

Hz. Âişe vâlidemizden rivâyet edilmiştir:

"Bir seferde Resûlullah ile beraber yola çıkmıştık. Ben serkeş bir devenin sırtında bulunuyordum. Deve beni sağa sola götürüyordu. Allah'ın Resûlü şöyle buyurdu: Ey Âişe! Deveye şefkat göster. Çünkü şefkat, herhangi bir işe girdi mi onu süsler. Herhangi bir işten çıktı mı mutlaka onu çirkinleştirir."[36]

İmam Gazalî: "Kâmil mü'min o kimsedir ki, şefkat yerlerini şiddet yerlerinden iyi ayırır ve her işe hakkını verir. Eğer kişinin basireti kısa ise veya herhangi bir hâdisenin hükmü kendisine şüpheli gelirse mutlaka şefkate yönelsin. Zira en büyük kurtuluş şefkattedir." demiştir.

Rıfk

Rıfk, yumuşaklık, incelik demektir. Allah -c.c.-'ın yüce sıfatlarından biridir.

Yumuşaklık, Cenâb-ı Hakk'ın kulları üzerinde görmeyi istediği iyi hasletlerdendir. İnsanlar, tabiatları gereği kabalıktan ve sertlikten nefret eder.

36- İhya-yı Ulûm-id Din, c. 7, s. 74.

Bir vaiz Me'mun'un huzuruna girmiş ve onu incitici bazı sözler söylemiş. Me'mun ona şöyle demiş:

– Be adam! Biraz yumuşak ol! Bilmez misin, Allahu Teâlâ senden daha iyilerini Musa ve Harun'u, benden daha kötü birine Firavun'a gönderdiğinde onlara şu tavsiyede bulunmuştu: *"Ona yumuşak söz söyleyin, belki öğüt dinler veya korkar."* (Tâhâ, 20/44)

İnsan kalbine ancak yumuşaklık ve şefkatle girilebileceğinden, İslâm dâvetçileri dâvetlerini, bu düsturu esas alarak yapmalıdır.

Ayıpları Örtmek

İslâm dini, başkalarının namusları hakkında ve aleyhinde konuşmaktan insanları meneden bir ahlâk sistemi getirmiştir. Müslüman her zaman toplumda başkalarının ayıplarını örtmeye çalışır. Ukbe b. Âmir'e bir grup gelerek:

– Bizim, içki içen ve günah işleyen komşularımız var. Onları halifeye şikâyet edelim mi? dediler. Ukbe onlara cevap verdi:

– Hayır, Resûlullah'ı -s.a.v.- şöyle buyururken işittim: "Müslüman kardeşinin bir ayıbını görüp onu örten kişi canlı olarak gömülmüş birini kabrinden diriltmiş gibidir."[37]

Bir hadis-i şerifte de "İnsanların kabahat ve kusurlarını inceleyecek olursan onları ifsad eder ve kargaşaya düşürmeye yaklaşırsın." buyurulmuştur.

Kötü kimsenin kabahati meydana çıkarılınca korkusu kalmaz, artık açıktan açığa kötülük işlemeye başlar.

37- Müslüman Şahsiyeti, s. 185.

Müslümanların Arasını Yapmak

İslâm'da en beğenilmeyen huylardan biri yalandır. Fakat Müslümanların arasını bulmak için yalana ruhsat verilmiştir. Peygamber Efendimiz:

"İki kimsenin arasını düzelten veya hayrı söyleyip hayrı yükselten kimse yalancı değildir."[38] buyurmuştur.

Sadakanın en faziletlisi Müslümanların arasını bulmaktır.[39]

İnsanlara Fayda Temin Etmek ve Onlardan Zararı Gidermek

İslâm terbiyesi ile yetişmiş bir Müslüman fırsat buldukça toplumda insanlara iyilik yapmaya çalışır. Cenâb-ı Hakk Kur'ân-ı Kerîm'de:

"... *İyilik yapın ki saadete erişesiniz.*" (Hac, 22/77) buyurmaktadır.

Her kim ister yerine getirsin, ister getirmesin, gündüz veya gecenin herhangi bir saatinde kardeşinin ihtiyacı için koşarsa onun bu hareketi, kendisi için iki aylık itikafa girmekten daha hayırlıdır.

Müslüman, kardeşine zâlim de olsa, mazlum da olsa yardım eder.

Peygamber Efendimize:

— Kardeşi zâlim ise ona nasıl yardım eder, diye sorulduğunda, "Zulmetmekten menetmek sureti ile ona yardım eder." buyurmuştur.

38- İhya-yı Ulûm-id Din, c. 6, s. 483.
39- İhya-yı Ulûm-id Din, c. 4, s. 530.

Dinini anlamış bir Müslüman, Allah'ın -c.c.- rızâsını gözeterek hayır için attığı her adımdan dolayı kendisine sevap verileceğini bilir.

İki kişiyi adaletle barıştırmak bir sadakadır. Birinin bineğine yardım etmek veya yükünü kaldırmak sadakadır. Güzel söz sadakadır. Namaza yürüdüğün her adım sadakadır. Yoldan rahatsız edici bir şeyi kaldırmak sadakadır.

Allah'ın -c.c.- rahmeti geniş sevabı boldur.

İslâm'da Hayır Dâiresi Çok Geniş Tutulmuştur

Resûlullah Efendimiz "Her iyilik sadakadır." buyurmuştur. Güzel söz sadakadır. İnsanda güzellik lîsanıdır.

İslâm toplumunda Müslümanların en hayırlıları, kendinden hayır beklenen ve şerrinden emin olunan kimselerdir.

Gücü yettiği halde insanların hizmetine koşmayanlar, ellerinde bulunan nimetin yok olması ile tehdit edilmektedir. Resûlullah -s.a.v.- Efendimiz:

"Allah'ın kendisine nimet verip nimetini tamamladığı kula insanlar muhtaç olur da o bundan sıkılırsa -kaçınırsa-, onun bu nimeti yok olmaya maruz bıraktığı muhakkaktır." buyurmuştur.

Kolaylaştırmak Zorlaştırmamak

Yüce Allah -c.c.- kulları için kolaylık diler:

"Allah sizin için kolaylık murad eder. Size zorluğu murad etmez." (Bakara, 2/185)

Hadis-i şerifler kolaylaştırmayı teşvik etmiş, zorlaştırmayı yasaklamıştır.

Resûlullah -s.a.v.- Efendimiz:

"Öğretiniz, kolaylaştırınız, zorlaştırmayınız. Biriniz hiddetlendiğinde sussun." buyurmuştur.

Hz. Âişe -r.anhâ- vâlidemiz bu hususta Resûlullah -s.a.v.- Efendimizi şöyle anlatmıştır:

"Resûlullah -s.a.v.- iki şey arasında serbest bırakılınca, günah değilse kolayını tercih ederdi. Eğer onda bir günah varsa ondan en fazla o kaçardı. Resûlullah -s.a.v.- Allah'ın haram kıldığı şeyler çiğnenince Allah için intikam almanın dışında, kendisi için asla intikam almamıştır."

Borçlu Darda İse, Eli Genişleyinceye Kadar Ona Mühlet Vermeli

Bir Müslümanın, alacaklıya mühlet vermesi veya o borçtan vazgeçmesi gibi yapacağı iyilikler, Allah -c.c.- katında zâyi olmaz.

Bir hadis-i şerifte:

"Allah'ın, kıyâmet gününün dertlerinden kendisini kurtarmasını isteyen kimse, zorda kalmış borçluya mühlet versin veya borcunu affetsin."[40] buyurulmuştur.

Bir adam, insanlara borç verir ve hizmetçisine 'Zor durumda bulduğunu affet, belki Allah da bizi affeder' dermiş. Rabbine kavuşmuş, Allah da onu affetmiş.[41]

40- Müslüman Şahsiyeti, s. 259.
41- Müslüman Şahsiyeti, s. 260.

Kanaatkâr Olmak

Kanaat bulunduğu kişiyi yücelten güzel bir huydur. Kanaat başkalarının nimetlerine göz dikmeyip hakkına râzı olmak ve gönül huzuruyla yaşamaktır.

Kanaatte hürriyet ve izzet vardır.

Cenâb-ı Hak -c.c.- kanaatle tevekkülün alâkasına şöyle işaret buyurmaktadır:

"Kim de Allah'tan korkarsa ona -darlıktan genişliğe- bir çıkış yolu ihsan eder. Bir de ona ummadığı yerden rızık verir. Kim Allah'a tevekkül ederse O'na yeter." (Talak, 65/2)

Zenginlik mal çokluğunda değil, gönül zenginliğindedir.

Hayır Yapmayı Sevmek

Hayır, iyilik demektir. İslâm'ın doğru bulduğu her mal ve menfaat bir hayırdır. Hakk'ın ihsanıdır. Allahu Teâlâ'nın rızâsını kazanmaya vesile olan her güzel amel bir hayırdır.

Hayırhahlık, Allah'ın nimetinin yararlı olduğu bir kimsenin elinde devamlı kalmasını veya zail olmuşsa öyle bir nimetin yeniden ona ulaşmasını dilemektir. Devamlı hayır istemek ve insanlara hayır yapmak fikrini taşımaktır.

Hayırhahlık, hayrı, diğer şeylere tercih etmektir. Hayır dilemek vaciptir.

Hayırhahlık, ruhun saffetinden ileri gelir. Hayır müesseseleri, hayırhahlığın eseridir.

Hayırhahlık, müttakî Müslümanların davranışlarından biridir.

Susmanın Fazileti

Lisanın tehlikesi büyüktür. Onun tehlikesinden kurtuluş ancak susmakla mümkündür.

Allah -c.c.-'ın nizamı susmayı övmüştür.

Resûlullah -s.a.v.- Efendimiz bu hususta:

"Size ibâdetin en kolayını ve beden için en rahatını haber vereyim mi? Susmak ve güzel ahlâk..."[42] buyurmuştur.

Hasan Basrî Hazretleri, bize "Resûlullah'ın:

– "Allah o kuldan râzı olsun ki, konuşup ganimet sahibi olur veya susup selâmette kalır."[43] buyurduğu zikredildi, demiştir.

Havarileri, İsa aleyhisselâmdan ricada bulunurlar:

– Bize öyle bir şey öğret ki onunla cennete girelim.

– Hiç konuşmayınız.

– Buna gücümüz yetmez.

Hz. İsa:

– O halde sadece hayır konuşunuz, cevabını verir.

Resûlullah -s.a.v.- Efendimiz:

"Aç kimseyi doyur! Susuza içir! Emri bil maruf yap! Münkeri yasakla! Eğer gücün bunlara yetmiyorsa, hayır hariç dilini tut!"[44] buyurmuştur.

Mü'minin lisanı kalbinin arkasındadır. Konuşmak istediği zaman o şeyi önce kalbiyle düşünür, sonra konuşur. Mü-

---

42- İhya-yi Ulûm-id Din, c. 6, s. 382.
43- İhya-yı Ulûm-id Din, c. 6, s. 383.
44- İhyâ-yı Ulûm-id Din, c. 6, s. 384.

nafığın lisanı ise kalbinin önündedir. Bir şey söyleyeceği zaman onu düşünmeden söyler."

Hasan Basrî Hazretleri "Lisanını korumayan bir kimse, dinini hakkıyla bilmiş değildir." demiştir.

Gerektiği Yerde Suskun Kalmalı

Susmanın fazileti lisanın afet ve zararlarından çokluğundandır. Yanlışlık yapmak, yalan, gıybet, kovuculuk, iftira, riya, münafıklık, kötü konuşmak, tartışmak, nefsi tezkiye etmek, bâtıla dalmak, başkası ile kavga etmek, boşa konuşmak, hakikati değiştirmek, hakikate fazladan ilâvelerde bulunmak veya hakikatten eksiltmek, halka eziyet etmek veya halkın namusuna saldırmak, hep dil ile yapılır ve lisan afetlerindendir."

Bu afetlerin hepsi dilde dolaşır, dile hiç ağır gelmezler, gönlün de hoşuna gider. İnsanın tabiatında ve şeytanın vesveselerinde bunlara teşvik vardır. Bu afetlere bir kere dalan kimse, kolay kolay kendini bu afetlerden kurtaramaz. Sevdiği bu şeylerde dilini serbest bırakır, ancak hoşlanmadıklarından dilini çekebilir. Bu afetlere dalmakta insan için çok büyük tehlikeler vardır. Susmakta ise selâmet vardır. Bunun için susmanın fazileti çok büyüktür. Kişi susmakla aklını başına alır. Susmada vakar vardır. Fikir, zikir ve ibâdet için huzur vardır. Dünyada dedikodulardan, âhirette de bunların hesabını vermekten kurtuluş vardır.

Resûlullah -s.a.v.- Efendimiz de "Susan kurtulur." buyurmuştur.

Sır Saklamak

Açığa çıkarılmayıp gizli kalması gereken sırlar, bir insanın şahsına ait olabileceği gibi başkaları tarafından kendisine güvenilerek emanet edilmiş sırlar da olabilir. Her iki çeşit sırrın da önemi aynıdır.

Hz. Ali -r.a.- "Sır senin esirindir. Onu kalbinden dışarı çıkarıp, birisine, söylediğin vakit sen ona esir olursun." buyurmuştur.

Kalpler, sırların korunduğu kaplar, dudaklar o kapların kilidi, diller de anahtarıdır. Öyleyse her insana sırrının anahtarını saklamak gerekir."

İyi insanların kalpleri sır mezarlarıdır. Ölülerin mezarda gizli kalmaları gibi, sırlar da bu insanların kalplerinde sessiz ve gizlidirler.

Hasan Basrî Hazretleri "Arkadaşının sırrını konuşmak hainliktir." demiştir.

Hayatta bilinen her şey söylenmez. Bazı şeylerin gizli kalması lâzımdır. Özellikle evlilik hayatı ile ilgili hassas konular, başkalarına duyurulmamalı.

Resûlullah -s.a.v.- Efendimiz "Kıyâmet günü Allah katında insanların en şerlisi eşinin sırlarını yayan kimsedir."[46] buyurmuş, mü'minleri uyarmıştır.

Sır saklamak kişinin şahsiyetinin kuvvetliliğini gösterir.

Resûlullah -s.a.v.- Efendimiz sırra şöyle bir ölçü getirmiştir:

46- Müslüman Şahsiyeti, s. 183.

"Kişi konuşurken dönüp etrafına bakarsa, onun bu hareketi, sözlerinin dinleyenin yanında emanet olduğuna delâlet eder."[47]

Hakkı Söylemek

Cenâb-ı Hakk Kur'ân-ı Kerîm'de:

"Mü'min kullarıma söyle, en güzel şekilde konuşsunlar." (İsra, 17/53) buyurmaktadır.

Şeyh Sadi Şirazî "İki şey akıl hafifliğine delâlet eder; söyleyecek yerde susmak, susacak yerde söylemek."[48] demiştir.

Fahrü'l-İslâm Pezdevi ise, "Hak hususunda susmak haramdır." demiştir.[49]

Birçok âyet-i kerîme ve hadis-i şerif, hakkı söylemek ve nasihat etmekle vazifeli olduğumuzu bizlere açıkça bildirmektedir.

İyiliği Emretmek, Kötülüğü Nehyetmek

Allahu Teâlâ -c.c.- Kur'ân-ı Kerîm'de:

"Sizden öyle bir cemaat bulunmalıdır ki, -onlar herkesi hayra çağırsınlar, iyiliği emretsinler, kötülükten vazgeçirmeye çalışsınlar. İşte onlar muradına erenlerin tâ kendileridir." (Âl-i İmrân, 3/104) buyurmaktadır.

Yüce Allah bu önemli vazifeyi tüm Müslümanlar yüklemiştir. Fakat mü'minlerin, maddeten, manen, fikren, destek-

---

47- İhya-yı Ulûm-id Din, c. 6, s. 463.
48- Gülistan, s. 14.
49- Prof. Dr. M. Ebû Zehra, Ebû Hanife, (trc. O. Kesikoğlu), s. 397.

ledikleri bir cemaatin bu görevi hakkıyla yerine getirmesi durumunda, bu vazife belli ölçüde kendilerinden düşer. Ama yine de her mü'minin, kendi çapında yapacağı tebliğ vazifeleri vardır.

Hayra vesile olan kimseye onu yapanın ecri gibi ecir vardır.

Bir hadis-i şerif: "Sizden her kim bir münker -kötülük- görürse onu eliyle, buna gücü yetmezse dili ile değiştirsin. Ona da gücü yetmezse kalbiyle reddetsin. Bu -sonuncusu- ise imânın en zayıfıdır." buyurulmuştur.

Evet, bu hadis-i şerif iyiliği emretme, kötülükten menetme gerekliliğinin her mü'minin üzerine vacip olduğunu kesin bir dille ifade eder. Çoğu âlimler böyle söylemiştir. Fakat bazı âlimlere göre, el ile gidermek hükümdar ve yönetici konumunda olanlara, dil ile gidermek âlimlere, kalp ile üzülmek ve buğzetmek halk üzerine vaciptir.

Tebliği Usulünce Yapmak

Müslüman iyiliği emredip kötülüğü yasaklarken akıllı, dikkatli, temkinli, insana nasıl yaklaşılacağını bilerek ve hikmetle işe koyulur.

Cenâb-ı Allah -c.c.- Resûlullah -s.a.v.- Efendimizin şahsında tüm mü'minlere hitaben *"Rabbinin yoluna hikmetli söz ve güzel öğüt ile dâvet et."* buyurmaktadır. (Nahl, 16/125)

Tebliğci nefret ettirici, rahatsız edici, kızdırıcı tutumlardan kaçınmalıdır.

Abdullah İbn Mes'ud, perşembe günleri vaaz edermiş. Birisi ona "Bize her gün vaaz etmeni isterdim." dediğinde "Beni bundan alıkoyan sizi usandırmak istemememdir. Resûlullah -s.a.v.- bize usanç geleceğinden korktuğu için nasıl belli vakitlerde nasihat etmişse, ben de vaazı belli vakitlerde yapıyorum." cevabını vermiştir.

Özellikle içinde yaşlı, âciz ve hastaların bulunduğu bir topluluğa hitap ediliyorsa onların hallerini dikkate almalı, konuşmanın müddetini ona göre belirlemeli. Müslümanın dikkat edeceği diğer bir husus da, sözlerinin dinleyenler tarafından anlaşılır olmasıdır.

Hz. Âişe -r.anhâ- vâlidemiz "Resûlullah -s.a.v.-'in sözü, dinleyen herkesin anlayabileceği şekilde açık idi." demiştir.

Müslüman kendisinin ve etrafındakilerin hidâyetiyle yetinmeyip bütün insanların hidâyete kavuşması için uğraşır.

Bunun için de mümkün olduğu zamanlarda insanları hakka dâvet eder.

Resûlullah -s.a.v.- Efendimiz:

"Benden bir şey işitip de onu işittiği gibi tebliğ eden kişinin Allah yüzünü ağartsın. Umulur ki tebliğ edilen, dinleyenden daha iyi anlar." buyurmuştur.

Müslüman, bilgisinin azlığını mazeret gösterip dâvetten vazgeçemez, aksine bildiğiyle İslâm'a dâvet görevini yapar.

Resûlullah -s.a.v.- ashabına "Benden bir âyet de olsa tebliğ edin." diye emretmiştir. Söylenen güzel bir söz ile bir kimsenin kalbine hidâyet tohumu ekmek, bir Müslüman için sahip olduğu her şeyden çok daha kıymetlidir.

Şefaat Etmek

Şefaat dilimizde aracılık, referans, iltimas mânâlarına da kullanılır. İyiye şefaatçi olunduğu gibi, kötüye de şefaatçi olunur.

Şefaat, suçlular ve muhtaçlar için rica anlamındadır.

Allahu Teâlâ -c.c.- bir âyet-i kerîmede:

"Kim güzel bir şefaatle şefaatte bulunursa ondan kendisine bir hisse vardır. Kim de kötü bir şefaatle şefaatte bulunursa ondan kendisine bir -günah- pay vardır. Allah her şeye hakkıyla kâdir ve nâzırdır." buyurmaktadır.

Hz. Ali -r.a.- "Şefaat eden kişi istek sahibinin kanadıdır." demiştir.

İbn Ömer -r.a.; "Resûlullah -s.a.v.-'in şöyle buyurduğunu duydum: Kimin şefaati ilâhî hudutlar-ın tatbikine- engel olursa, şüphesiz ki Allahu Teâlâ'nın hükmüne aykırı olmuş olur."

Kötü yolda şefaat etmenin pek çok çeşitleri vardır:

"Ehil olmayan birisine, daha ehil kimseler varken imam, müezzin, Kur'ân öğreticisi olması için, aracılıkta bulunmak bunlardan birkaçıdır. Böyle bir şefaatta bulunmanın sebebi cehalet, aç gözlülük, akraba ve dostları sevmek ve korumak zafiyeti olabilir.

Sebeplerden biri de insanlardan utanmak, şefaat etmediği takdirde ayıplanmaktan endişe duymaktır. Halbuki yaratan, nimet veren, zarar ve menfaate kadir olan Allah'tan utanmak daha önce gelir. Düşmanlıktan korkmak veya makamının, elindeki bol rızkının kaybolmasından endişe duymak gibi sebepler de insanı kötü bir şey için aracılığa sürükleyebilir. Allah'tan korkmalıdır."

Adaleti Gözetmek

Cenâb-ı Hak -c.c.- bir âyet-i kerîmede:

"Hiç şüphesiz Allah size, emanetleri ehline teslim etmenizi ve insanlar arasında hükmettiğiniz zaman adaletle hükmetmenizi emreder." (Nisa, 4/58) buyurmaktadır.

Müslüman haktan ayrılmaz. Şartlar ne olursa olsun adaleti gözetir.

Bu adalet anlayışı, İslâm'da aşırı sevgi veya nefret gibi duygulardan, akrabalık gibi bağlardan etkilenmeyecek kadar hassas bir ölçüye bağlanmıştır.

Kadı Şureyh, Halife Hz. Ali ile zırhını çalan Yahudiyi mahkemede yanyana oturtmuş ve Hz. Ali'den Yahudinin çaldığını ispat eden bir delil istemiştir. Hz. Ali -r.a.- delil bulamayınca da Kadı Şureyh Yahudinin lehine, Halife Hz. Ali -r.a.- aleyhine hüküm vermiştir.

Salih Kul İçin Mal Hayırdır

Allahu Teâlâ Kur'ân-ı Kerîm'in birçok âyetinde mala "hayır" ismini vermiştir.

"Hem mallarınızı, hem de oğullarınızı çoğaltır ve size bahçeler yaratır, ırmaklar akıtır." (Nuh, 71/12)

Resûlullah -s.a.v.- Efendimiz meşhur hadislerinde şöyle buyurmuştur:

"Salih mal, salih kişinin elinde ne güzeldir."

Diğer bir hadis-i şerifte; "Fakirlik neredeyse küfür olacaktı." şeklindedir. Âyet-i kerîmeler ve hadis-i şeriflerde malın, yerilmesi ve övülmesine rastlayanlar bir çelişki olduğunu zannetmemeli. Bu âyet ve hadislerdeki espiri malı kullanma yönündendir. Belki mal, hem hayrın, hem de şerrin sebebidir.

Basirte sahibi ve hayrı şerden ayırt eden bir kimse malın övülen kısmı ile yerilen kısmının birbirinden farklı olduğunu idrak eder.

Malın tehlike ve faydalarını bilen bir kimse, malın şerrinden sakınır, hayrını elde eder.

Malın Faydaları; Dünyevî ve Dinî Olmak Üzere İki Kısma Ayrılır

– Dünyevî faydaları herkes tarafından bilinir. Mâli kudrete sahip olan kimse dünyada rahat yaşar. Fakirlik endişesinden kurtulur.

Dinî faydalarını ise üç grupta toplayabiliriz.

Birincisi: Kişi malını ibâdet veya ibâdete yardım eden hususlarda harcarsa hayra yönelmiş olur. Hac ve cihad için sarfedilen mal böyledir. Mâli kudreti olmayan bu ibâdetlerden mahrum kalır.

İkincisi: Halka sarfedilen maldır bu dört türlü olur.

– Sadaka: Onun sevabı ve cemiyetteki faydaları herkes tarafından bilinir.

– Cömertlik, ikram, mürüvvet: Mürüvvetten gaye ziyafetler vermek, yardımda bulunmak gibi şeylerdir. İhsan ise, ikram ve verilen hediyeleri de içine alır, sadakadan ayrı bir şeydir. Bunlarla kişinin çevresi genişler, dostları artar. Fakat, gösteriş yapmamalı ve kibre kapılmamalıdır.

– Namusu korumak: Bu kişinin, sefihlerin hakaretini önlemek, aleyhte konuşmalarını durdurmak, şerlerini uzaklaştırmak için onlara verdiği maldır. Resûlullah -s.a.v.- Efendimiz:

"Bir mal ki, mü'min onunla namusunu koruyor, o maldan ötürü o mü'mine bir sadaka sevabı yazılır!" buyurmuştur.

Verilen az bir mal veya başka bir şeyle, gıybet eden, gıybet günahından alıkonulduğu gibi, düşmanlık yapan bir kimsenin konuşmasından da sakınılmış olunur.

– Çalıştırma ücreti: Çalışmak, yorulmak, alın teri dökmek güzel olduğu gibi övülmüştür de. Bunula birlikte yapacağı bedenî çalışmalar bir kimsenin kendisini daha büyük menfaat ve maslahatlardan alıkoyuyorsa maddî imkânını kullanarak başka insanları çalıştırabilir. Zira çalışması, kendisinin yapması gereken ilim, amel, zikir ve fikirle meşguliyetine engeldir. Zikrin bir kimsenin yerine başkası tarafından yapılması da düşünülemez.

Üçüncüsü: Mal ile umumi hayırlar, camiler, köprüler, yapılır. Dârülacezeler inşa edilir, vakıflar kurulur... Bunlar ebedi hayırlardandır. Ölümden sonra da sevabı devam eder.

Malın, bir de, dilencilik zilletinden kurtarmak, fakirlik hakaretinden halas etmek, halk arasından izzet kazanmak, arkadaş, yardımcı ve dostların çoğalması, kalplerde kendisine karşı ikram ve vakar belirmesi gibi temin ettiği dünyevî faydalar vardır.[50]

Doğruluk -Sıdk-

Cenâb-ı Hak -c.c.- bir âyet-i kerîmede:

"Mü'minlerden öyle erkekler vardır ki, Allah'a verdikleri sözde sadakat gösterdiler." (Ahzab, 33/23) buyurmaktadır.

Sıdk doğruluk demektir. Sıdkı şöyle özetleyebiliriz.

— Dilde sıdk: Kişi hiç yalan söylemez; ne geçmişe dair haberlerinde, ne bulunduğu halde, ne de verdiği sözlerde yalanı görülmez.

— Niyette sıdk: Müslüman bir ibâdete niyet ederken yalnız Allahu Teâlâ'yı kastederse bu ihlâs olur. İhlâsa da sıdk denir.

50- İhya, c. 7, s. 240-247.

– Azmetmekte sıdk: Daima iyiliğe azmetmeye kendinde büyük kuvvet bulan kimse sıdk sahibidir. Nitekim Hz. Ömer -r.a.- "Ebû Bekir -r.a.-'in içerisinde bulunduğu bir kavme emir olmaktansa boynumun vurulması bana daha sevimlidir." diyerek iyilik ve amelde azmini göstermiştir. Sıdk sahibi birisi vali olsa, kendisinden daha iyi idâre eden bir kimse ortaya çıksa valiliğini ona teslim eder.

– Ameller kişinin kalbine bir sıfat vermelidir. Meselâ bir kimse ağır ağır vakur bir şekilde yürüse fakat kalbinde bu vakar olmasa sadık olmaz. Bu sıdk, gizli ve aleni olanı benliğe yerleştirmekle olur.

Resûlullah -s.a.v.- Efendimiz duâ etmiştir:

"Yâ Rabbi, içimi dışımdan iyi eyle, dışımı çok iyi eyle."

– Mü'mini, kâmil mü'min yapan sıfatların, söz ve fiil olarak yaşanması, bu vasıfların kendi hayatında en iyi ve etkili şekilde uygulanmasıyla gerçekleşir. Zühd, takvâ, muhabbet, tevekkül, havf, reca, rızâ ve şevk gibi hallerden her mü'minde biraz bulunur. Bunlarda kuvvetli olan sadık olur.

Bu beş işte sadık olup en üstün derecede olana sıddîk denir. Bunların bazısında sadık olana sıddîk denmez. Derecesi sıdkına göre olur. Sözlerinde ve işlerinde doğru olmak Müslümanın özelliklerindendir.

Tevazu

Tevazu kişinin, Cenâb-ı Hakk -c.c-'ın büyüklüğünü ve kendi aczini anlaması esası üzerine, gelişen bir duygudur. Tevazu kişiyi yükseltir.

Mü'minlerin annesi Hz. Âişe -r.anhâ-:

"Siz, ibâdetlerin en faziletlisini bilmiyorsunuz. O tevazudur." buyurmuştur.

Büyüklerden biri Hz. Ali -r.a.-'yi rüyasında görmüş. "Bana nasihat verin." demiş. Hz. Ali -r.a.- de "Âhirette sevaba kavuşmak için, zenginlerin, fakirler yanında mütevazı olmasından büyük hangi iyi amel vardır. Allahu Teâlâ'nın ihsanına güvenip fakirlerin, zenginler yanında kibirli olmasından güzel hangi iş vardır." buyurmuş.

Resûlullah -s.a.v.- Efendimiz:

"Allah için tevazu gösteren hiçbir kimse yoktur ki, Allah onu -mertebesini- yükseltmesin."[51] buyurmuştur.

Hasan Basrî Hazretleri, "Tevazu; evden çıkınca, gördüğün herkesi kendinden üstün bilmektir." demiştir.

Bir kelâm-ı kibarda "Kim tevazu ederse Allah onu yükseltir kim de kibirlenirse Allah onun yüzünü yere sürter." denmiştir.

Müslümanlık, mütevazı olmayı teşvik ederken, diğer taraftan onun insanı zillete düşürecek derecesinden de menetmiştir.

Duâ Etmek

Duâ lûgatta, ibâdet mânâsınadır. Allahu Teâlâ'ya boyun bükerek yalvarıp iyiliği elde etmeyi veya kötülük ve sıkıntıdan uzak kalmayı istemektir.

Cenâb-ı Allah -c.c.- Kur'ân-ı Kerîm'de duâ etmemizi emretmiştir:

"Rabbiniz buyurdu ki: Bana duâ -ibâdet, kulluk- edin ki size karşılık vereyim. Bana kulluk etmeyi büyüklüklerine yediremeyenler alçalmış olarak cehenneme gireceklerdir." (Mü'min, 40/60)

51- Müslüman Şahsiyeti, s. 197.

Müfessirler bu âyet-i kerîmenin tefsirinde: "Burada duâdan murad ibâdettir. Bundan anlaşılıyor ki, duâ etmek namaz kılmak, oruç tutmak gibi bir ibâdettir." demişlerdir.

"Kul duâ ile şu üç şeyden birisini muhakkak elde eder:

– Ya kendisinden affedilen günah,

– Ya kendisine dünyada iken verilen bir hayır,

– Ya da kendisi için azık olarak toplanmış ve âhirette alacağı bir hayır."

Âyet-i kerîme ve hadis-i şeriflerdeki duâlar en güzel duâlardır. Müslüman bunları öğrenmeli bunlarla duâ etmeli. Resûlullah -s.a.v.- Efendimizin kişinin hayatında rastlayabileceği her hususta duâsı vardır.

Nasıl Duâ Etmeli

Ebû Süleyman Dârânî: "Allah'tan bir şey isteyecek kimse önce salavat-ı şerife getirsin, sonra ihtiyacını istesin ve sonra salavat-ı şerife ile duâsını bitirsin. Zira iki taraftaki salavat-ı şerifeyi kabul ederken aradaki dileği de kabul etmemek Allahu Teâlâ'nın keremine yakışmaz."[52] demiştir.

Kimlerin Duâsı Makbuldür

Âdil hükümdarların, mazlumların duâları reddolunmaz. Sıkışmış ve daralmış olanların, salihlerin, velilerin, misafirlerin, iftar vaktindeki oruçlu kimselerin, anne ve babasını incitmeyenlerin, babanın oğluna, özellikle bedduâsı, henüz tövbe etmiş, yahut henüz Müslüman olmuş kimsenin, bir Müslümanın diğer Müslümana gıyabında duâsı elbette kabul

---

52- İhya, c. 3, s. 129-135.

olur. Bir kimseye ihsan edenlerin, özellikle hocaların duâsı ve bedduâsı süratle kabul olur demişlerdir. Hasta olan kimsenin duâsı da kabule şayandır.

Kesin olmamakla birlikte "duâ eden kimseye, duâda iken, veya duâdan sonra, gayr-ı ihtiyari huşû gelse, aksırsa ya da vücudu titrese, yahut rahatlayıp yük altından çıkmış gibi hafiflese," bu gibi şeyler, o kişinin duâsının kabulüne alâmettir, denmiştir.

Hatimeden -İmansız Gitmekten- Korkmak

Mü'minlerin en büyük korkusu, son nefeste imânla gidip gitmemek korkusudur.

Günahlar sebebi ile Allah'tan korkan, günah işlemeyince niçin Allah'tan korkayım diye düşünebilir. Büyük korku ezele ait korkudur. Acaba ezelde onun saadetine mi, şekâvetine mi hükmolunmuştur. Basîret sahipleriakıbetlerinin ne olacağından Resûlullah -s.a.v.- Efendimiz,

"... Kendisinden başka hak ilâh olmayan Allah'a yemin ederim, içinizden öyle adam bulunur ki cennetliklerin amellerini yapa yapa kendisi ile cennet arasında bir arşından fazla mesafe kalmaz. Derken –hükm-i– kitap ona üstün gelir de cehennemliklerin yaptığı ameli yapar ve cehenneme girer." buyurmuştur.

Bu ümmetin bütün evliyaları, arifleri, imân ile ölmeye yani güzel sona verdikleri aşırı önemle tanınmışlardır. Hatta bu onları bir an bırakmayan en büyük endişeleri olmuş, güzel amellerine, gösterdikleri gayret ve çabalara güvenmeyerek, insanların kendileri hakkındaki iyi düşüncelerine aldanmayarak yukarıda geçen hadisi hatırlayıp korkmuş ve titremişlerdir.

Ebû Hüreyre, Resûlullah -s.a.v.-'in şöyle dediğini rivâyet etmiştir:

— "Hiçbirinizi ameli kurtaramaz." Ashab,

— "Seni de mi yâ Resûlallah?" dediler.

Peygamberimiz:

— "Allah rahmeti kuşatmadıkça beni de... İstikâmet üzere olup orta yoldan ayrılmayın." buyurdu.

"Sû-i hatime, ölüm zamanında imânın alınması, imânsız gitmek demektir. Bunun birçok sebepleri varsa da ilmi, örtülüdür."

Bilinen sebeplerden biri: Bir kimsenin bâtıl bir bid'ate itikat etmesi ve ömrünü bu itikat üzere geçirmesidir. Bunun hata olabileceğini düşünmez. Ölüm yaklaşınca iş açığa vurulur. Hatta hatası kendine gösterilir. Bu sebeple, sahip olduğu diğer inançlar da şüpheye düşmüş olur. Çünkü itikadına itimadı kalmaz ve şüphe üzere gider. Bu tehlike bid'at sahibi içindir.

Diğer sebep: Aslında imânın zayıf olması, dünya sevgisinin çok ve Allah sevgisinin az olmasıdır. Ölüm zamanında bütün arzu ve şehvetlerinin kendisinden alındığını, dünyadan kahır ile çıkarıldığını ve istemediği yere götürüleceğini kişi, anlar Hz. Azrail'e kızar, dolayısıyla yüce Allah'a kızmış olur, kalbinde bulunan o az Allah sevgisi de kalmaz.

Vakar

Cenâb-ı Hak Kur'ân-ı Kerîm'de:

"Yürüyüşünde mutedil ol. Sesini alçalt. Seslerin en çirkini, şüphesiz eşeklerin anırışıdır." (Lokman, 31/19) buyurmaktadır.

Vakar; lûgatta ağırbaşlı, ciddi, temkinli anlamına gelen bir kelimedir. Güzel bir huydur. Vakar, hilm ve ilmin alâmeti, salih kişilerin âdetidir. Bu, kıyafet ve görünüş güzelliği değil sükûnet ve ağırbaşlılıktır. Vakarda mevki ve haysiyetin gereklerini koruma vardır.

Bir insan mütevazı olmakla başkalarının sevgisini, vakarlı olmakla da hürmet ve saygısını kazanır.

Haya

Haya utanma, ar mânâlarına gelir. Müslüman, haya sahibidir. Haya, çirkin şeylerden nefsin darlanması, edebe aykırı bir hâdise meydana geldiğinde kalbin bir rikkat ve ıstırap içinde kalması demektir.

Resûlullah -s.a.v.- Efendimiz bir keresinde:

– "Allah'tan nasıl gerekiyorsa öylece haya edin." buyurunca ashab:

– Ey Allah'ın Resûlü! Biz Elhamdülillah, cidden Allah'tan haya ediyoruz, dediler.

Peygamber -s.a.v.- Efendimiz onlara:

– "Hayır haya böyle değildir. Allah'tan gerektiği gibi haya, şöyle olur: Başını ve başının kapsadığı azâyı, karnın ve onun kapsadığı azâyı koruyan, ölümü ve -ondan sonra yürüyüp toprak olmayı- âhireti -hayatını- isteyen, dünya süsünü terkeden âhireti dünyaya tercih eden, işte böyle yapan, cidden Allah'tan gerektiği gibi haya etmiştir."[54] buyurmuştur.

İyilikle emretmekten, kötülükten menetmekten, yamalı elbise giymekten, yemekten sonra kabı sıyırmaktan, sofraya

---

54- Tarikat-ı Muhammediye, s. 260.

ve yere dökülen ekmek kırıntılarını yemekten, duyulacak sesle selâm vermekten ve selâm almaktan, ezan okumaktan, imamlık yapmaktan ve benzerlerinden utanıp bunları terketmek iyi değildir. Çünkü bunlardan kaçınmak kalp zayıflığından, güçlü mü'min olmamaktan veya riya ve kibirden ileri gelir. Bunlar, insanlardan utanmaktan sebep yapılsa dahi Allah ve O'nun Resûlü'ne karşı küstahlık olur. Halbuki asıl Allah ve Resûlü'nden utanmak gerekir; utanılmaya daha lâyık olan onlardır.[55]

Cömertlik

Cömertlik, Müslümanın en güzel meziyetlerinden biridir. Cömertlik; sevab kazanmak için malı dînen ve insanlık icabı farz olan miktarın üstünde harcamak, demektir.[56]

Müslüman cömerttir, eli açıktır, fakir insanlara yardımda bulunur, çeşitli vesilelerle hediyeler verir. Verdiklerinin Allahu Teâlâ nezdinde saklandığını bilir.

Resûlullah -s.a.v.- Efendimiz cömertliğin Müslümanların nefislerine yerleşmesi için özen göstermiştir.

Bir hadis-i şerifte şöyle buyurulmuştur:

"Cömertlik cennet ağaçlarından bir ağaçtır. Onun dalları yere sarkıtılmıştır. O dallardan birisine yapışanı cennete doğru götürür."[57]

Resûlullah'a -s.a.v.- gelip:

55- Tarikat-ı Muhammediye, s. 262.
56- Tarikat-ı Muhammediye, s. 219.
57- İhya-yı Ulûm-id Din, c. 7, s. 271.

— İslâm'ın hangi ameli hayırlıdır, diye soran sahabeye Peygamber Efendimiz:

— "Yemek yedirmen, tanıdığın ve tanımadığın -herkese- selâm vermendir." buyurmuştur.[58]

Cömertlik, böyle olmakla birlikte Müslümanı aşırılığa götürüp bütün malının elinden çıkmasına da sebep olmamalı. Vârislerine hiçbir şey bırakamayacak bir duruma düşürmemelidir.

Allah Dostlarının Hepsi Cömert Kimselerdir

İbn-i Abbas demiştir ki: Resûlullah -s.a.v.- insanların en cömerdi idi. En cömert olduğu zaman da Ramazan'da Hz. Cibril ile karşılaştığı vakittir. Hz. Cibril Ramazan'da her gece ona gelirdi. Resûlullah -s.a.v.- Kur'ân'ı ona okuturdu. Böyle zamanlarda Resûlullah -s.a.v.- rüzgâr gibi herkese cömertlikte bulunurdu.[59]

Resûlullah -s.a.v.- Efendimiz ümmetini az da olsa sadaka vermeye dâvet etmiştir:

— "Bir hurma parçası ile de olsa ateşten korununuz."[60]

İslâm, fakir olsun zengin olsun, Müslümanın hayrını esirgemeyen bir kimse olmasını istemiştir. Her Müslümana gücü ve imkânı nispetinde hayır kapılarını açmıştır.

Resûlullah -s.a.v.- Efendimiz bir defasında:

— "Her Müslümanın sadaka vermesi gerekir." buyurur. Sahabe:

58- Müslüman Şahsiyeti, s. 244.
59- Müslüman Şahsiyeti, s. 245-246.
60- Müslüman Şahsiyeti, s. 189.

– "Ey Allah'ın Peygamberi! Ya bulamayan, diye sorar.

– "Eliyle çalışır, kazanır ve tasadduk eder."

– Ona da imkânı olmazsa.

"İhtiyaç sahibine yardım eder."

– Ona da güç yetiremezse. Resûlullah -s.a.v.- Efendimiz:

– "İyilik yapsın, kötülüklerden kaçınsın. Bu onun için bir sadakadır." buyurur.

İslâm, gerçeğe yöneliktir, Müslümanlara güç getiremeyecekleri şeyleri yüklememiştir. Fakat, kişinin hangi konuda olursa olsun Müslümanlara kendisinden bir şey sunmasını istemiştir. Bu bir tebessüm de olabilir.

İnsanlardan utandıkları için istemeye haya eden fakirler vardır. Bunları araştırmalı, incitmeden ihtiyaçları giderilmeli.

İsar

İsar, cömertlikten de üstündür. Cömert, kendine lâzım olmayanı verir, isar ise kendine lâzım olanı da vermektir.

Allahu Teâlâ -c.c.-, Hz. Ali -r.a.-'ın, âilesi birkaç gündür açken elinde bulunan az bir gıdayı diğer Müslümana vermesini övmüştür. Bir âyet-i kerîmede:

"Kendilerinin aşırı ihtiyaçları olsa bile diğer Müslümanları öz canlarından fazla üstün tutuyorlar." (Haşr, 59/9) buyurulmaktadır.

Bir mü'min, bir şeye aşırı istek duyar fakat buna rağmen o şeyi başka bir kardeşinin nefsine tercih ederse, onun günahı affedilir."[61]

61- İhya-yı Ulûm-id Din, c. 7, s.319.

Öyle kulları vardır ki, Yüce Allah onları, insanların ihtiyaçlarını gidermeye tahsis hâcetine tahsis etmiştir. Onlar azab-ı İlâhiden emindirler.[62]

Allah Yolunda Cihad Etmek

İslâm'da cihad; şartları, hükümleri, kendisine has prensipleri ile bütün dünya için bereket ve hayır kaynağı, insanlık için de bir rahmettir.

Cihad İsâm'ın özelliklerinden, temellerinden ve Resûlullah -s.a.v.- Efendimize en sevgili gelen amellerdendir.

Yüce Allah Kur'ân-ı Kerîm'de:

"Hiçbir fitne kalmayıncaya ve din tamamen Allah'ın oluncaya kadar onlarla savaşın." (Enfal, 8/39) buyurmaktadır.

Cihad birkaç çeşittir:

— Mâlî cihad; Allah -c.c.- sözü daha yüce olsun için mâlî yardımda bulunmaktır. Bu çeşit cihad oldukça önemli bir anlam taşır. İslâm ümmetinin hayatta yapacağı tebliğ, ilmî, siyasî vs. bütün çalışmalarda mâlî imkâna büyük çapta ihtiyaç söz konusudur.

Bir hadis-i şerifte:

"Kim Allah yolunda savaşan bir gaziyi donatırsa, gerçekten o da savaşmıştır. Kim de savaşa çıkan bir gazinin ev halkını koruyup ilgilenirse, o da savaşa çıkmış sayılır." buyurulmuştur.

— Tebliği cihad; İslâm'ı dil ile tebliğ anlamına gelir. Kâfirlere, münafıklara, inkârcılara ve doğru yoldan sapanla-

---
62- Ramuz-el Ehadis, c. 1, s. 129.

ra İslâm dininin hak olduğunu kesin delillerle anlatmakla gerçekleşir.

"Kim insanları doğru yola dâvet ederse, ona uyanların ecirlerinden bir misli kendisine vardır. Bu uyanların ecirlerinden bir şey eksiltmez."

– Öğretim yoluyla cihad; İslâm topluluğunu, ilim, kültür ve fikir yönlerinden geliştirmek için gereken bütün gayreti sarfetmekle gerçekleşir.

– Siyasî cihad; İslâm devletinin İslâm esaslarına, kapsamlı genel kaidelerine uygun olarak, kurulması için bütün gayreti sarfetmektir.

– Vuruşmak yoluyla cihad: Bu, tağutun karşısında bütün gayret ve yeteneği ortaya koyarak durmaktır. İster bu tağutlar İslâm ülkelerinde, isterse küfür diyarında bulunsunlar hepsiyle sözü edilen mücadele sürdürülür.

Cihadın Dört Mertebesi Vardır

– Nefisle cihad,

– Şeytanla cihad,

– Kâfirlerle cihad

– Münafıklarla cihad.

Allah katında en güzel ahlâk, cihadın bu dört mertebesinin de tamamlanmasıdır.

İnsanın annesine, babasına bakması da cihaddır. Evlâdına bakan da cihaddadır. Başkasına muhtaç olmamak için çalışan da cihaddadır.

ÜÇÜNCÜ BÖLÜM

Müslüman sosyal bir varlıktır. Diğer insanlarla ilişki kurması, onlarla beraberliği, onlarla muamelede bulunması kaçınılmazdır.
Ve Müslümanın toplumundaki herkese karşı davranışları, Allah -c.c.-'ın koyduğu sosyal ahlâk kaidelerine göredir.

ÂDÂB -EDEPLER-

"Edeb" kelimesi lûgat itibarıyla, halkı yemeğe çağırmak, ziyafete dâvet etmek mânâsına gelen 'edb' kökünden türemiştir. Günümüzde ahlâk, terbiye ve edep kelimelerinin her biri diğerinin yerine kullanılmaktadır. Güzel ahlâkın bir bölümü de edeptir. Edep iki kısımdır. Biri; âdâb-ı muaşeret dediğimiz, âileden başlayarak cemiyetin her tabakasına uzanan belli edeplerdir. Meselâ; talebenin hocasına, çocukların anne baba ve akrabalarına karşı vazifeleri gibi.

Bir de kulun Mevlâsına karşı gözetmesi gereken edep vardır. İslâm'da her türlü edebe çok önem verilmektedir.

Şimdi halk arasındaki edeplerden bir kısmını görelim.

Âdetleri İslâm'ın Ölçüsüne Uydurmak

Allahu Teâlâ Hazretleri Kur'ân-ı Kerîm'de:

"Peygamberin size verdiğini hemen alınız size yasakladığı şeyleri terkediniz." (Haşr, 59/7) buyurmaktadır.

Şuurlu bir Müslüman, içinde bulunduğu toplumda alışagelmiş âdetlerin İslâm'a uygun olup olmadığına her zaman dikkat eder.

Terketmesi gereken âdetleri derhal bırakır.

– Duvarlara resimler asmak, evlere heykeller koymak ve koruma köpekleri hariç, evlerde köpek barındırmak, hemen terkedilmesi gereken âdetlerdendir.

Ebû Talha -r.a.- Resûlullah -s.a.v.- Efendimizin şöyle buyurduğunu rivâyet etmiştir:

"İçinde resim ve köpek bulunan eve melekler girmez."

Köpek edinmeye gelince... Av için, sürü veya bir yeri beklemek için onlanları hariç, yasaklanmıştır.

– İslâm altın ve ipeği erkeklere haram kılmıştır.

Ebû Musa Eş'ari -r.a.-, Resûlullah -s.a.v.- Efendimizin şöyle buyurduğunu rivâyet etmiştir:

"İpek elbise ve altın ümmetimin erkeklere haram, kadınlarına helâl kılındı."

Altın ve gümüşü süs olarak takan kadınlar, bunları mahremleri dışında başka erkeklere gösteremezler.

– Cahiliyyet devrinin kökleşip devam eden kötü âdetlerinden biri de, binalarda ve özel yerlerde düğün ve benzeri sebeplerle semt sakinlerinin, dost ve tanıdıkların bir araya gelip eğlenmeleri, şarkı söyleyen erkek ve kadınları dinlemeleri, dansöz oynatıp seyretmeleridir. Kadın, erkek karışık bir vaziyette içki kadehlerinin tokuşturulması, garsonların ellerindeki çeşitli içkilerle dönüp dolaşmaları, şehveti tahrik eden çalgıların durmadan çalması, ahlâk dışı fiillerdir.

İslâm'ın şarkı, dans, içki, kadın-erkek karışımı hakkındaki hükmünü bilen bir Müslüman bunlara asla yaklaşmaz ve gücü yettiğince bunlara engel olmaya çalışır.

– Toplumdaki kötü âdetlerden biri de ölünün arkasından bağırıp çağırarak ağlamaktır.

Resûlullah -s.a.v.- Efendimiz:

"Yanaklarını tokatlayan, yakasını paçasını yırtan ve cahiliyye çağrısıyla çağıran bizden değildir. Ağlama merhamettendir, bağırıp çağırmak şeytandandır." buyurmuşlardır.

Ashab-ı kiramdan Abdullah bin Ömer -r.a.- anlatmıştır:

Sa'd bin Ubade rahatsızlandı, sızlanıyordu. Resûlullah -s.a.v.- Efendimiz yanında, Abdurrahman bin Avf -r.a.- bulunduğu halde Sa'd'ı sormaya geldi. Peygamber Efendimizi, arkadan Sa'd bin Ebî Vakkas ile İbn Mes'ud takip ediyorlardı. İçeri girdiğinde Sa'd bin Ubade onu koma halinde idi. "Vefât mı etti?" diye sordu. "Hayır yâ Resûlallah!" denildi. Bunun üzerine Resûlullah -s.a.v.- Efendimiz ağladı. Peygamber Efendimizin ağladığını görünce oradakiler de duygulanıp ağladılar. Efendimiz onlara:

— "Duyuyor musunuz? Şüphesiz ki Allah ne gözyaşı sebebiyle, ne de kalbin üzüntü duyması sebebiyle azâb etmez ama şunun sebebi ile -dilini işaret ederek- azâb eder ve ya merhamette bulunur. Hem şüphesiz ölü, kendi ehlinin -sesli- ağlaması sebebiyle sıkıntı çeker." buyurdu.

— Ölen bir yakınından dolayı, içinin yandığını belirtmek, üzüldüğünü göstermek için siyah yas elbiseleri giymek Hıristiyan âdetidir. Bundan da kaçınmak gerekir.

— Şuursuzca taklit ve benzemeden biri tabut önünde matem müziği çalmaktır.

— Şuursuzca benzeme ve taklitten biri de, ölen kimsenin resmini tabutu üzerine koymaktır.

— Şuursuzca taklit ve benzemeden bir diğeri de, ölenin tabutu veya kabri üzerine çelenkler, buketler bırakmaktadır. Bunları yapmak, kâfirlerin âdetlerindendir.

– Kabirlerin yaş otlarını koparmak, ağaçlarını kesmek mekruhtur. Kabristanda bulunan otlar ve ağaçlar yaş bulundukça bir nevi hayata sahip demektir. Bunlar hal lisanıyla Hak Teâlâ'yı tesbih ederler; bu vesile ile orada yatan ölmüş imân sahiplerinin rahmet-i İlâhiyeye ulaşacakları umulur.

Peygamber Efendimiz, bir kabristanda bulunan iki mezar sahibinin azâp çektiklerine tanık olmuş. Mübârek ellerine aldıkları yapraksız, yaş bir hurma fidanını ikiye bölüp birini bir kabrin, öbürünü de diğer kabrin başına dikmiş ve "Umulur ki, bunlar kuruyuncaya kadar bu kabir sahiplerinin azâbı hafifleyecektir." buyurmuştur. Bundan dolayı, bazı yerlerde kabirlerin üzerine mersin ağacı dalları koymak âdet olmuştur. Fakat bu hususta asıl olan yaş ağaç ve çiçeklerin dikilmesidir.

Bununla beraber kabirlerin üzerine birkaç parça gül ile reyhan gibi yaş çiçekler de konulabilir. Fakat bu hususta israf edilmesi, boş yere solup gidecek geçici çiçeklere birçok paralar verilmesi uygun değildir. Bu davranış başka milletleri taklit sebebi ile olursa asla caiz olmaz.[1]

Misafirlik

Müslüman misafirperver olur. Misafiri güler yüzle karşılar ve ona ikramda bulunur.

Resûlullah -s.a.v.- Efendimiz:

– "Allah'a ve âhiret gününe imân eden misafirine ikram etsin." buyurmuştur.

Misafire ikram etmeyende hayır yoktur.

1- Büyük İslâm İlmihali, s. 344.

Misafir kabul etmekten kaçınmamalı ve gelen misafire imkânlar ölçüsünde ikramda bulunmalıdır.

Hz. Enes -r.a.- de şöyle demiştir: "Misafirin girmediği bir eve melekler de girmez."

Ansızın gelen misafirden korkmamalı. Gücün yettiği ve hazır olanla yetinip ikramda bulunmalı. Çünkü Peygamber Efendimiz,

– Bir kişinin yemeği iki kişiye, iki kişinin yemeği dört kişiye, dört kişinin yemeği de sekiz kişiye yeter." buyurmuştur.

– Misafirliğe ev sahibinin durumunu gözeterek, ancak o izin verdikten sonra gitmelidir.

Misafir, bir eve gidildiğinde üç günden fazla kalmamalı. Zira ev sahibinin üç günden fazla kalan misafirden sıkılması çok görülen bir haldir ve belki de fazla kalması gitmesini istemesine sebep olur.

Ev sahibi samimiyetle fazla kalması için ısrar ederse o zaman misafir fazla kalabilir.

– Resûlullah -s.a.v.- Efendimiz misafir ağırlama hususunda: "Misafir için zorluklara ve zahmete girmeyiniz. Zira böyle yaptığınız takdirde ona buğzetmeye başlarsınız. Halbuki misafirden şikâyet eden bir kimse, Allah'tan da şikâyette bulunup buğzetmiş olur." buyurmuştur.

Misafir gelirken kendi rızkıyla -nasibiyle- gelir ve giderken misafir edenlerin günahlarını götürüp onları günahtan temizleyerek gider.

– Misafir ağırlamanın sünnetlerinden biri de onu kapıya kadar uğurlamaktır.

— Bir topluluğa misafir olan kimse onların izni olmadan oruç tutmamalı. Bir topluluğun evine giren kendisine gösterilen yere oturmalı. Çünkü onlar -ev sahipleri- evlerinin durumunu daha iyi bilirler."[2]

Yemek İkramında Bulunmak

Allah rızâsı için ikramda bulunmanın fazileti hakkında bizlere çok sayıda hadis-i şerifler gelmiştir.

"Kim ki mü'min kardeşine ikramda bulunursa, sanki o Allah'a ikram etmiştir."[3]

"Sizin en hayırlınız, Allah yolunda yedireninizdir."

Hz. Ali -r.a.-:

— Dostlarıma yemek ikram etmem bir köleyi azâd etmemden daha iyi geliyor bana, demiştir.

Bir hadis-i şerifte:

"Üç şey vardır ki, insan onlardan hesaba çekilmez: Sahur yemeği, iftar yemeği, arkadaşlarla beraber yenilen yemek." buyurulmuştur.

Kişinin yanında ne varsa hepsini misafirlere takdim etmesi ve böylece ailesine zarar verip onların kalplerini eza ve cefa ile doldurması da uygun görülmemiştir. Bir zât Hz. Ali'yi dâvet etmiş. Hazret-i Ali kendisine şöyle demiş.

"Üç şartla senin dâvetine icabet ederim.

— Çarşıdan bir şey getirmeyeceksin,

— Evinde olanı esirgemeyeceksin,

2- İhya, c. 3, s. 403-413.
3- İhya-yı Ulûm-id Din, c. 3, s. 392-398.

— Aile fertlerine zarar vermeyeceksin."

Selman-ı Farisî anlatmıştır:

"Allah'ın Resûlü, bizde bulunmayan bir şeyi, misafir için hazırlamaya kalkarak zorluk çekmemenizi ve ancak elimizde bulunanı ikram etmemizi emir buyurdu."

Süfyan-ı Sevrî -k.s.- "Müslüman kardeşin ziyaretine geldiğinde, ona 'Yemek yer misin?' veya 'Sana yemek getireyim mi?' deme. Hazır olanı derhal getir. Eğer yerse ne âlâ, yemediği takdirde kaldır." demiştir.[4]

Ziyafet İçin Dikkat Edilmesi Gereken Hususlar

— Bir ziyafet veya ikramda bulunmak isteyen kişi takvâ sahibi ve dindar kimseleri dâvet etmeye bakmalı, fasık ve facirleri dâvet etmemeli.

Peygamber Efendimiz:

"Sen ancak müttakî bir kimsenin yemeğini ye ve yemeğini de salih bir kimseye yedir." buyurmuştur.

Bir ziyafet verilmek istendiği zaman; ziyafete özellikle zenginleri değil, ekseriya fakirleri dâvet etmeye dikkat etmeli.

— Müslümanın, ziyafetinden akrabalarını mahrum etmemesi gerekir.

— Dost ve tanıdıkların yakınlık derecelerini gözetip ona göre hareket etmeli.

— Verdiği dâvet ile müslüman, gurura kapılıp övünmemeli. Dostlarının kalbini kazanmayı, Resûlullah'ın yemek

---
4- İhya, c. 3, s. 375-386.

yedirmek ve mü'minlerin kalbine sevinç sokmak hususundaki sünnetine uymayı kastetmeli ve sadece buna niyet etmeli.

– Dâvete icabet etmesi, zor olan birisini çağırmamalı.

– Geldiğinde herhangi bir sebepten dolayı dâvette olanların rahatsız olacağı bilinen bir kimseyi dâvet etmemeli. Dâvetlilerin huzurunu kaçırmak kötü bir şeydir.

– Salih bir kimseye yemek yedirmek ibâdeti hususunda ona yardımcı olmak, fasık bir kimseyi doyurmak ise, kötü işlerinde onu takviye etmek ve ona destek olmak demektir.[5]

Dâvete İcabet Etmek

Dâvete icabet sünnet-i müekkededir, icabetin farz olduğunu söyleyenler de vardır.

Dâvete İcabet Etmenin Edepleri

– Fakir zengin ayırımı yapılmamalı.

Peygamberimiz köle ve fakir, ayırmaksızın herkesin dâvetine icabet etmiştir.

– Dâvet edenin fakirliği veya rütbece yüksek olmaması icabete engel olmadığı gibi, gidilecek mesafenin uzaklığı da insanı dâvete icabetten alıkoymamalıdır.

– Bir kimse oruçlu da bulunsa dâvete icabetten vazgeçmemeli. Dâvete icabet edenin orucunu bozması arkadaşını sevindiriyorsa, nafile orucunu hemen bozmalıdır. Orucunu bozup din kardeşine verdiği sevinçten elde ettiği sevap, nafile oruçtan elde ettiği sevaptan kat be kat üstündür. Bu hü-

---

5- İhya-yı Ulûm-id Din, c. 3, s. 388-392.

küm nafile oruç hakkındadır. Farz oruç ise böyle bir şey asla söz konusu değildir.

– Yemekten şüphe ediliyorsa, dâvet yerinde ipekli sergiler serilmişse, gümüş kaplar kullanılıyorsa, dâvet yerinin duvar veya tavanlarında canlıların boy resimleri bulunuyorsa, dinen münker olan çalgılar çalınıyorsa, haram oyunlarla meşgul olunuyorsa, gıybet, yalancı şahitlik, iftira vb. yapılıyor ve dinletiliyorsa, böyle bir dâvete icabet etmekten şiddetle kaçınmalıdır.

Bütün bu durumlar dâvete icabet etmeye engeldir, dâvetin, müstehap olmasını ortadan kaldırıp haram ve mekruh olmasına sebep olur. Dâvet eden zâlim, bidatçı, fasık, şerli ve gösteriş meraklısı bir kimse ise, böyle bir kimsenin dâvetine icabet etmemek gerekir.

– Dâvete icabetin gayesi karın doyurmak olmamalı. Mü'min dâvete icabet etmekle Allah Resûlü'nün sünnetine uymaya, mü'min kardeşine dostluk ve sevgisini göstermeye niyet etmeli.

Dâvete icabet etmekle kişi icabet etmemenin mahzurlarından korunmuş olur. Çünkü Peygamberimiz, "Çağıranın dâvetine -eğer dinî mahzur ve mazeret yoksa- icabet etmeyen şüphesiz Allah ve Resûlü'ne isyan etmiştir." buyurmuştur.

Büyüklere Saygı, Küçüklere Sevgi ve Merhamet

"Büyüklük yaşça olduğu gibi, ilim, dindarlık ve takvâ yönünden de olur. Bu insanların hepsi makam, mevki, şeref ve itibar bakımından başkalarından daha ileridirler. Sözünü ettiğimiz bu büyükler, eğer dinde ve dindarlıkta ihlâs üzere bulunur, Rablerinin indirdiği hükümlere sıkı sıkıya bağlı kalırlarsa, diğer insanlara düşen vazife bunların kıymetini bilmek, saygınlık ve değerlerini korumaktır."

Peygamber Efendimiz:

"Küçüklerimize merhametli olmayan, büyüklerimizin hakkını tanımayan kimse bizden değildir." buyurmuştur.

Başka bir hadis-i şerifte de:

"İhtiyar Müslümana, Kur'ân tilâvetini terketmeyip onunla amel eden hafıza ve adaletli devlet reisine ikram Allah'a saygı ve takvâdan sayılır." buyurulmuştur.

"Resûlullah -s.a.v.- Uhud savaşında şehitleri ikişer ikişer defnederken soruyordu: 'Hangisi daha çok Kur'ân ezberliyordu?' Kimi işaret ediyorlarsa, kabre koymada öncelik tanıyordu."

"Peygamberimiz -s.a.v.- seferden dönünce çocukları toplar, onları hayvana bindirir; kimini önüne kimin arkaya alırdı."

"Kendisine küçük bir çocuk getirilip isim koyması ve duâ etmesi istendiğinde çocuğu kucaklardı."

Selâmlaşmak

Selâm; dünya ve âhiret meşakkatlerinden kurtulup emniyet, rahatlık, refaha kavuşmak mânâlarına gelir.

İslâm'ın selâmı, Allah'ın Hz. Âdem'i -a.s.- yarattığında ona öğrettiği selâmdır.

Selâmlaşmak çok yönlü faydalar sağlayan toplumsal bir vazifedir. İslâm'da selâmın üzerinde titizlikle durulmuş, özel esaslar konmuştur. Kur'ân-ı Kerîm'de Cenâb-ı Hak:

"Ey insanlar! Evlerinizden başka evlere, izin almadan ve sahiplerine selâm vermeden girmeyiniz. Eğer düşünürseniz bu sizin için daha iyidir." (Nur, 24/27) buyurmaktadır.

İki Müslüman karşılaşınca birinin diğerine selâm vermesi sünnet, diğer Müslümanın buna mukabelede bulunması da farz veya vaciptir.

Selâmda sünnet olan; yürüyenin oturana, araba ve binektekilerin yayalara, gençlerin yaşlılara, azlığın çokluğa, önce selâm vermesidir.[7]

Selâm Vermenin Mekruh Olduğu Özel Hâl ve Durumlar

– Abdest almakta olana,

– Hamamda bulunana,

– Yemek yiyene,

– Savaş halinde bulunana,

– Kur'ân okuyana,

– Allah'ı zikreder durumda bulunana,

– Hacda telbiye getirene,

– Cuma günü minberde hutbe okuyana,

– Fıkıh dersi verene,

– Ders ile meşgul bulunana,

– İlmî konuları anlatana,

– Ezan okumakta olan müezzine,

– Kâmet getirene,

– Tabii ihtiyacını gidermekte olana.

7- Kur'ân-ı Kerîm'in Türkçe Meâli, s.637.

Selâm Vermeye Çok Teşvik Vardır

– Allah'ın rızâ, nimet ve hayırlarına en lâyık olanlar selâma ilk başlayanlardır.

– Hz. Enes -r.a.- bir gün çocukların yanından geçerken onlara selâm vererek, "Resûlullah -s.a.v.- böyle yapardı" demiştir.

Bu Müslümanın uyması gereken bir metoddur. Çünkü çocuklara selâm vermek onların şahsiyetinin oluşmasında olumlu tesirler yapar. Selâm verilen çocuk kendisine değer verildiğini düşünerek davranışlarını buna göre ayarlar.

– Selâmın âdâplarından biri de, selâmın, işitilecek bir sesle,, yumuşakça verilmesi, uyuyan varsa o kimseyi uyandırmamasıdır.

– Selâmın bir meclise girilirken de, kalkıp gidilirken de verilmesi gerekir.

Gayri müslimlerin verdiği selâma karşılık sadece "Ve aleyküm" -size de- denir.

– İslâm toplumunda Müslümanlar ancak bir şekilde sclâm verebilir, o da karşıda, bir kişi olsun, çok kişi olsun, "Esselâmu aleyküm" demektir. Selâmı alan da "Ve aleyküm selâm" diye mukabele eder. Bunun dışında söylenenler dinen selâmın yerini tutmaz.

– Boş bir yere giren Müslüman "Esselâmü aleyna ve alâ ibadillâhissalihin" demeli.

– Bir kimsenin selâmını getirip tebliğ edene, "Aleyke ve aleyhisselâm" diye karşılık verilir.

Cenâb-ı Hak -c.c.- Kur'ân-ı Kerîm'de:

"Size bir selâm verildiği zaman, ondan daha iyisiyle selâm verin veya aynıyla mukabele edin." (Nisa, 4/86) buyurmaktadır.

Ashab-ı kiramdan İmran b. Husayn -r.a.- anlatmıştır:

"Bir adam, Resûlullah -s.a.v.- Efendimize gelerek, 'Esselâmü aleyküm' dedi. Resûlullah -s.a.v.- selâmını aldıktan sonra adam oturdu. Resûlullah -s.a.v.-, 'On' dedi. Az sonra bir başka adam gelip 'Esselâmü aleyküm ve rahmetullah' dedi. Resûlullah -s.a.v.- onun selâmını alıp cevapladıktan sonra o da oturdu. Resûlullah -s.a.v.- Efendimiz: 'Yirmi' dedi. Az sonra bir diğer adam geldi ve 'Esselâmü aleyküm ve rahmetullahi ve berakâtühü' dedi. Peygamber -s.a.v.- bu defa 'Otuz' dedi."[8]

– "Selâm" Cenâb-ı Hakk'ın mukaddes isimlerinden biridir.

– Müslümanlar hangi zaman ve mekânda olurlarsa olsunlar İslâm'ın selâmını kullanırlar. Selâmı başka kelimelerle geçiştirmek, mühimsememek, olmaz.

İzin İstemek

Cenâb-ı Hak -c.c.- bir âyet-i kerîmede:

"Ey imân edenler! Sağ elinizin sahip bulunduğu -köle, câriye ve hizmetçileriniz- ve sizden henüz ergen olmayanlar, -odalarınıza girmek istediklerinde- şu üç vakit sizden izin istesinler: Sabah namazından önce, öğle sıcağında -bunalıp- elbisenizi çıkararak -bir tarafa- koyduğunuzda ve yatsı namazından sonra.. Bu üç vakit ayıp yerlerinizin açık olabileceği halvet zamanlarıdır. Bu vakitlerin dışında -yanınıza girmelerinde- birbirlerinize uğrayıp dolaşmanızda ne size, ne de onlara bir sakınca yoktur.

8- İslâm'da Aile Eğitimi, c. 1, s. 470.

İşte Allah böylece âyetlerini size açıklar; Allah bilendir ve hikmet sahibidir." (Nur, 24/58) buyurmaktadır.

Yüce Allah, henüz ergenlik çağına ulaşmamış çocuklara, ana babalarının odalarına üç vakit izin almadan girmemelerinin öğretilmesini, emir buyuruyor.

Tabii bu üç vakit yasağı ilk nazarda küçük çocuklar içinse de, aslında diğer bir âyetle bunun asıl çerçevesi belirlenerek ergen olan çocuklara da bu üç vakitte izin alıp öylece ana babalarının odalarına girmeleri emredilmektedir."[9]

Yukarıdaki âyet-i kerîmenin devamında şöyle buyurulmaktadır:

"Sizden olan çocuklar, ergenlik çağına girince, kendilerinden önceki -büyük-lerinini izin istedikleri gibi izin istesinler. İşte Allah size âyetlerini böylece açıklar. Allah bilendir, hikmet sahibidir." (Nur, 24/59)

Bir Müslüman Başkasının Evine İzinsiz Girmez

Zira bu izin isteme mecburiyeti Rabbanî bir emirdir.

İzin istemenin bazı edepleri vardır.

— Kapının tam önünde durmayıp sağında veya solunda durmak. Bu daha çok bir başka evin kapısı çalınıp açıldığı sırada, yabancı bir kadının görünmesi ihtimaline karşı bir tedbirdir.

Bir hadis-i şerifte:

"Evlere, kapılarına yönelerek gelmeyin, yan taraflarına doğru gelin. Size izin verilirse içeri girin, verilmezse geri dönün." buyurulmuştur.

9- Âile Eğitimi, c. 1, s. 473.

— Önce selâm verilir, sonra izin istenir.

— İzin isteyenin, kendisinin tanındığı isim veya künyeni söylemesi gerekir.

— Kendisine içerden, "Kim o?" denince, "Ben" ve bunun gibi sahibini tanıtmayan kelimeleri söylememeli.

Câbir -r.a.-: "Nebî -s.a.v.-'e gelerek kapıyı çaldım. 'Kim o?' diye sordu. Ben, 'Benim' diye cevap verdim. Resûlullah -s.a.v.- de 'Benim, benim' diyerek benim bu cevabımı beğenmediğini ifade etti." demiştir

— İzin isteyene "Geri dön!" denildiğinde geri dönmelidir. Dönrerken de içeri almayana karşı bir kızgınlık ve dargınlık düşünmemeli. Çünkü Allah -c.c.-'ın emri böyledir.

"Size dönün denirse dönün. Bu sizi daha çok temize çıkarır. Allah yaptıklarınızı bilir." (Nur, 24/28)

— Ziyaretçi, izin istemesi gerektiğinde üç defa tekrarlamalı.

Birinci izin istemeyle ikinci arasında dört rekât namaz kılınacak kadar bir süre beklemek uygun olur. Çünkü izin istenilen kimse bu sırada namaz kılmakta veya zaruri bir ihtiyacını gidermekte olabilir.

— Kapıyı şiddetle, kaba bir hareketle çalmamalı.

Su veya Meşrubat İçmedeki Âdâb

— Müslüman su içmeye Besmele çekerek başlar ve iki veya üç nefeste içer. Bitirince "Elhamdülillah" der.

Resûlullah -s.a.v.- Efendimiz su içme âdâbına işaret ederek:

"Deve gibi bir nefeste içmeyin. İki veya üç nefeste için. İçeceğiniz zaman Besmele çekin, ağzınızı su kabından ayırınca da Allah'a hamd edin." buyurmuştur.

– Su içerken oturmak müstehaptır.

Bu konuda, Hz. Enes -r.a.-: "Resûlullah -s.a.v.- Efendimiz bir kimsenin ayakta durup su içmesini menetti." Râvi Katâde Hz. Enes'e sormuş: "Ya yemek yemeği menetmedi mi?" Hz. Enes de cevaben "Ayakta yemek yemek daha çok mekruhtur." cevabını vermiş.

Resûlullah'ın -s.a.v.- ayakta da su içtiği hususundaki hadislerden ayakta içmenin de caiz olduğu anlaşılmıştır.

– İçilecek su veya sıvıya üflemek mekruhtur.

İbn-i Abbas -r.a.- şöyle söylemiştir: "Resûlullah -s.a.v.- Efendimiz içerisinde su veya herhangi bir sıvı bulunan kaba nefes vermeyi veya üflemeyi menetmiştir."

– Müslüman su kırbası veya tulumunun ağzından içmekten menedilmiştir." Bir kabın ağzına ağız dayayıp su içmek toplumun zevkine aykırı düşer, aynı zamanda sağlığa zararlı bir durum ortaya çıkabilir.

Yemek Yemedeki Âdâb

– Yemekten önce ve sonra eller yıkanır.

Resûlullah -s.a.v.- Efendimiz:

"Yemeğin bereketi, başlamadan önce elleri yıkamak, bitirdikten sonra yine elleri, ağzı yıkamaktır." buyurmuştur

– Besmele çekerek yemeğe başlanır. Sonunda da "Elhamdülillah" denir. Yemeğe başlarken şanı yüce Allah'ın ismini ansın. Başlarken Allah'ın ismini anmayı unutan, yemek ortasında, 'Başında da, sonunda da Bismillah' desin."

– Yemeği sağ el ile yemek emredilmiş, sol elle yemek yasaklanmıştır.

Batı âdetlerine uyarak çatalı sol, bıçağı sağ ele alıp sağ eliyle kestikten sonra sol eliyle yiyenler, sünnete aykırı hareket etmiş olur.

– Müslüman sofrada kendi önünden yemeli.

Ömer b. Ebî Seleme -r.a.- anlatmıştır: Ben henüz Resûlullah -s.a.v.- Efendimizin gözetimi altında yaşayan bir çocuk idim. Yemek yerken elim kabın her tarafına uzanırdı. Efendimiz "A çocuk! Allah'ın ismini an, sağ elinle ye ve kendi önünden ye." buyurdu.

– Müslüman takdim edilen hiçbir yemeği beğenmemezlik etmemeli. Ebû Hüreyre -r.a.- anlatmıştır. Peygamberimiz hiçbir yemeği beğenmemezlik yapmadı, hiçbir yemeği ayıplamadı. İştahı olduğu zaman yedi, olmadığı zaman bıraktı."

– Yemek kabında, yâni tabakta, yemek bırakmama hususunda dikkatli olmalı.

– Müslüman sırtını bir yere yaslamadan yemek yemelidir.

– Yemek yerken konuşmak müstehaptır.

Sahih rivâyetlere göre, Resûlullah -s.a.v.- Efendimiz sofrada bulunuyorken hem yemek yerdi, hem de uygun düştükçe ashabıyla konuşur, sohbet ederdi.

– Bir Müslümanın, yemek yerken ağzından tiksindirici sesler çıkarmaması, yemeğine üflememesi ve çirkin bir manzara arzedecek şekilde büyük lokma almaması gerekli.

– Sofra başında daha yaşlı kimseler bulunduğunda, yemeğe önce yaşı küçük olanlar, başlamamalı. Hz. Huzeyfe -r.a.-: "Bizler, Resûlullah -s.a.v.- Efendimizle beraber bir sofrada bulunduğumuz zaman Resûlullah -s.a.v.- elini uzatıp yemeğe başlamayınca biz başlamazdık." demiştir

— Yemekten sonra sofra sahibi için duâ etmek müstehaptır.

Hz. Enes -r.a.-'in rivâyetine göre: Resûlullah -s.a.v.- Efendimiz, konuk olarak Sa'd bin Ubade'nin yanına geldi. O da ekmekle zeytinyağı ikram etti. Efendimiz konulan yemeği yedikten sonra duâ etti: "Oruçlular sizin yanınızda iftar etti, iyi kişiler sizin yemeğinizi yedi, melekler sizi rahmet ve gufranla andılar."

— Müslüman yere düşen lokmayı alıp tozlarını giderdikten sonra yemeli.

— Ayrıca toplulukta yemek ikramına sağdan başlamak İslâm âdâbından önemli bir kuraldır.

Mecliste Nasıl Davranılır?

Meclis birkaç kişinin oturup sohbet ettiği yer demektir.

— Bir Müslüman bir meclise girdiği zaman karşılaştığı kimselerle el sıkışır -müsafaha eder-.

"Herhangi iki Müslüman karışlaşır da el sıkışırsa, mutlaka onlar henüz birbirinden ayrılmadan bağışlanırlar."

— Ev veya meclis sahibi misafirini nereye oturtacağını herkesten daha iyi bileceğinden, aynı zamanda bu hususta da hak sahibi bulunduğundan, onun işaretine tâbi olmalı.

— Meclisin ortasına girip insanların açılmaları için sıkıştırmamalı.

Ashabtan Hz. Huzeyfe -r.a.-: Resûlullah -s.a.v.- Efendimiz, bir meclise gelip de halkın ortasında oturanı kınadı, onun bu davranışını ayıpladı." demiştir.

— Gelen, bulduğu boş yere oturmalı.

Resûlullah -s.a.v.- Efendimiz: "Mecliste herkes yerini aldığı zaman eğer birisi hengüz gelen Müslüman bir kardeşini çağırır ve ona yer açarsa, çağrılan, onun yanına gitsin. Çünkü böyle yapmak, çağrılan için bir ikramdır. Eğer kendisine bir yer açılmazsa, o vakit geniş bir yer araştırsın,. orada otursun." buyurmuştur.

– İzinlerini almadan iki kişinin arasına oturmamalı.

"Hiçbir kimseye, izinlerini almadan iki kişiyi ayırıp aralarına oturmak helâl olmaz."

– Mecliste bulunup bir hacetinden dolayı dışarı çıkarak tekrar dönen kimse, ilk yerine geçer oturur.

– Meclisten ayrılırken izin istemeli.

– Mecliste birtakım kusur ve günahlar işlenebilir. Bu bakımdan mecliste olan şeylere kefaret duâsı okumalıdır.

İçeri Giren Kimseyi Ayakta Karşılamak

İçeri giren kimse konuk, yolcu, ilim adamı ya da yaşlı bir kimse olabilir. Bunların önünden kalkıp karşılamak sünnettir. Hz. Âişe vâlidemiz -r.anhâ- anlatmıştır: "Yücelik ve nezaket bakımından Resûlullah'a benzer bir kimse görmedim; kalkmasında, oturmasında bu güzel huyları çok belirgin idi. Kızı Fâtıma -r.anhâ- içeri girince, Resûlullah -s.a.v.- ayağa kalkıp onu karşılar ve yanıbaşına oturturdu. Peygamber -s.a.v.- de kızı Fâtıma'nın yanına gittiğinde bu kez, o ayağa kalkıp babasını saygı ile karşılar, kendi yerine oturtur gereken edep ve terbiyeyi göstermekte kusur etmezdi."

– Sahih rivâyete göre; Ensarın ileri gelenlerinden Sa'd b. Muaz -r.a.- mescid-i saadete yaklaşırken Resûlullah -s.a.v.- onu gördü ve yanında oturanlara "Efendinizin veya hayırlınızın önünden kalkın!" buyurdu.

İlim ehli ve müctehid imamlar bu hadislerin tamamını dikkate alarak ilim ehlinin, faziletli kişilerin önünden belli zamanlarda ve münasip yerlerde ayağa kalkmanın caiz olduğunu açıklamışlardır.

Fakat kibir ve gurura yol açan kalkış sakıncalı bulunmuştur.

Zaruret Olmadığı Halde Başkasının Sözünü Kesmek

Konuşan birinin sözünü kesmek konuşmanın akışına mânî olduğu ve konuşmacıyı şaşırttığı gibi aralarında düşmanlığın doğmasına da sebebiyet verebilir. Bir de bu ilmî meselelerde olursa çok daha garip ve İslâm edebine aykırıdır.

"Konuşma yapan kimseye yakışan, konuşmalarını bir düzene koyup bitirinceye kadar konu dışı başka şeyler anlatmamaktır. Muhataba yaraşan, konuşana teveccühte bulunmak, susmak ve konuşma bitinceye kadar sağa sola iltifat etmeden dinlemektir. Ayrıca bir zaruret yoksa dışarı çıkmamak, bilhassa konuşan tefsîr ve hadisten bahsediyorsa, çok gerekmedikçe konuşmamaktır. Tabiî bir ihtiyaç zuhur ederse dışarı çıkar, ihtiyacını giderir. Veya şer'î bir mahzur doğarsa -meselâ iyilikle emretmek, kötülükten menetmek gibi- aşırıya gitmemek şartıyla mü'min söyleyeceğini söyler."[10]

Aksırmak

İslâm, Müslümana aksırma halinde nasıl davranması gerektiğini göstermiştir. Resûlullah -s.a.v.- Efendimiz:

"Biriniz aksırdığı vakit 'Elhamdülillah' desin. Din kardeşi veya arkadaşı ona 'Yerhamükallah' -Allah sana rahmet

---
10- İhya-yı Ulûm-id Din, c. 4, s. 565.

buyursun.- desin. O da 'Yehdina ve yehdi kümullah ve yeslihu hâleküm.' -Allah bize de size de hidâyet versin ve halinizi ıslah etsin.- mukabelesinde bulunsun."[11] buyurmuştur.

Aksıranın elini ağzına kapatması, mümkün mertebe sesini alçaltması aksırma âdâbındandır. "Yerhamukallah" duâsına teşmit denir. Aksıran Allah'a hamdederse bu duâyla mukabele edilir. Allah'a hamdetmezse teşmit de yapılmaz.

İbrahim en-Nehai:

– Kişi def'i hacet yaparken aksırırsa orada Allah'ı nefsinden anmasında herhangi bir mahzur yoktur, demiştir

Meclislerde Esnememeye Çalışmak

– Müslüman; mecliste veya birinin karşısında bulunduğunda esnememeye, mümkün mertebe onu gidermeye çalışır.

Resûlullah -s.a.v.- Efendimiz:

"Biriniz esnediğinde gücü yettiğinde önlemeye çalışsın." buyurmuştur.

Fakat esneme engellenemeyecek kadar güçlü geliyorsa, sol elin dışıyla ağız kapatılmalı.

– Esnerken ses çıkarmak mekruhtur.

Peygamber Efendimiz: "Şüphesiz ki Allah aksırmayı sever, esnemekten hoşlanmaz. O halde sizden biriniz esnerken 'hah, haah!' demesin. Çünkü böyle ses çıkarmak şeytandandır ve şeytan buna güler." buyurmuştu.

Selefi sâlihinden gelen rivâyete göre, kim esnemeyi durduracak şekilde kendine hâkim olur da, hatırından Resûlullah -s.a.v.- Efendimizin hiç esnemediğini geçirirse, Allah'ın izniyle esneme ondan giderilir.

11- İhya-yı Ulûm-id Din, c. 4, s. 552.

Büyüklerin Elini Öpmek

Toplumsal edep ve terbiyeden biri de büyüklerin elini öpmektir. Çocukların bu anlayış içinde yetiştirilmesi gerekir.

Bir Allah dostu anlatmıştır:

"Binmesi için Zeyd bin Sâbit'e bir deve getirilip yaklaştırıldı. Orada hazır bulunan Abdullah İbn-i Abbas -r.a.-, koşup binmesine yardım için özengesini tuttu. Zeyd bin Sâbit buna râzı olmak istemedi ve 'Ey Resûlullah'ın amcasının oğlu! Sen bundan uzak kal lütfen.' diye ricada bulundu. İbn-i Abbas -r.a.- hizmetini yaptı ve 'Büyüklerimize ve ilim adamlarımıza saygılı olmakla, hizmet etmekle emrolunduk.' cevabını verdi. Hz. Zeyd, 'Elini kaldır, bana göster.' dedi. İbn-i Abbas -r.a.- elini kaldırınca Hz. Zeyd -r.a.- onu tutup onu öptü ve şöyle söyledi: 'Biz de Resûlullah -s.a.v.- Efendimizin ailesi ve akrabasına böyle saygı göstermekle emrolunduk.'"

Yakını Ölen Kimseye Taziyede Bulunmak

Taziyenin mânâsı; ölen kimsenin yakınlarına güzel sözlerle, Peygamber -s.a.v.- ve ashabından rivâyet edilen ifadelerle sabır tavsiye etmek ve tesellide bulunup üzüntülerini hafifletmek, manevî destek vermektir.

Taziye, ölenin yakını, gayr-i müslim olsa da, müstehaptır.

Resûlullah -s.a.v.- Efendimiz:

"Bir mü'min, başına gelen musibetten dolayı din kardeşine taziyede bulunursa, mutlaka Allah ona kerâmet kaftanı giydirir." buyurmuştur.

Ölenin küçük, büyük bütün yakınlarına taziyede bulunmak daha uygun olur. Bu hususta kadın ve erkeklerin hepsine definden önce veya sonra, üç gün içinde taziyede bulunmak müstehaptır. Ancak taziyede bulunan veya taziye edilen kimseler üç gün boyunca hazır bulunmazlar da başka bir yerde olurlarsa, o takdirde üç günden sonra taziye vermekte bir sakınca yoktur.

Taziye Nasıl Yapılır?

İmam Nevevî -r.a.- Tezkire adlı eserinde:

"Taziyede kullanılacak kelimelerde bir sınır ve engel yoktur. Hangi sözlerle yerine getirilirse, müstehap uygulanmış olur. Ancak arkadaşlarımız Müslümanın Müslümana şu sözlerle taziyede bulunmasını müstehap görmüşlerdir. "Allah ecrini çoğaltsın, sabır ve dayanma gücü versin, ölünün kusurlarını bağışlasın, günahlarını affetsin gibi sözler söylemek uygun olur." demiştir.

– İslâm dini, ölen kimsenin ev halkına yemek hazırlayıp onlara götürmeyi müstehap kılmıştır. Çünkü onlar, ölenin tekfin, teçhiz, defin vs. işleriyle meşguldürler. Aynı zamanda başlarına gelen musibetten* manen yaralıdırlar.

Resûlullah -s.a.v.- Efendimiz:

"Cafer'in ev halkına yemek hazırlayın, çünkü başlarına kendilerini meşgul edecek bir musibet gelmiştir." buyurmuştur.

– Mezhep imamları, ölenin ev halkının, insanların toplanıp yemeleri için yemek hazırlamasını ittifakla mekruh görmüşlerdir. Ama günümüzde ölenin ev halkının yemek hazır-

---

* Musibet: Ölüm ve başa gelen sıkıntılar için Kur'ân-ı Kerîm'de de musibet kelimesi kullanılmıştır, yoksa bu kelime bela, uğursuzluk mânâları verilerek yazılmamıştır.

laması veya taziye esnasında gelenlere yemek sunması, ikramda bulunması, kötü bir bidat haline gelmiştir. O halde taziyede bulunan kimse kendisine takdim edilen yemekten uygun bir sözle geçiştirip kaçınmalıdır. Çünkü bu âdet Resûlullah -s.a.v.- Efendimizin sünnetine ters düşmektedir.

Taziyede Bulunan Dikkatli Olmalı

Taziye esnasında Kur'ân okunduğunda saygı ile dinlemeli, musibeti hafifletecek konuşmalar yapmalı, selef-i sâlihinden rivâyet edilen sözleri nakletmeli.

– Bunun dışında, kendisine taziyede bulunan kimselere karşı gülmek, anlamsız sözler sarfetmek, münasebetsiz şeylerden söz etmek veya güldürücü fıkralar anlatmak doğru değildir.

– Ölmüş kimseye karşı merhamet duygusunu izhar etmeli, kişi üzüntüsünü belirtmeli, ölenin güzel ve yararlı hasletlerini anlatmakta taziyenin fazîletli yanlarından biridir.

Taziye Esnasında Görülen Kötü Şeylerden Dolayı İyilikle Nasihatte Bulunmalı

– Taziyede bulunan kimse, taziye esnasında birtakım bid'at ve münasebetsiz şeyle karşılaşabilir. Ölenin resminin ortaya konulması, sigara içilmesi, musiki havasıyla gönüllere hüzün verilmesi gibi dînen menedilmiş şeylerin yapılması bu cümledendir. Bütün bunlar, taziye âdâbına ve yerine aykırıdır.

O halde taziyede bulunan kişinin, bu gibi durumlarla karşılaşınca yapacağı şey, hakkı ortaya koymakta cesaretli olması, iyilikle öğüt verip, Allah -c.c.- yolunda kınayanın kınamasından endişe duymamasıdır.

Kutlama, Tebrik

Kutlamalar sevgi ve kardeşlik bağlarını kuvvetlendirir. Müslümanlar arasındaki ilgi ve alâkanın devamını ve ziyadeleşmesini sağlar.

— Kim din kardeşini sevindirmek için kutlarsa, Aziz ve Celil olan Allah da onu kıyâmet günü sevindirir."

— Kutlama münasebetiyle sevinçli olmaya ve sevgi göstermeye özen gösterilir.[12]

— Kutlama lâtif sözlerle, güzel ve seleften rivâyet edilegelen duâlarla yerine getirilir.

— Toplumsal hâdiselerin yanısıra, bir imtihanı kazanan, bir belâdan kurtulan, bir nimete erişen fertleri de kutlamak İslâm âdâbındandır.

Çocuğu Dünyaya Geleni Kutlamak

Hz. Hüseyin ile Hasan Basrî'den rivâyet edildiğine göre onlara şöyle demek müstehaptır: "Size bağışlanan çocuğunuz mübârek olsun; onu bağışlayana şükrettiniz, iyilik ve faziletine eriştiniz. Çocuk sağlık içinde güç ve kuvvetine erişsin, delikanlı olsun!.."

Kutlanan baba veya ananın ise şöyle karşılık vermesi müstehaptır: "Allah sizi de mübârek kılsın, üzerinize bereket indirsin ve size de onun bir benzerini ihsan buyursun!.."

Seferden Döneni Esenlikle Kutlamak

Seferden dönen din kardeşimizi şu sözlerle kutlamak müstehaptır:

"Size esenlik verip selâmete eriştiren ikrâmda bulunan ve bizi tekrar sizinle bir araya getiren Allah'a hamdolsun!"

12- İslâm'da Aile Eğitimi, c. 1, s. 493.

Hacdan Döneni Kutlamak

Hac ibâdetini yerine getirip dönen kimseyi şu sözlerle kutlamak müstehaptır.

"Allah haccınızı kabul buyursun, günahlarınızı bağışlasın, geçiminizi tazelesin, harcadığınızın yerini doldursun!"

Nikâh Akdini Kutlamak

Nikâh akdi yapıldıktan sonra karı-kocadan her biri: "Allah sizi mübârek kılsın, üzerinize feyiz ve bereket indirsin. İkinizi hayır ve iyilik üzere bir araya getirsin." sözleriyle kutlanır.

Bayram Kutlaması

Bayram namazı kılındıktan sonra Müslümanın kendi din kardeşine "Allah bizden ve sizden kabul buyursun!" demesi müstehaptır.

Hediyeleşmek

Çocuğu doğana, zor bir işi başarana veya evlenen kimseye uygun hediyeler vermek müstehaptır. Çünkü bu hususta teşvik edici hadisler mevcuttur.

Resûlullah -s.a.v.- Efendimiz:

"Hediyeleşin ki birbirinizi sevesiniz." buyurmuştur

Başka bir hadis-i şerifte de:

"Hediyeleşin; çünkü hediye göğüsteki kin ve kızgınlığı giderir." buyurulmuştur.

Hediye verenin kusuru görülmez, sözleri işitilmez olur.[13] Hediye Allah -c.c.- tarafından güzel bir rızıktır. Hediye verildiğinde kabul edilmeli ve daha güzeli verilmeli.

Hastayı Ziyaret Etmek

Hastayı ziyaret, İslâm'ın itina gösterdiği hususlardan biridir.

Resûlullah -s.a.v.- Efendimiz:

– "Hastaları ziyaret edin. Aç kimseleri doyurun. Esirleri serbest bırakın." buyurmuşlardır.

– İslâm, hastayı ziyaret edip halini sormayı, Müslümanın Müslüman üzerindeki haklarından saymıştır.

Bir hadis-i şerifte şöyle buyurulmuştur:

"Müslümanın Müslüman üzerinde hakkı beştir:

1- Verdiği selâmı almak.

2- Hastalandığı zaman ziyaret etmek.

3- Vefât ettiğinde cenazesini kabre kadar uğurlama.

4- Dâvet ettiğinde icabet etmek.

5- Aksırıp "Elhamdülillah" dediğinde, "Yerhamukallah" demek."

Hastayı ziyâret, hastalığın üçüncü gününden sonra yapılmalı ziyaretçi fazla oturmamalı, az durup kalkmalıdır.

İbn-i Abbas -r.a.-:

Bir defalık hastayı ziyaret sünnettir. Bir defadan fazla olanlar nafiledir, demiştir.

13- Ramuz-el Ehadis, c. 1, s. 239.

Resûlullah -s.a.v.- Efendimiz:

"Hastayı ziyaret etmeyi gün aşırı yapınız. Ve o ziyaretten sonra iki gün ara verip dördüncü günde ikinci ziyareti yapınız."[14] buyurmuşlardır.

"Hasta ağır ise, ziyareti hafif tutmak uygundur. Hasta o durumda değil de dost ve tanıdıklarının sohbetine ihtiyaç duyar, yalnızlıktan sıkılırsa, itidal haddini aşmamak üzere bir süre oturmakta sakınca yoktur."

"Hastanın yanına sık sık değil de gün aşırı ya da haftada bir iki defa gidip hatırını sormak daha münasip olur; tabiî hastanın durumu buna elverişli ise."

Ziyaret Esnasında Hastaya Duâ Etmeli

– Hasta ziyaretine gidildiğinde, hastayı sağ el ile sıvazlayıp ona duâ etme hususunda Hz. Âişe -r.anhâ- vâlidemiz şöyle anlatmıştır: "Resûlullah -s.a.v.- Efendimiz ev halkından hastalananları sormaya gider, sağ eliyle onları okşar ve duâ ederdi: Ey insanların Rabbi olan Allahım! Hastalığını gider, ona şifa ver, sen şifa verensin; senin şifandan başka şifa yoktur. Öyle bir şifa ver ki, hiçbir ağrısı, sızısı kalmasın."

Hastayı Ziyaret Usullerden Biri de, Hastanın Başucunda Oturmaktır

İbn-i Abbas -r.a.-: "Resûlullah -s.a.v.- Efendimiz bir hastayı ziyarete gittiğinde onun başucunda oturur ve sonra yedi defa şöyle duâ ederdi: "Es'elüllahe'l-azîm Rabbe'l-arşi'l-azim en yeşfiyeke.' Hastanın hemen eceli gelmemişse, o ağrı ve sıkıntıdan kurtulup şifa bulurdu." demiştir.

14- İhya-yı Ulûm-id Din, c. 4, s. 565.

— Hastayı şifa ve uzun ömür ümidiyle telkinde bulunup gönlünü hoş tutmalı.

— Ayrıca hastaya, acı ve sızı duyduğu yerine, elini koyup, kendisine tesirli duâlardan okuması hatırlatılmalı.

Osman b. Ebî Âs -r.a.- demiştir ki: Bedenimde hissettiğim bir ağrıdan dolayı Resûlullah -s.a.v.- Efendimizin huzuruna varıp derdimi anlattım. Efendimiz bana şu tavsiyede bulundu: "Elini bedeninin ağrıyan yerine koy ve şöyle de: Bismillah -üç defa- Eûzü bi izzeti'llahi ve kudretihi min şerri ma ecidu ve uhazirü. Bunu -yedi defa- tekrarla."

— Resûlullah -s.a.v.- Efendimiz, Ömer b. Hattab'a -r.a.-:

"Bir hastanın yanına girdiğin zaman, hastanın sana duâ etmesini iste. Çünkü hastanın duâsı meleklerin duâsı gibidir." buyurmuştur.

Camiye Girme Âdâbı

"Camiye giden kimsenin her adımı için bir sevap verilir ve bir günahı da affedilir."

— Cami kapısına gidince evvela sağ ayak içeri atılır ve şu duâ okunur: "İlâhî, bize rahmet kapısını aç."

— İçeride cemaat varsa onlara selâm verilir. Kimse yoksa "Esselâmü aleynâ ve alâ ibâdillâhissâlihin" Sonra üç defa, "Sübhanallâhi velhamdülilâhi ve lâ ilâhe illallahu vallahu ekber. Velâ havle velâ kuvvete illâ billâhi'l-aliyyi'l-azîm" diyerek oturulur, tesbih ve tehlil* edilir.

— Resûlullah -s.a.v.- Efendimiz:

---

*Tehlil etmek: "Lâ ilâhe illallah" sözünü tekrar etmek demektir.

" Sizden biri camiye girdiğinde oturmadan önce iki rekât namaz kılsın!" buyurmuştur.

Dinimizde buna "tahiyyetü'l-mescid" namazı denmiştir.

– Camilerle, mescitlere giderken temiz ve buralara uygun şekilde giyinmeli.

– Allahu Teâlâ Hazretleri temizlik hususunda şöyle buyurmaktadır.

"Ey âdem oğulları! Her mescide güzel ve temiz elbiselerinizi giyerek gidin." (A'raf, 7/31)

– Soğan, sarımsak gibi yiyeceklerin kokularından cemaat rahatsız eder.

Resûlullah -s.a.v.- Efendimiz:

"Sarımsak veya soğan yiyen kimse mescidimizden uzak dursun." buyurmuştur.

Bir Mazeret Yokken Camilerde Dünya Kelâmı Etmek, Mekruhtur

Peygamberimiz:

"Son zamanlarda öyle bir millet olacak ki, onların konuşması mescitlerde cereyan edecektir. Allah'ın onların bu amaçla mescitlere girmelerine ve oturmalarına bir ihtiyacı yoktur." buyurmuştur.

– İtikafta olmayanın camilerde alışveriş yapması, yitiğini kaybedenin bunu duyurması ve araması gibi dünyevî meşguliyetler de mekruhtur.

Bir hadis-i şerifte:

"Mecsitte yitiğini arayan birinin sesini yükselttiğini duyan kimse, ona 'Allah o yitiği sana geri çevirmesin.' desin. Çünkü mescitler bunun için yapılmamıştır." buyurulmuştur.

— Camiden çıkarken sol ayak dışarı atılır. Ve şu duâ okunur:

"Allahım! Rahmet ve mağfiretini, selâmet ve esenliğini Efendimiz Muhammed -s.a.v.- üzerine indir."

Ezanı Dinlemek

Ezan; lûgatta ilân etmek, bildirmek demektir. Dinde ise birtakım mübârek sözlerden ibarettir. İslâm dininin şiarıdır. Ezan okuyan zâta, "müezzin" denir.

"Ezanı-ı Muhammedî vasıtası ile halka, hem namaz vakitleri ve cemaatle namazların kılınacağı yer bildirilmiş, hem de namazın felâh ve necata -kurtuluşa- sebep olacağı söylenmiş olur."

Ezanı ve ikâmeti işiten kimsenin bunları kendi kendine müezzin gibi okuması, ancak "Hayyaalessalât, hayyaalelfelâh" denirken kendisinin: "Lâ havle velâ kuvvete illâ billâh" demesi ve sabah ezanında müezzinin: "Namaz uykudan hayırlıdır." demesine karşı da, "Sadakte ve berrirte" yani "Sadıksın, gerçeksin, doğru söylemiş bulunuyorsun." diye icabette bulunması müstehaptır. Ezanı işiten kimse, cünüp de olsa bu şekilde icabet eder. Çünkü bu bir senadır. Fakat hayızlı ile nifaslı icabet etmez. Ezanı işiten kimse, ilk "Eşhedü enne Muhammeden Resûlullah" denilirken, "Sallallâhü aleyke yâ Resûlallah" der ki, "Allahu Teâlâ sana salât etsin ey Allah'ın Peygamberi!" demektir.

İkinci defa, "Eşhedü enne Muhammeden..." denilirken, "Kurrete ayni bike yâ Resûlallah" der ki, "Gözüm seninle ruşen olsun." anlamına gelir. Bunlar söyleniken baş parmakların tırnaklarını veya şehadet parmakların uçlarının içini öperek gözlere sürmek müstehaptır.

Ezanı işiten bir Müslüman sonunda ezan duâsını okumalı. Çünkü böyle duâ eden şefaate hak kazanmış olur.[15]

Hz. Âişe -r.anhâ- ezanı her zaman dinlermiş. Sormuşlar:

— "Ey mü'minlerin anası! Niçin ezan okunurken işini terk ediyorsun?"

— "Ben Resûlullah -s.a.v.-'den işittim ki, 'Ezan okunurken iş işlemek dinde noksanlıktır.' Onun için ezan okunurken işimi terkederim." cevabını vermiştir.

Ezan okunurken işitenlerin sözlerine nihayet vermeleri, hatta Kur'ân okuyan kimsenin de durup ezanı dinlemesi efdaldir.

Kur'ân-ı Kerîm Okunurken Dinlemek

Cenâb-ı Allah -c.c.- bu hususta Kur'ân-ı Kerîm'de:

"Kur'ân okunduğu zaman hemen onu dinleyin ve susun ki merhamet olunasınız." (A'raf, 7/204) buyurmaktadır.

"Bir mecliste Kur'ân okunurken orada bulunanların onu dinlemeyip konuşmaları caiz değildir bir engel yok ise o mecliste oturup tilâvet olunan âyetleri dinlemek müstehaptır, büyük sevaba vesiledir."

— "Kur'ân okunurken dinlemek ve susmak, Hanefi mezhebine göre vaciptir."

— Dinlenilmeyen yerde yüksek sesle Kur'ân okumak, okunurken gülmek, bir şeyle oynamak, etrafa, hele günahlı şeylere bakmak da caiz değildir.

15- Büyük İslâm İlmihali, s.184.

– Cünüplük, hayız ve nifas halinde olanlar Kur'ân-ı Kerîm'i okuyamazlar, fakat başkalarının okuduğu Kur'ân'ı dinleyebilirler, kalplerinden geçirebilirler.

"Kur'ân dinleyenin, Kur'ân okunan tarafa dönmesi lâzımdır. Eğer arkası kıbleye gelecekse o zaman yan döner. Temiz olmayan yerde, açık insan bulunan yerde Kur'ân'ı sesli okumak caiz değildir."

Kur'ân-ı Kerîm okunurken onu dinlemenin üzerinde bu kadar durulmasının sebebi; Allah kelâmı olmasından ve O'nu hakkıyla anlamanın ancak iyi dinlemekle mümkün olabileceğindendir. İyi dinleyen iyi anlar. İyi anlayan da anladığı doğrultuda iyi amellere yönelir. Zaten Kur'ân okunurken dinlemeyip gürültü çıkarmak müşrik âdetindendir.

İnkâr edenler *"Bu Kur'ân'ı dinlemeyin, okunurken gürültü yapın, belki bastırırsınız."* dediler. (Fussilet, 41/26)

DÖRDÜNCÜ BÖLÜM

Ahlâkı kötü olan, nefsini azâba verir.

Kötü ahlâk öyle bir fenâlıktır ki onunla beraber çokça yapılan iyilikler fayda vermez.

Kötü ahlâk kalplerin hastalıkları ve nefislerin zilletidir.

☙❧

MÜSLÜMANDA BULUNMAMASI GEREKEN HASLETLER

Kur'ân-ı Kerîm'in birçok âyetinde, inkârcılık ve şirkten başlamak üzere, her türlü kötülüklerin işlenmesi ve yapılması kişinin kendi nefsine zulmetmesi şeklinde ifade edilmiştir.

Müslüman kendisini hem dünyada, hem de âhirette perişan edecek kötü hasletleri bilmek ve nefsini onlardan arındırmaya çalışmakla mükelleftir.

Ruhsal Hastalıkların, En Müzmini Kötü Huylardır

Kötü huylar âhirette, helâk olma sebebidir.

Zinnur-i Mısrî -r.a.- Hazretlerine "Düşünce ve üzüntüsü çok olan kimdir?" denildiğinde, "Ahlâk bakımından insanların kötüsü, fenası ve şerlisidir." cevabını vermiştir.

Hz. Âdem ile Hz. Havva hatalarını anladıklarında *"Rabbimiz! Biz gerçekten kendimize zulmettik."* (A'raf, 7/23) demişlerdir.

Hz. Musa da, bir Mısırlı'ya olan girişiminden sonra hatasının farkına varmış ve *"Rabbim, kendime zulmettim. Beni bağışla."* diye duâ etmiştir. (Kasas, 28/16)

Yüce Allah, -c.c.- bir âyet-i kerîmede: *"Kim Allah'ın sınırlarını aşarsa, muhakkak ki nefsine zulmetmiş olur."* (Talak, 65/1) buyurmaktadır.

İnsan daha çok kendisini aldatma garipliğini gösteren bir varlıktır. Onun bu garipliğinin en tipik örneği ruhunun fırsatlarını, nefsinin fırsatlarına feda etmesidir.

İnsanların çoğu, akıllarının ve vicdanlarının ikazları ile kendilerinin kötü olduklarına kanaat getirmelerine rağmen birçok fenalıkları işlemeye devam eder.

Kötülüklerden vazgeçmek ve iyiliğe yönelmek hep yarınlara bırakılır. Bir hadis-i şerifte: "İnsan bir hata işlediği vakit, bu hata onun kalbini lekeler." buyurulmuştur. Hatalar çoğaldıkça, vicdanın safiyeti, basireti ve irade üzerindeki hâkimiyeti zayıflar. Yüce Allah bir âyet-i kerîmede: *"Eğer iyilik ederseniz kendi nefisleriniz için iyilik etmiş olursunuz ve eğer fenalık ederseniz kendi nefisleriniz için etmiş olursunuz."* (İsra, 17/7) buyurmaktadır.

Âdemoğlu sabaha erişince azâlarının hepsi hâl lisanı ile ona şöyle söyler: Bizim hakkımızda Allah'tan kork, zira biz sana aidiz. Sen doğru olursan biz de doğru oluruz. Sen doğru olmazsan biz de doğru olmayız.

Müslüman, çatışmayı ve zıtlaşmayı ortadan kaldırmaya uğraşan kimsedir, iyi insandır.

İyilik ahlâk güzelliğidir. Kötü ahlâk insan için tamamen zarardır.

İmam Gazalî -k.s.- "Kötü ahlâk Allah'ın tutuşturulmuş ateşine açılan kapılardır." demiştir.

Müflislik

Ebû Hüreyre'den rivâyet edilmiştir:

Resûlullah -s.a.v.- Efendimiz ashab-ı kiramına sordu: "Kıyâmet gününde ümmetimden müflis olan kimdir bilir misiniz?" Cevap olarak: "Bize göre müflis, altın ve gümüşü olmayandır." deyince, Resûlullah -s.a.v.- Efendimiz, "Kıyâmet gününde ümmetimin müflisi, namaz, oruç ve daha başka ibâdet sevaplarıyla gelen, fakat bir kimseye sövmüş, birine iftira etmiş, birinin malını yemiş, bir diğerini dövmüş olduğundan, yaptığı zulme karşılık hak sahiplerine sevapları verilen, sevapları bitince de, hak sahiplerinin günahları kendisine yükletilen ve cehenneme atılan kimsedir." buyurdu.

Cehalet

Cehaletten şiddetli fakirlik yoktur. Çünkü her kötülüğün kaynağı cehalettir.

Âlimin günahı bir günahtır. Cahilinki iki günahtır. Âlim günaha düşmesiyle azâp olunur. Cahil ise hem günaha düştüğü, hem de öğrenmediği için azâp olunur. Cenâb-ı Hakk, bir âyet-i kerîmede: *"Tövbe Allah katında ancak o kimseler içindir ki bir cehaletle bir kötülüğü işlerler de az sonra tövbekâr olurlar..."* (Nisa, 4/17) buyurmaktadır.

Tefsircilerin çoğuna göre bu âyetteki "cehalet" kelimesi, sadece hata eseri olarak ve haram olduğunu bilmeden kötülük işlemeyi değil kasıtlı yapılan kötülükleri de içine almaktadır. Çünkü her ne suretle olursa olsun kötülük işlemek bir cehalettir.

Ahlâkî hükümleri çok iyi bilmesine rağmen, bunlarda kusurlu hareket etmeye cesaret eden insan da bu mânâda câhildir. Kur'ân-ı Kerîm'de:

"... *Ve cahiller onlara hitap ettikleri vakit 'selâmet'le derler.*" (Furkan, 25/63) buyurulmaktadır.

İnsanlara sıkıntı veya eziyet verecek bir söz veya davranış ancak cahil olan kimseden hasıl olur. Mısırlı araştırıcı Ahmet Emin'e göre bu âyet, Peygamber Efendimizin risâletinden önceki döneme "cahiliyyet devri" onu takip eden döneme de "İslâm devri" denilmesinin sebebini göstermektedir. Zira öyle görülüyor ki, "cahiliyye" kelimesi, ilmin zıddı olan ve nazari bilgilerden yoksunluğu ifade eden "cehl"den değil, ameli bilgisizlik, yani sefahat, serkeşlik mânâsındaki "cehalet"ten gelmektedir.[1]

Resûlullah -s.a.v.- Efendimiz bir münakaşa sırasında Hz. Bilâl -r.a.-'e "Kara kadının oğlu!" diyerek hakaret eden Ebû Zer -r.a.-'e "O'nu anasının renginden dolayı ayıplıyorsun öyle mi, demek ki sende hâlâ cahillik varmış."[2] buyururken, kötü ahlâkı kasdetmişti.

Öfke -Gadap-

Gadap ruhî bir durumdur. Doğuştan var olan bir dürtüdür. Bu duyguyu insan tabiatına Cenâb-ı Hak yerleştirmiştir. Öfke kuvvetinin kaynağı kalptir.

Öfkeyi tefrit, ifrat ve itidal -orta- diye üç kısımda incelemek mümkündür.

– Tefrit: Öfke kuvvetinin yokluğu veya zayıflığıdır. Buna korkaklık denir. Çünkü bu hal, âile ve akrabaya karşı gayretsizliği veya hamiyetsizliği meydana getirir.

1- Ahmed Emin, Fecrü'l-İslâm, s. 69.
2- Buhârî, İmân, 22.

– İfrat: Öfkenin aşırı olanıdır. Öfkenin, akıl ve dinin emrinden çıkmasıdır. Kişiyi vahim sonuçlara götürür. İnsanın üzerinde zâhirde ve bâtında çeşitli tepkiler meydana getirir. Ruhî ve bedenî zararları vardır.

Zâhirde; yüzün kızarması, boyun damarlarının kabarması, azâların şiddetle titremesi, konuşmanın yüksek sesle olması, hareketlerin kontrolün dışına çıkması gibi davranış bozuklukları şeklinde görülür. Öfkelenen kişinin sureti çirkinleşir, kötü konuşur. Bazıları söver dahi. Öfke bazı zamanlarda aniden ölüme bile sebebiyet verebilir.

Kalpte -bâtında- ise; kin tutma, haset etme, gıybet etme, o kimsenin sırlarını ifşa etme arzusu gibi kötü duygular oluşur.

– İtidal: Aklın ve dinin işaretini bekleyen öfkenin, İslâm'da övgüye değer bir yeri vardır. Bu öfke, gayretin gerektiği yerde kabarır, yumuşaklığın gerektiği yerde söner. Öfkeyi bildirilen hudutlarda tutmak, Cenâb-ı Hakk'ın kullarını mükellef kıldığı istikamette, olmak demektir. Bu öfkenin nefsi, malı, dini, iffet ve namusu korumada büyük yararları vardır.

Hz. Enes -r.a.- anlatmıştır:

"Resûlullah -s.a.v.- Efendimizi hiçbir zaman kendi nefsinden yana intikam alır görmedim, ancak ilâhî hürmet çiğnendiği zaman intikam almakta hiç tereddüt etmemiştir. Böyle bir durumda o, insanların en çok öfkeleneni olurdu. İçinde Allah'ın gazabını çeken bir husus olmadığı takdirde, iki şey kendisine arzolunduğunda, onlardan mutlaka kolay olanını seçerdi. İçinde ilâhî gazabı çeken bir durum söz konusu olduğunda ise, ondan en çok uzaklaşan biri olurdu."

Resûlullah -s.a.v.- Efendimiz, insanın kızgınlık anında öfkesine sahip olabilmesi üzerinde çok durmuş, bu hususta insanlara çeşitli tavsiyelerde bulunmuştur. Kur'ân-ı Kerîm'de:

"İyilikle kötülük bir değildir. Sen -kötülüğü- en güzel şekilde sav. O vakit seninle aranızda düşmanlık bulunan kimse sıcak bir dost gibi olur. Buna ancak sabredenler erişebilir ve buna ancak büyük pay sahibi olan kavuşabilir." (Fussilet, 41/34-35) buyurulmaktadır.

Öfkeyi Yenmenin Faydaları

– Âl-i İmrân sûresinin 134. âyetinde ve devamında *"Öfkesini yenenler"* için cennetin hazırlandığı haberi verilmiştir.

– Peygamber Efendimiz:

"Kim öfkesini savarsa, Allahu Teâlâ da ondan azâbını giderir." buyurmuştur.

– Eğer dileseydi, o öfkesinin gereğini yerine getirecekken bir kimsenin kalbini, Allah kıyâmet gününde rızâsıyla doldurur."

– "Yutulan hiçbir yudum yoktur ki, Allah nezdinde kulun yutmuş bulunduğu öfke yudumundan daha sevimli olsun. Kul bunu yuttuğu takdirde Allah onun kalbini imân ile doldurur."

– Allah'ın -c.c.- rahmeti kula ulaşır.

– Allah -c.c.- o kimseyi sever.

Şiddetli Öfkenin Afetleri

– Şiddetli öfke cehennem azâbına vesiledir.

Resûlullah -s.a.v.- Efendimiz:

"Kesinlikle -bilinsin ki- cehennemin bir kapısı vardır. O kapıdan ancak Allah'a isyan etmek sureti ile öfkesini icra edip gönlünü rahat ettiren kimseler girer." buyurmuştur.

– Şiddetli öfkeden dolayı insandan öyle söz ve fiiller sâdır olur ki, bunlar imânı ifsad edebilir.

– Gadap eden ile edilen arasında düşmanlık başgösterir, araya kin girer. Dargınlık meydana gelir. Her birinde, diğerinin kötülüğünü istemek vs. gibi Müslümana yakışmayan duygular ortaya çıkar.

Öfkelenince Ne Yapmalıdır?

İnsanı öfkelendirecek bir sebep meydana geldiğinde, hiddetine kapılıp onun tesiri altına girmemesi için o kişinin, hemen öfkeyi yenmenin faziletini bildiren âyetleri ve hadis-i şerifleri düşünmesi, öfkenin zararlarını hatırlaması gerekir. İnsan ne vakit öfkesini yenerse Allah -c.c.- için yenmelidir. Bunun Allah -c.c.- nezdinde sevabı çok büyüktür.

Fiilî tedbirlere gelince:

– Eûzü Besmele okuyarak Allah'a -c.c.- sığınmak.

– Öfkeyi gidermek için özel bir duâda bulunmak.

Hz. Âişe -r.anhâ- vâlidemiz anlatmıştır: Öfkeli bulunduğum bir sırada Hz. Peygamber -s.a.v.- içeri girdi, burnumun ucundan tutarak: "Yâ Âişecik! Şöyle duâ et." "Ey Muhammed'in Rabbi olan Allahım! Günahlarımı bağışla, kalbimin öfke ve kinini gider. Beni şeytandan koru."

– Resûlullah -s.a.v.- Efendimiz:

"Sizden biriniz öfkelendiği zaman, ayakta ise hemen otursun. Böyle yapmakla da öfkesi geçmezse uzansın." buyurmuştur.

Eğer oturmak veya uzanmakla da öfkesi geçmiyorsa o zaman soğuk su ile abdest almalı ve gusletmelidir. Zira ateşi ancak su söndürür.

– İbn-i Abbas -r.a.- Resûlullah -s.a.v.- Efendimizin: "Öfkelendiğin zaman sus." buyurduğunu bildirmiştir.

Öfkelendikleri zaman öfkelerini hâkim olan kimseler hem bu dünyada, hem de âhirette bunun faydasını göreceklerdir. Çocuklarımızı bu hususta da ciddi bir şekilde eğitip öfkelerini yenmeye alıştırmalıyız. Ergenlik çağına ulaştıklarında öfkelerini yatıştırmayı berecebilir bir halde olmalılar.

– İnsanın öfkelenmeyi değil, öfkelenmemeyi bir âdet haline getirmesi gerekir.

Bir defasında bir savaş esnasında, Hz. Ali, düşman ordusundan birini yakalayıp yere yatırmış imâna gelmesini, yoksa öldüreceğini söylemiş. Adam imâna gelmeyi reddedmiş ve Hz. Ali'nin yüzüne tükürmüş. Bunun üzerine Hz. Ali onu "Serbest" bırakmış. Duruma çok hayret eden adam Hz. Ali'ye bu davranışının sebebini sormuş. Hz. Ali şu cevabı vermiş:

"Ben seni yakaladım, Allah'a imâna dâvet ettim. Bana hakaret etmeyerek kabul etmeseydin seni öldürecektim. Çünkü bu harp idi, Allah için olacaktı. Sen hakaret ederek beni öfkelendirdin. Seni öldürmüş olsaydım kendi nefsim için de öldürmüş olacaktım. Araya kendi nefsim girdiğinden seni öldürmekten vazgeçtim." Hz. Ali'nin bu sözlerini dinleyince adam imâna gelmiş.[3]

Hıkd-Kin

Hıkd, bir kimsenin bir başkasına olan düşmanlığını kalbinde tutması, intikam alabilmek için fırsat kollamasıdır. Kin beslenen kimseye, onun yaptığı zulüm sebebiyle değil de sadece iyilikle emretmek, kötülükten menetmek gibi haklı ve

---

3- İhya, c. 7, s. 35.

adalete uygun bir sebepten dolayı kızılıyorsa, bu haramdır. Ancak haksız bir zulmünden dolayı kin tutuluyorsa, haram değildir.

Bir kimseden, hakkını almaya güç yetiremeyen hakkını almayı, onu kıyâmet gününe bırakması uygundur. Fakat affetmesi daha iyidir.

Cenâb-ı Hakk Kur'ân-ı Kerîm'de:

"Eğer affederseniz, bu takvâya daha yakındır." (Bakara, 2/237) buyurmaktadır.

Peygamber Efendimiz "Mü'min kinci değildir." buyurmuştur.

Kin, kızmanın meyvesidir. Acziyetleri sebebiyle intikam alma gücünde olmayan kimselerin hiddet ve öfkeleri, içlerinde birikir. Bu birikim kini doğurur.

Kindarlıktan Birçok Mahzurlar Meydana Gelir

– Kin duyulan kimseye karşı haset başlar.

– Onun gıybeti yapılır.

– Sırrı varsa ifşa edilir.

– Hakkında yalan söylenir.

– Alay edilir.

– Küçümsenir.

– Onunla alâka kesilir.

– Kin tutan kişi, hasmının başına gelen belâlara sevinir, kavuştuğu nimetlere üzülür.

– Ona borcu varsa vermez, haklarından mahrum bırakır.

Bunların hepsi de haramdır. Kendisine düşmanlık duyulan kimseye karşı kin sebebi ile güler yüzlülük, yardım, onun ihtiyaçlarını gidermek gibi Müslümanın sevap kazanmasına vesile olacak güzel hasletler de terkedilir.

Gıybet

Gıybet, ekseriya dil ile olur. Allahu Teâlâ'nın korudukları hariç, bundan kimse kurtulamaz. Çok büyük günahtır.

Katâde -r.a.-: "Kabir azâbı üç kısımdır: Üçte biri gıybet, üçte biri söz taşımak, üçte biri de elbisesini bevilden korumamaktır." demiştir.

Hz. İsa ile havarileri ile ölü bir köpeğin yanından geçiyorlarken, onlar: "Bu hayvan ne pis kokuyor!" dediklerinde, Hz. İsa "Onun beyaz dişleri ne güzeldir." buyurmuştur. Bununla onlara, neyi görürlerse, dâima o şeyin iyi taraflarını söylemelerini öğütlemiştir. Gıybet, bir kimsenin arkasından, onu tanıyan birisine, onun hakkında, duyduğu zaman üzüleceği şekilde konuşmaktır.

Allahu Teâlâ bir âyet-i kerîmede:

"Kiminiz de kiminizi arkasından çekiştirmesin. Sizden herhangi biriniz ölü kardeşinin etini yemekten hoşlanır mı? Ondan tiksinirsiniz." (Hucurat, 49/12) buyurmaktadır.

İbn-i Hibban'ın Ebû Ümâme -r.a.-'den yaptığı rivâyette, Resûlullah -s.a.v.- Efendimiz:

— Kıyâmet günü, insanın amel defteri, açık bir şekilde kendisine verilir. Defterine bakınca; "Yâ Rabbi! Benim iyiliklerim nerede? Dünyada bunca hasenatta bulundum. Onların hiçbiri defterimde yok." der. Cenâb-ı Hakk ona şu cevabı verir: "Onları yaptığın gıybetlerle sildim, gıybetini ettiğin kimselerin defterine yazdım." buyurmuştur.

Bir gün Peygamber Efendimiz, ashaba sorar:

— "Gıybetin ne olduğunu biliyor musunuz?"

— Allah ve O'nun Resûlü daha iyi bilir.

— "Gıybet; bir kardeşiniz hakkında, onun hoşlanmayacağı şeyleri söylemenizdir.

— Ya söylediğimiz şeyler, kardeşimizde varsa, denildiğinde:

Resûlullah -s.a.v.- Efendimiz:

— "Eğer dediğiniz şeyler kardeşinizde varsa muhakkak onun gıybetini yapmış olursunuz. Eğer dediğiniz şeyler kendisinde yoksa bu defa muhakkak ona iftira etmiş olursunuz." buyurmuştur.

"Gıybet yalnız dil ile değil, göz kırpma, imâ, işaret ve yazmak ile de olur. Bunların hepsi de haramdır."

Gıybete Sevkeden Sebepler

— Bir sebeple bir kişiye kızgın ve kırgın olmak. Veya ona kin beslemek.

— Mevki, ilim ve mal sahibi olan bir kimseyi, insanların övüp beğenmesini çekemeyip insanların yakın ilgisini, sevgisini ondan uzaklaştırmak için aleyhinde olmak.

— Başkalarının kusurlarını anlatarak kendini övmek istemek.

— Dostlar arasında cereyan eden gıybet konuşmalarında onlara uymak.

— Kusurlu ve kötü iş yapanlarla alay etmek, onlara gülmek.

— Bir kimsenin kötü bir hâli meydana çıkınca, bildiği bir başkasının günahının da açığa çıkmasını istemek.

– Allahu Teâlâ'nın indinde günah olan bir şeyi yapana, kızmak, şaşmak, şefkat duymaktan da gıybet olur. Bu şaşkınlık, kızma, şefkat esnasında insanların onu bilmesini ister o kimsenin adını söyler ve. Bu da gıybete girer.

Gıybeti tasdik etmek de gıybettir. Hatta gıybet yapılan yerde tasdik etmese dahi susan da gıybetçiye ortaktır. Ancak, diliyle gıybetçilerin gıybetine karşı çıkmaktan korkan, kalbiyle gıybeti benimsemezse bu kuralın dışında kalır, gıybete ortak olmamış olur.

Belirli bir şahsın, yürüyüş ve konuşma taklitlerini yapmak ve onu ayıplar şekilde hikâye etmek gıybettir.

– Gıybet bazen de küfür olur. Gıybet etmekte olan bir şahsa "Gıybet etme!" dendiği zaman onun "Bu gıybet değildir; çünkü ben doğru söylüyorum." cevabında bulunması gibi.

– Gıybet bazen nifak olur: İsmini vermeden bir kimseyi, onu tanıyan yanında gıybet edip, kendini iyi göstermek için adından söz etmemesi gibi...

Gıybetin Özürle Caiz Olması

– Kadı ve sultanın yanında, görülen bir zulmü söylemek caizdir. Ya da kendisine yardımcı olacak kimseye, uğranılan zulüm anlatılabilir. Fakat mazlumun, kendisine faydası olmayacak kimselere zâlimin zulmünü anlatması doğru olmaz.

– Bir kişi günah işlenen bir yer görürse, münkeri nehyedecek bir kimseye bunu haber vermesi caizdir.

– Fetva soran, meselâ; "Hanımım, babam veya başka birisi bana şöyle yapıyor veya söylüyor." dese gıybet olmaz. Ama en iyisi, bir kimse şöyle yaparsa ne cevap verirsiniz, şeklinde sormaktır. İsim söylerse de caizdir.

– Bid'at sahibi veya hırsıza itimat edenlere, onların zararından korunmaları için, o kimseleri tanıtmak lâzımdır. Evlenecek ya da bir şey satın alacak kimseye, bunların bir ayıp veya kusuru biliniyorsa haber vermek gereklidir.

–Bir kusuru kendisine lâkap alan kimseden bahsetmek gıybet olmaz. Böyle tanınmaya alıştıkları için onlar üzülmezler. Fakat, başka güzel bir isimle anmak daha iyidir.

– Günah işlemekten utanmayanları anlatmak da caizdir.

Gıybet Yapanın Karşısında Ne Yapmalı?

1- Önce, onu gıybet yapmaktan menetmeli, emr-i bil ma'ruf ve nehy-i anil münkerde bulunmalı.

2- Dinlemezse, kalkıp gitmeli.

3- Ya da gıybeti yapılanı müdafaa etmeli.

Resûlullah -s.a.v.- Efendimiz:

"Bir kimsenin yanında, herhangi bir mü'min zelil ediliyorsa, o da o mü'mine kudreti olduğu halde yardım etmiyorsa, Allah onu kıyâmet gününde insanların gözü önünde zelil eder." buyurmuştur.

Gıybet edene, onu dinleyen kimse, "Gıybet etme!" demezse ve kalbi ile de kötü bulmazsa, hem münafıklık, hem de gıybet etmiş olur. Zira gıybeti dinleyen gıybet edicilerden biridir.[4]

Bir Müslümanın; dininden, huyundan, soyundan, bedeninden, yaşamından, evinden hatta elbisesinden, onun hoşlanmayacağı bir şekilde bahsetmek gıybet olur.

4- Kimya-yı Saadet, s. 450.

Gıybet Yapmamanın Çaresi

Gıybet hakkındaki âyet-i kerîme ve hadis-i şerifleri düşünmek; yaptığı her gıybetin, amel defterinden sevabını azaltacağını, gıybet ettiği kişinin defterine geçrileceğini hatırlamak, her halde gıybet etmeye mâni olacaktır.

Gıybetin Keffareti

"Gıybet yapana farz olan, pişman olmak, tövbe etmek ve yaptıklarından dolayı üzülmektir. Sonra da gidip gıybetini yaptığı kimseden helâllik istemektir.

Gıybetini yaptığı kişiden helâllik isteyen; mahzun, üzgün, yaptığından dolayı pişmanlık duymalıdır. Riyakâr bir kimse, gıybetini yaptığı kimseden kendisinin müttakî olduğunu göstermek için helâllik ister. Halbuki içinde, gıybetten dolayı bir pişmanlığı yoktur. Şu halde böylece ikinci bir günahı işlemiş olur."

Helâlleşme imkânı yoksa, gıybeti yapılan şahıs gâib veya ölü ise kişi, onun için istiğfar eder, duâda bulunur, çokça hayır yapar, sevabını ona bağışlar.

Resûlullah -s.a.v.- Efendimiz:

"Kişi zina eder, sonra tövbeye gelir. Umulur ki, Allah onun tövbesini kabul eder. Gıybet eden, kendini, gıybetini yaptığı kimseye affettirmedikçe, mağfiret olunmaz." buyurmuştur.

Gıybet yapılmayan, gıybet dinlenilmeyen bir aile yuvasında, İslâm'ın bu terbiyesini de alarak yetişmiş bir insan tüm yaşantısında her halde gıybeti hep kötü görecektir. Bu günahtan uzak duracaktır.

Su-i Zan

Cenâb-ı Hak Kur'ân-ı Kerîm'de:

"Ey imân edenler! Zannın birçoğundan kaçının. Çünkü bazı zan vardır ki, günahtır..." (Hucûrat, 49/12) buyurmaktadır.

Yüce Allah hakkında ve mü'minler hakkında vehim ve şüpheden dolayı yollu su-i zanda bulunmak haramdır. Su-i zan aslı olmayan kuruntuların kişide hâkim gelmesinden, kötü ahlâktan doğar."

Su-i zannın karşıtı, hüsn-i zandır. Allah ve mü'minler hakkında hüsn-i zan beslemek vaciptir.

Hüsn-i zan -güzel sanma-, bir kimsenin veya bir hâdisenin hakkında pozitif düşünmek güzel bir vicdânî kanaate varmaktır.

Hiçbir kimse hakkında durduk yerde su-i zanda bulunulmamalıdır. Herhangi bir kimse hakkında bilgisizce "Pek iyi bir zâttır." diye hüküm vermek, hüsn-i zannı suiistimal etmek olacağından bu mezmun -kötü- bulunmuştur.

– Beyhakî Vasile -r.a.-'den yaptığı bir rivâyette, Resûlullah -s.a.v.-, Allahu Teâlâ'nın şöyle buyurduğunu zikrediyor:

"Ben kulumun bana olan zannı yanındayım. Hayır zannederse, onun için o -hayır- vardır; şer zannederse, onun için o -şer- vardır."

Yahya İbn Eksem'i bir dostu rüyada görmüş. "Allahu Teâlâ sana ne yaptı?" diye sormuş şöyle anlatmış: Beni derin derin suale çekti. Çok korktum ve "Yâ Rabbi, bana seni böyle tanıtmadılar." dedim. "Nasıl tanıttılar?" buyurdu. "Bana Abdürrezzak, ona Muammer, ona Zehrî, ona Hazret-i Enes -r.a.-, ona Resûlullah -s.a.v.- Efendimiz, ona Cebrâil, ona siz bildirmişsiniz ki: "Ben kuluma beni zannettiği ve benden beklediği gibi olurum." Ben sizden rahmet bekliyordum." cevabını verdim. Buyurdu ki: "Cebrâil doğru söyledi. Resûlüm doğru söyledi, Enes doğru söyledi. Zehrî doğru söyledi. Muammer doğru söyledi. Abdürrezzak doğru söyledi. Sana rahmet ettim." Bunun üzerine bana hil'at verildi. Cennet hizmetçilerini yanıma gönderdiler. Eşi olmayan sevinçlere kavuştum.

– Mü'minler hakkında hüsn-i zanna gelince: "Mü'minler hakkında hüsn-i zan sahibi olmak güzel bulunmuştur. Bilhassa adaleti açık olan Müslüman hakkında su-i zan beslemek haramdır. Onun şüpheli tarafını salah üzerine yorumlamalıdır, bu müstehaptır"[5]

Kalbin sırlarına sadece, Allah -c.c.- vakıftır.

"Kişinin, başkaları hakkında kötü düşüncede bulunmaya hakkı yoktur. Ancak te'vil kabul etmeyecek derecede belli olan durumlar karşısında böyle bir hakkı vardır. Hakikati bilinmeyen şeylerde kalbe gelen kötü düşünceler şeytandandır. Şu halde, hemen onu yalanlamak gerekir. Zira şeytan, fasıkların en kötüsüdür."[6]

Cenâb-ı Hak, Kur'ân-ı Kerîm'de:

"Bilmediğin şeyin ardına düşme. Doğrusu kulak, göz ve kalp bunların hepsi o şeyden sorumlu olur." (İsra, 17/36) buyurmaktadır.

Su-i zandan şiddetle kaçınmalıdır.

5- Tarikat-ı Muhammediye, s. 211-214.
6- Gazalî'den Vaazlar, s. 427.
7- İhya-yı Ulûm-id Din, c. 6, s. 530.

Peygamber Efendimiz:

"Muhakkak Allah, Müslümanın kanını, malını ve hakında kötü zan yapmayı haram kılmıştır."[7] buyurmuştur.

Müslümanlara, insanlar hakkında, zan, şüphe ve evham ile bir karara varmamaları öğütlenmiştir.

Tecessüs

Tecessüsün mânâsı; kulları, Allah'ın örtüsü altında bırakmamak, onların gizli taraflarını öğrenmeye çalışmak, görülmüş veya duyulmuş olan bir şeyin, iç yüzünü araştırmak, demektir.

Gıybet, su-i zan ve tecessüs aynı âyet-i kerîmede yasak kılınmıştır.

"Ey inananlar! Zannın çoğundan sakının, zira zannın bir kısmı günahtır. Birbirinizin suçunu araştırmayın -etcessüste bulunmayın-, kimse kimseyi çekiştirmesin; hangi biriniz ölü kardeşinin etini yemekten hoşlanır?" (Hucûrat, 49/12)

Kalbinde su-i zan bulunan kişi, bu zanla yetinmeyip ayrıca araştırmak ve hüküm vermek de ister.

Müslümanların noksanlıklarını araştırmak, teşhir etmek onlara eziyet verir.

Müslüman, Müslümanların noksanlarını araştırmanın kötü bir davranış olduğunu bilmeli. İster görmüş, ister duymuş olsun, günahı açıklamaktan çekinmelidir.

7- İhya-yı Ulûm-id Din, c. 6, s. 530.

Yalan Söylemek

Allahu Teâlâ yalancılar hakkında Kur'ân-ı Kerîm'de:

"Yalan söylemekte oldukları için de onlara acıklı bir azâp vardır." (Bakara, 2/10) buyurmaktadır.

Bir hadis-i şerifte "Yalan rızkı eksiltir." buyurulmuştur.

Hz. Âişe vâlidemiz:

"Resûlullah'ın ashabına, yalandan daha ağır ve şiddetli gelen bir ahlâk yoktu." demiştir.

Kişi, bir insandan duyduğu şeylerin doğruluğunu öğrenmeden bir başkasına nakletmemeli. Nakledilenlerin doğru veya yalan olduğunu öğrenmeden, aktarmayı Resûlullah -s.a.v.- Efendimiz, haram olan yalandan saymıştır.

Müslüman Yalan Yere Söz Vermemelidir

Cenâb-ı Hakk Kur'ân-ı Kerîm'de:

"Ey imân edenler! Allah ve insanlar arasında verdiğiniz sözleri ve yaptığınız bağlantıları yerine getiriniz." (Mâide, 5/1) buyurmaktadır.

Resûlullah -s.a.v.- Efendimiz de:

"Vaad, borç gibi veya daha üstündür." demiştir.

Cenâb-ı Hak, Kur'ân-ı Kerîm'inde, vâdinde sadık olanları övüyor:

"Muhakkak İsmail vâdinde sadıktı." (Meryem, 19/54)

İmam Birgivî "Niyetinde sözünü tutmamak olmakla beraber vaadini bozmak, yerine getirmemek bir nevî yalandır." demiştir.

İbrahim en-Nehaî'ye sorulmuş:

— Bir kişiye, belirli bir zamanda buluşmak üzere birisi, söz verse, fakat gelmese, acaba ne yapmalıdır?

Cevabı şu olmuştur:

— Gelecek namaz vaktine kadar beklemelidir cevabını vermiştir.

Cenâb-ı Hak Kur'ân-ı Kerîm'de:

"Herhangi bir şey için, Allah'ın dilemesi dışında: 'Ben yarın onu yapacağım.' deme." (Kehf, 128/24) buyurmaktadır.

Söz verirken "inşaallah" -Allah dilerse- sözünden kesinlik mânâsı anlaşılırsa -bir mazeret olmadıkça- bu söze vefâ göstermek gerekir.

Kişi Söz Verirken Tutmamaya Niyetli İse Bu Nifakın Ta Kendisidir

Resûlullah -s.a.v.- Efendimiz bu hususta:

"Üç şey kimde bulunursa -oruç da tutsa, namaz da kılsa ve kendisini Müslüman da sansa- o münâfıktır: Konuştuğu zaman yalan söyleyen, söz verdiği zaman sözünden cayan, itimat olunduğu vakit emanete hıyanet eden." buyurmuştur.

Bu tehditler, söz verirken yapmamaya azimli olan veya özürsüz yere vâdinde durmayan kimseler hakkındadır. Ama verdiği sözü yerine getirmeye azimli olup da özrü sebebi ile ifa edemeyenler -görünüşte münafık gibi iseler de- münafık olmazlar. Bununla birlikte, kişinin, münafıklığın hakikatinden kaçındığı gibi şeklî münafıklıktan da kaçınması icâb eder. Mecburiyet dışında kendisini mazur göstermeye kalkışması doğru değildir.[8]

8- İhya-yı Ulûm-id Din, c. 6, s. 464-467.

Bir hadis-i şerifte de şöyle buyurulmuştur:

"İnsanları güldürmek için yalan söyleyenlere yazıklar olsun."

Başkalarını güldürmek için dahi yalan söylememeli.

Çocuğa da Yalan Söylememeli

Konuşmalarımızdan, çocuklara karşı da sorumluyuzdur. Çocukları yalan hususunda eğitmenin ne kadar erken yaşlarda başlamalı. Bunu bize hatırlatan bir haberi, Amr'ın oğlu Abdullah şu şekilde anlatmıştır:

"Peygamber Efendimiz, bizim evimize geldi. O zamanlar küçücük bir çocuktum. Oynamak için sokağa çıkmaya hazırlanıyordum. Annem:

– Ey Abdullah! Gel, sana bir şey vereceğim, dedi.

Resûlullah -s.a.v.- Efendimiz sordu:

– Sen ona ne vereceksin?

Annem:

– Hurma verecektim, cevabını verdi:

Resûlullah -s.a.v.-:

"Dikkat et! Eğer ona hurma vermeyecek olursan, senin bu söylediğin defterine yalan olarak geçer." buyurdu.

Çocuğa yalandan verilen söz veya korkutmak için ileride ceza vermekten bahsetmek mübah olan yalanlardan sayılmıştır. Bunun gibi yerlerde mübah olan -yalan- da âlimlerce pek uygun bulunmamıştır.

Yalan Yere Yemin Etmek, Çok Günahtır

Peygamber Efendimiz:

"Beş şey için hiçbir keffaret yoktur.

1- Allahu Teâlâ'ya eş -ortak- koşmak,

2- Haksız yere adam öldürmek,

3- Mü'mine bühtan -iftira-da bulunmak,

4- Harpte cepheden kaçmak,

5- Haksız yere bir malı almak için yalan yere yemin etmek. Fakat yalanın ve bühtanın en kötüsü, yalan yere şahitlik yapmaktır." buyurmuştur.

Yalan Söylemeye İzin Verilen Yerler

Yalanın ciddisi ile şakası arasında bir fark yoktur. Ancak üç yerde, ona yakın mânâda yalan söylemek caizdir.

1- Erkeğin karısını hoşnut etmek için yalan söylemesi,

2- Harpte yalan söylemek -çünkü harp hiledir-,

3- İki Müslümanın arasını bulmak için yalan söylemek."

İftira Etmek

İftira; bir kimsenin söylemediği ve yapmadığı bir şeyi yaptı ve söyledi diyerek ona yüklemektir. Yalanın en kötüsü iftiradır.

Bühtanın en kötüsü, Allah ve O'nun Resûlü'ne iftirada bulunmaktır.

Cenâb-ı Allah, Kur'ân-ı Kerîm'de:

— *"Allah'a karşı yalan uydurandan veya hak kendisine gelmişken onu yalanlayanlardan daha zalim kimdir? Kâfirlere cehennemde barınacak yer mi yok?"* (Ankebut, 29/68) buyurmaktadır.

Allahu Teâlâ, iftira için de:

"O vakit ki onu -iftirayı- dillerinizle karşılayıp kabul ediyordunuz. Kendisine sizin bilginiz olmayan şeyi ağızlarınızla söylüyordunuz ve onu kolay sanıyordunuz. Halbuki o, Allah katında pek büyüktür." buyurmaktadır. (Nur, 24/15)

İftiranın Tövbesi

— İftirayı terketmeye azmetmek,

— İftira ettiği kimseyle -mümkünse- helâlleşmek,

— Evvelce bu iftirayı kimlerin yanında söylemişse, onların yanında iftirada bulunduğunu ifade etmektir.[9]

Haset

Resûlullah -s.a.v.- Efendimiz, Müslümanların hasetten son derece uzak durmalarını tavsiye etmiştir. Haset, ancak bir nimete karşı yapılır. Hased edici, toplumdan sevmediği bir kimsede bulunan, nimeti hoş görmez.

Haset, kişiyi ve toplumu tedirgin eden bir duygudur.

Haset, kısaca; bir nimeti olan kimsenin elinden o ni'metin çıkıp gitmesini temenni etmek, bazen de bunun için çaba sarfetmek olarak tarif edilir.

Haset, kişinin gönlüne düşer fakat içinde bundan dolayı bir hoşnutsuzluk oluşursa bunda bir beis yoktur. İçinde bun-

---

9- Tarikat-ı Muhammediye, s. 309.

dan dolayı bir hoşnutsuzluk hissetmez de, ondaki nimetin elinden gitmesini veya nimetin ona ulaşmamasını isterse, bu duygunun gereği ile amel eder ve bu duygunun bir kısım alâmetleri hareketlerinde belli olursa, bu haram olan bir hasettir. Hasedin, gereği ile amel etmez ve eseri hareketlerinde görülmezse, hased, kişinin sadece kalbinde varsa bu da hasettir; ancak haramlığında ve sahibinin günahkâr olup olmadığından ihtilaf edilmiştir."

Bir hadis-i şerifte:

– "Muhakkak Cenâb-ı Hakk'ın verdiği nimetlerin de düşmanları vardır. Bunlar da Allah Teâlâ'nın kendi fazlı kereminden verdiği kimselere haset eden, onları çekemeyenlerdir."

Başka bir hadis-i şerifte:

– "İhtiyaçlarınızın yerine getirilmiş olduğunu gizlemekte yardım talep ediniz. Çünkü her nimet sahibi haset edilir."[10] buyurulmuştur.

Hased Etmenin Zararları

– Haset, gıybet etmek, yalan söylemek, sövmek vs. gibi günahlara da sebep olur.

– Hasetçilik, şefaatten mahrum olma sebeplerindendir.

Bir hadis-i şerifte:

– "Hasetten sakınınız! Çünkü haset, ateşin odunu yemesi gibi iyilikleri yer bitirir." buyurulmuştur.

– Haset, tâat ve ibâdeti bozar.

10- İhya-yı Ulûm-id Din, c. 7, s. 78, 82.

Haset Ancak İki Şeyde Caizdir

– Bir kişi ki, Allah ona mal vermiş, o da bu malı hak yolda sarfediyordur.

– Bir kişi ki, Allah ona ilim vermiş, o da kendisine verilen ilimle amel ediyor ve o ilmi halka öğretiyordur."[11]

Bir kimse haset ettiği kimsenin nimetinin yok olmasını istemez de kendisi için o nimetin bir mislini talep ederse bu haset değil, gıpta ve güzel şeyi arzu etmektir; haram sayılmaz. Bilakis dinî hususlarda güzeldir, dünyevî hususlarda ise istenilmeyen bir hırstır."

– Başkasının elinde bulunanların mahvolmasını istemeden, onun serveti gibi bir servete sahip olmayı arzu etmekte de bir beis görülmemektedir.

Cenâb-ı Hakk Kur'ân-ı Kerîm'de:

"Onun -içinde şarap bulunan kabın- mührü misktir. Artık imrensin imrenecekler..." (Mutaffifin, 83/26) buyurmaktadır.

Hasedin Mertebeleri

1- Haset ettiği kimsenin, elindeki nimetin ister kendi eline geçsin, ister geçmesin yok olmasını istemektir. Hasedin en kötü olanı budur.

2- Haset ettiği kimsenin elindeki nimetin, kendi eline geçmesini istemektir. Meselâ, birinin güzel bir evi varsa kişinin, bu ev benim olsaydı, demesi gibi. Arzusu o nimete sahip olmaktır. Sıkıldığı hususu, nimetin kendisinde olmamasıdır, başkasının o nimetle nimetlenmesi değildir.

11- İhya-yı Ulûm-id Din, c. 7, s. 79-94.

3- Haset ettiği kimsenin elindeki nimetin aynının veya benzerinin kendisinde olmasını istemektir. Şayet o nimet veya benzeri eline geçmeyecekse, başkasının da ona sahip olmasını arzu etmemektir.

4- Haset ettiği kimsenin elindeki nimet gibi bir nimetin kendi elinde de olmasını istemek, fakat onun elindeki nimetin yokluğunu arzu etmemektir. Bu kısım dünyalık hususunda ise affedilmiştir. Din hususunda ise menduptur. Cenâb-ı Hakk Kur'ân-ı Kerîm'de:

"... Allah'ın bazınıza diğerinden fazla verdiği şeyleri temenni etmeyin." (Nisa, 4/32) buyurmaktadır.

Bu sebeple başkasına verilenin aynısını değil de benzerini temenni etmek yerilmemiştir, aynısını temenni etmek yerilmiştir.[12]

Haset, Kişinin Dinine ve Dünyasına Zarar Verir

– Haset etmenin dindeki zararı; Allah'ın takdirine râzı olmamak, O'na asi olmak, kullarına lütfettiği nimeti beğenmemek, adaletine baş kaldırmak ve bu yüzden Allah'tan -c.c.- gelen şeyleri inkâr edip mü'minlere kötü fikir ve fena niyet beslemektir ki, bunların hepsi de haramdır.

– Haset etmenin dünyadaki zararı gam, keder, üzüntü ve ruhî sıkıntı hissetmektir.

Haset edilene bir zararı yoktur. Çünkü kişinin haseti ile o nimet ondan ayrılmaz, ayrıca günahkâr da olmaz.[14]

12- İhya-yı Ulûm-id Din, c. 7, s. 89-98.
14- Tarikat-ı Muhammediye, s. 188.

Hased Hususunda Faydalı Amel

Kişi, nefsine hasedinin telkin ettiği şeylerin zıddını zorla yaptırmalıdır. Meselâ; hasedi onu bedduâ etmeye sevk edecek olsa dahi o, haset ettiği kimsenin elinde bulunan nimetin artması için duâ etmelidir.

Hırsızlık

Hırsızlık; başkasına ait bir malı gizli yoldan haksız olarak almaktır. Sahibinin rızâsını almadan insan hakkına saldırmadır.[15]

Kur'ân-ı Kerîm'de:

"Erkek hırsızla kadın hırsızı –haksız yoldan elde ettiklerine bir ceza ve Allah'ın -insanlara- ibret verici bir azabı olmak üzere– ellerini kesin! Allah mutlak galiptir, yegâne hüküm ve hikmet sahibidir. Fakat -hırsız- yaptığı o haksız hareketinden sonra tövbe edip -dönüp yapar-, kendisini düzeltirse, şüphesiz ki Allah onun tövbesini kabul eder. Çünkü Allah çok bağışlayan ve çok merhamet edendir." (Maide, 5/38-39) buyurulmaktadır.

İslâm hukukunda şartlar gerçekleştiği takdirde, hırsıza gerekli görüleni, adalet ölçülerini, insaf çerçevesini, merhamet ve şefkat sınırlarını aşan bir ceza olarak görmemelidir. Hırsızlığın cezası âyete dayanmaktadır. Allah ise yegâne hüküm ve hikmet sahibidir. Her suça takdir edilen cezanın en uygununu O bilir.

"Can ve mala tecavüz edilir de onların cezası alenî ifa edilirse, diğer insanlar bundan ibret alırlar. Dolayısıyla o ce-

---
15- Celal Yıldırım, Büyük Günahlar, c. 1, s. 61.

zaya çarptırılmamak için güzel ve doğru yolu kendilerine şiar edinirler."[16]

Başkasının az veya çok olsun malını, haksız olarak ve rızâsı olmayarak almak, yani çalmak veya gasbetmek haramdır.

Hümeze-Lümeze

Kur'ân-ı Kerîm'de:

"Arkadan çekiştiren, gözü ile kaşı ile eğlenen her bir kimsenin vay haline..." (Hümeze, 104/1) buyurulmaktadır.

Hümeze-lümeze sıfatları üzerinde farklı mânâ ve yorumlarda bulunulmuştur.

İbn-i Abbas -r.a.- "hümeze"yi söz götürüp getiren, "lümeze"yi ise durmadan kusur arayıp suçlamada bulunan iftiracı olarak tefsir etmiştir.

İbn-i Zeyd'e göre: Hümeze, insanlara eliyle dokunup hakaret eden ve onları davranışlarıyla incitendir. Lümeze; insanlara sözle hakaret edip haksız yere ayıplayandır.

Koğuculuk

Yüce Allah -c.c.- Kur'ân-ı Kerîm'de:

"Ve itâat gösterme her çok yemin edene, adi fikirli olana. Daima kusur arayana laf götürüp getirene." (Kalem, 68/10-13) buyurmaktadır.

Resûlullah -s.a.v.- Efendimiz, "Cennete nemmam -koğucu- giremez." buyurmuştur.

16- Mustafa Uysal, Mülteka el-Ebhur, c. 2, s. 303.

Nemime ismi, en çok başkasının sözlerini, kimin aleyhinde konuşulmuş ise ona nakletmekte kullanılır.

Koğuculuk daha ziyâde koğuculuğu yapılan insana bir kötülük gelmesini istemekten veya kendisine haber götürülenin sevgisini kazanmak için yapılır.

Hikmet ehlinden bir kişiyi, arkadaşlarından biri ziyaret etmiş ve ziyaretçi hakîme bazı dostlarından hoş olmayan haberler vermiş. Bunun üzerine hakîm ziyaretçiye:

"Sen ziyareti geciktirdin ve üç musibeti birden getirdin:

1- Kardeşimi, bana hor ve kötü gösterdin.

2- Böyle şeylerden boş olan kalbimi meşgul ettin.

3- Emin olduğum nefsini, benim yanımda şüpheli kıldın.

Koğuculuk; şahit olunan bir olay veya işitilen bir sözü, kötülük ve fesat maksadı ile başka yerlere yaymaya ve nakletmeye denir. Fakat bir kimsenin kurduğu tuzak ve hileden insanları kurtarmak, zulme engel olmak için haber vermek, koğuculuk sayılmaz. Bir hadis-i şerifte:

"Allah katında en sevimliniz, ahlâkı en güzel olanınız, halk ile güzel geçinip ülfet eden ve ülfet edileninizdir. Allah katında en sevimsiz olanınız da insanlar arasında laf getirip götüren, dostların arasını açmak için çalışan ve temiz insanlarda kusur arayanınızdır."[17] buyurulmuştur.

Israrcılık

Günahlar ve menedilen şeyler üzerinde ısrar etmek, kötü ahlâktandır.

Günah ve yasaklanan şeyleri içten sevmek, tasvip etmekte ısrarı ifade eder.

17- İhya-yı Ulûm-id Din, c. 6, s.546-552.

Fakat, araya pişmanlık girerse, bu hal bir günde yetmiş defa sadır olsa bile, ısrar sayılmaz."

"Israrın karşıtı, Allah'a dönmek ve tövbe etmektir."

İnat

İnat, çirkin bir huydur. Doğru olanı bilindiği halde, hakkı inkâr etmektir. İnatçı, tartışmada, kurala aykırı olarak ağız kalabalığı ile karşısındakini alt etmeye çalışır.

Mâlâyani -Boş ve Faydasız Yere- Konuşmak

Resûlullah -s.a.v.- Efendimiz:

"Mâlâyaniyi, yani boş ve faydasız işleri terketmek kişinin Müslümanlığının güzelliğindendir." buyurmuştur.

"Kulun en değerli sermayesi vakitleridir. Kul, vaktini boş yere harcar ve âhiret için bir sevap hazırlamazsa, sermayesini tüketmiş, iflas etmiş olur."

Muvarrak el-Acelî şöyle demiştir:

— "Yirmi senedir bir dâvâ peşinde koşuyorum, fakat hâlâ muvaffak olmuş değilim. Bununla birlikte yine de peşini bırakmayacağım."

Dâvâsının ne olduğu kendisine sorulduğunda:

— "Beni ilgilendirmeyen şeyler hakkında konuşmamak; sükût etmek istiyorum, cevabını vermiştir."[18]

Meselâ, seyahatini, seyahat esnasında görülen şeyleri, yiyecekleri, içecekleri, giyilen elbiseleri vs. uzun uzadıya an-

---

18- İhya-yı Ulûm-id Din, c. 6, s. 390.

latmak mâlâyâniye girer. Bunun gibi, mühim olmayan şeyleri sormak da bu türdendir. Mahzun olan kimsenin üzüntüsünü gidermek, çocukları veya ana babası ölmüş kimseyi teselli etmek, güzel geçinme yolunu sağlamak gayesi ile konuşmak, yolculuğun veya herhangi bir işin ağırlık ve sıkıntısını hissettirmemek için derin mevzulara dalmak da bir sakınca görülmemiştir. Böyle yerlerde mizah yapmak hatta müstehaptır. İyi niyetle yapılan bu türden konuşmalar mâlâyani olmaktan çıkar."

Cenâb-ı Hak Kur'ân-ı Kerîm'de:

"Onların fısıldaşmalarının birçoğunda hayır yoktur. Ancak sadaka vermeyi veya bir iyilik yapmayı, yahut insanların arasını düzeltmeyi emreden müstesna." (Nisa, 4/114) buyurmaktadır.

Resûlullah -s.a.v.- Efendimiz:

"Müjde o kimseye ki, sözünün fazlasını tutmuş ve malının fazlasını Allah yolunda infak etmiştir." buyurmuştur.

Kul, maksadını bir kelime ve bir cümle ile ifade edebilecekse, kulun bundan fazlasını konuşması, günah ve zarar olmasa da fuzulî bulunmuştur.

"İhtiyaç miktarından fazla söz söylemek, müşkil meseleler hakkında geniş izahlarda bulunmak maksadıyla olursa fuzulî olmaktan çıkar. Özellikle anlayışı kıt olanlara karşı teferruatlı konuşmak, vaaz, nasihat, eğitim ve öğretimde bazı meseleleri tekrarlamak çok faydalıdır.

İhtiyaç olmayan yerlerde ise, veciz ve derli toplu konuşmak müstehaptır."[19]

19- İhya-yı Ulûm-id Din, c. 6, s. 398-401.

Fahiş Konuşmak

Resûlullah -s.a.v.- Efendimiz:

"Fahiş konuşmaktan sakınınız. Çünkü Cenâb-ı Hak fahiş konuşmayı ve fahiş konuşmaya zorlanmayı sevmez." buyurmuştur.

Fahiş konuşmak, çirkin şeyleri açık sözlerle ifade etmektir. Bunlar umumiyetle cinsî münasebet ve bununla alâkalı sözlerdir. Ahlâkı bozuk insanların bu hususta kullandıkları çok çirkin ve çok açık tâbirler vardır. Salih kimseler bu sözlerden nefret ederler.

Ölçüyü aşan, ahlâka, törelere aykırı tabirleri kullanmak ihtiyaç hissedilmedikçe mekruhtur. İhtiyaç anında ise kapalı bir şekilde ifade etmeye dikkat etmelidir.

Terimlerin fahişlik dereceleri farklıdır. Bazıları bazısından daha fahiştir.

Peygamber Efendimiz "Fuhuş ve karşılıklı fahiş söz sarfetmenin İslâmiyet'te yeri yoktur. İslâmiyet bakımından insanların en güzeli, ahlâkı en güzel olanıdır." buyurmuştur.

"İnsanı fahiş konuşmaya teşvik eden, ya muhatabına eziyet vermek isteği veya kötü ve fasık kimselerin beraberliğinden elde edilen kötü alışkanlıklarıdır."[20]

Sövmek -Dil ile Yermek-

Sövmek, fena tabiatlı insanların âdetidir.

Bir hadis-i şerifte:

"Sövüşenlerin sözlerinden doğan günah ilk sövenin üzerinedir. Mazlum sövmekte haddi aşıncaya kadar. -O zaman ikisi de günahta ortaktır.-" buyurulmuştur.

20- İhya-yu Ulûm-id Din, c. 6, s. 422-428.

Bu mazlumun ancak "Ya cahil!" "Ya ahmak!" gibi mukabele edilmesi caiz olan şeyler söylemesinde böyledir. Ama "Ey zinakâr!" gibi mukabele edilmesi caiz olmayan şeyler söylerse hüküm farklıdır. Aslında ilk sövmeye başlayanın günahı fazlaysa da sövüşenlerin ikisi de günahkâr olurlar.[21]

Bir başka rivâyette ise:

"En büyük günahlardan biri de kişinin annesine babasına sövmesidir." buyurulmuştur. "İnsan annesine babasına söver mi?" diyenlere Peygamber Efendimiz:

"Kendisi başkasının babasına küfreder, başkası da onun babasına küfreder."[22] buyurmuştur.

Müslüman her zaman diline sahip olan kimsedir. Ne hayatta olanlara ne de ölülere söver, daima güzel ahlâkın öngördüğü şekilde yaşar.

"Dine, imâna, kitaba, peygambere, mezhebe, Kâbe'ye, ashaba vs. sövmek; Müslümana gâvur oğlu gâvur, gâvurun kızı, gâvurun karısı, Azrâil suratlı, zebâni kılıklı gibi sözler sarfetmek, dinden çıkmaya sebep olur."[23]

Lânetlemek

Resûlullah -s.a.v.- Efendimiz:

"Mü'min lânet etmez." buyurmuştur.

"Lânet etmek, ister insan, ister hayvan, isterse bitkilere olsun ayıplanmış, kötü görülmüştür."

Bir hadis-i şerifte:

21- Tarikat-ı Muhammediye, s. 329.
22- İhya-yı Ulûm-id Din, c. 6, s. 430.
23- Âmentü Şerhi, s. 57.

"Mü'mine lânet etmek onu öldürmek gibidir." buyurulmuştur.

"Lânet, Allah'tan kovulmak ve uzaklaşmak mânâsına gelir. Ancak, Allah'tan uzaklaşmayı gerektiren birtakım sıfatlara sahip olan kimselere lânet etmek caizdir. Aksi halde caiz değildir. Bunlar da küfür ve zulüm vasıflarıdır."

Meselâ; "Allah'ın lâneti, zâlimlerin ve kâfirlerin üzerine olsun." denmesi gibi.

Lânet ederken muhakkak dinin Kur'ân ve hadiste belirtilen lafızlarına uyulmalıdır.

Lâneti Gerektiren Sıfatlar

1- Küfür,

2- Bid'at,

3- Fısktır.

Belirli bir şahsı lânetlemek çok tehlikelidir. Meselâ; hayatta olan bir kişi için, "Allah lânet etsin, o kâfirdir veya fasıktır veya bid'at sahibidir." sözü gibi. Çünkü o kişinin durumunda her an bir değişiklik olabilir. Meselâ, kâfir olan biri müslüman olup o şekilde ölebilir.

Fakat şer'an küfrü sabit olan kimseyi lânetlemekte mahzur yoktur, bu caizdir. "Allah'ın lâneti Firavun'un ve Ebû Cehil'in üzerine olsun!" gibi. Bunların küfür üzere öldükleri sabittir.

Küfür üzerinde öldüğü bizce görülen bir kimseye, eğer ölenin yakını rahatsız olacaksa lânet okumak doğru olmaz.[24]

24- İhya-yı Ulûm-id Din, c. 6, s. 431-437.

Bir hadis-i şerifte:

"Lânet ediciler, kıyâmet günü ne şefaatçi ne de şahit olurlar." buyurulmuştur.

İyice araştırmadan emin olmadan bir Müslümanı fısk veya küfürle karalamamalıdır.[25]

İmam Birgivî "Mü'mine en uygun olan hiçbir şeye lânet okumamasıdır. Cenâb-ı Allah, İblis dahil hiçbir şeye lânet etmemizi bize vacip kılmamıştır." demiştir.

Mira' ve Cedel -Münakaşa Etmek

Mira', bir eksikliği, bir kusuru belirtmek suretiyle bir kimsenin konuşmasına yapılan herhangi bir itiraz demektir. Bu belirtilen eksiklik, kusur ya gramer yönünden, ya mânâda veya konunun ana fikrinde olur.

Mira'yı terketmek, ancak muhatabın konuşmasına yapılması düşünülen itirazdan vazgeçmekle mümkün olur. Bu, ilmî bir meselede ise buna cedel adı verilir ki, bu da ayıplanmıştır.

Bu konuda mü'mine yakışan, bir söz dinlediği zaman, hak ise onu tasdik etmesidir. Eğer o söz bâtılsa, onun bâtıl olduğunu ortaya koymalı, kabul olunacağını ümit ediyorsa doru olanı anlatmalıdır. Böyle yapmak, kişileri bir nevi kötülükten menetmek sayılır."

Resûlullah -s.a.v.- Efendimiz:

"Kim tezinde haksız olduğu halde itiraz ve münakaşayı terkederse cennetin kenarında ona bir ev yapılır. Haklı olduğu halde terkederse cennetin ortasında ona bir ev yapılır. Ve

---

25- Tarikat-ı Muhammediye, s. 328.

kim de münakaşa ve münazarada ahlâkını güzelleştirirse, cennetin en yüksek kısmında ona bir ev yapılır." buyurmuştur.

Mücadele, kalpleri katılaştırır, kin ve nefret doğurur.

"Her mücadelenin keffareti, iki rekât namazdır."[26]

Mücadele; başkasını susturmak maksadından ibarettir. Gaye, onu sözlerinde küçük düşürmek, cahil ve kusurlu tanıtmaktır.

Resûlullah -s.a.v.- Efendimiz bir gün;

"Hidâyet üzere bulunduktan sonra hiçbir kavim sapıtmamıştır. Ancak cedele -kendi tezini haklı haksız şiddetle savunan ve hasmını küçük düşürmek için lüzumsuz delile- sapanlar sapıtmışlardır." buyurmuş, sonra;

Sonra Resûlullah -s.a.v.- Efendimiz şu âyeti okumuşlardır.

"*Bizim tanrılarımız mı hayırlı, yoksa o mu, dediler. Bunu sadece tartışma için sana misal verdiler. Doğrusu onlar kavgacı bir toplumdur.*" (Zuhruf, 43/58) âyet-i kerîmesini okumuştur.

Eğer kişi giriştiği tartışma ile hakkı meydana çıkarmayı amaçlıyorsa -ki böyle yapanlar çok nadirdir- o zaman münakaşa caiz, hatta menduptur. Zira Cenâb-ı Allah Kur'ân-ı Kerîm'de: "-Habibim- Sen onlarla mücadelenin en güzel -şekil ve usûlu ile- mücadele et." buyurmaktadır.[27]

26- İhya-yı Ulûm-id Din, c. 6, s. 405, 406.
27- Tarikat-ı Muhammediye, s. 335.

Mizah -Gülmece-

Resûlullah -s.a.v.- Efendimiz:

"Kardeşinle mücadele etme! Onunla şakalaşma!"

Peygamber Efendimiz tarafından burada yasaklanan husus, şakada aşırıya kaçmak veya devamlı olarak şakalaşmaktır. Onun için mizah ve şakada haddi aşmamak gerekir.

Şakacılığa devam, oyun ve eğlence ile meşgul olmaktır. Oyun mübahtır, fakat devamlı olanı kerih görülmüştür.

Şakada aşırılık, fazla gülmeyi gerektirir. Fazla gülmek de kalbi öldürür. Bazı hallerde de kin tutmaya sebep olur. Heybeti, vakarı ve hürmeti giderir. Bu nedenle aşırılık tasvip edilmemiştir.

Resûlullah -s.a.v.- Efendimiz:

"Evet, ben de şaka yaparım. Fakat sadece gerçek olanı söylerim." buyurmuştur.

Gülmede yerilen, alabildiğine kahkaha şeklinde olanıdır. Tebessüm caizdir. Tebessüm, ses çıkarmadan dişlerin görülebileceği tarzda olan gülmedir. Buna gülümseme de denir.

İslâm'da şaka, İslâm'ın meşru kıldığı hak dairesinden çıkmamak şartı ile caizdir.

Resûlullah -s.a.v.- Efendimiz şaka yapardı ama şakasında sadece gerçeği söylerdi.

Peygamber Efendimiz, çocukları sevindirmek yaşlıların gönlünü almak için ara sıra ashabı ile ara sıra da hanımları ile şakalaşmıştır. Hz. Âişe -r.anhâ- anlatmıştır:

"Yolculuklarının birinde Nebî -s.a.v.- ile beraber bulundum. Ben o zaman zayıftım, fazla kilom yoktu. Resûlullah -s.a.v.- beraberindekilere 'İlerleyin!' dedi. Onlar da ilerlediler. Sonra bana:

'Haydi gel seninle yarışalım.' dedi. Yarıştık ve O'nu geçtim. Bunun üzerine O sustu. Zamanla ki ben kilo aldım ve şişmanladım, o hâdiseyi de unuttum. Yine bir yolculukta O'nunla beraber çıktım. Etrafındakilere:

'İlerleyin!' dedi, onlar da ilerlediler. Sonra bana:

'Haydi gel seninle yarışalım.' dedi. Yarıştık, bu sefer de o beni geçti ve gülmeye başladı, ardından da 'Bu o yarışmanın karşılığıdır.' buyurdu."

Gerçeğe uygun, yalana dayanmayan, eğitici olup muhatabı incitmeyen, devamlı olmayıp ara sıra yapılan şakalarda sakınca yoktur.

Şaka ve mizah hususunda bir yasaklama olmayıp sınırlandırma bulunmaktadır.

Hz. Ömer -r.a.- bir gün yanında bulunanlara sormuş:

— Mizaha neden mizah denildiğini biliyor musunuz?

— Hayır! Bilmiyoruz, demişler.

Hz. Ömer:

— Çünkü o -mizah- sahibini haktan kaydırır. Onun için ona kaydırmak mânâsına gelen "mizah" kelimesi isim olarak verilmiştir, cevabını vermiştir.

İslâm'ın şakadan murat ettiği, hak dairesinden çıkmayan şakalardır.

Kahkaha ile Gülmek

Cenâb-ı Hak Kur'ân-ı Kerîm'de:

"Güldüren de ağlatan da odur." buyurmaktadır.

Ağlamak, gülmek, Allah'ın yarattığı insanlara has duygulardandır. Fakat İslâm'da gülmek sınırlandırılmıştır. Yersiz ve zamansız, devamlı kahkaha ile gülmek ve güldürmek hoş karşılanmamıştır.

Resûlullah -s.a.v.- Efendimiz:

"Eğer benim bildiğimi bilseydiniz, muhakkak çok ağlar az gülerdiniz." buyurmuştur.

Bazıları nasıl mümkünse o yoldan halkı güldürmeye çalışır. Güldürmek için yapılan konuşmada da dikkatli olmalıdır.

Alay Etmek

Alay, küçük düşürücü ve güldürücü hareketlerle birisinin ayıp ve kusurlarını açığa çıkarmak, o kişiyi eğlenceye almak demektir. Bu; söz, hareket, işaret ve ima ile olabilir.

"Eğlence ve alaya alma, bir kimseye eziyet verdiği zaman haramdır."

Cenâb-ı Hak, Kur'ân-ı Kerîm'de:

"Ey imân edenler! Bir kavim diğer bir kavimle alay etmesin. Umulur ki alay edilenle, alay edenlerden daha hayırlı olabilir. Kadınlar da kadınlarla alay etmesinler. Umulur ki, alaya uğrayan kadınlar, alay eden kadınlardan daha hayırlı olabilir." (Hucurat, 49/11) buyurmaktadır.

Güzel ahlâk sahibi bir Müslüman, insanları küçük görmek ve onlarla alay etmekten uzak durur.

Peygamber -s.a.v.- Efendimiz:

"Kim din kardeşini tövbe ettiği bir günahından dolayı ayıplarsa, o günah ile müptelâ olmadan ölmez."[29] buyurmuştur.

Bir Kimseye Kötü Lâkap Takmak

Lâkap, övmeyi veya yermeyi belirten bir isim veya vasıftır.

Bir Müslümanın diğer bir Müslümana onun hoşlanmayacağı tarzda hitap etmesi caiz değildir.

Cenâb-ı Allah Kur'ân-ı Kerîm'de:

"Birbirinizi kötü lâkaplarla çağırmayın. İmândan sonra fasıklık ne kötü addır. Kim -Allah'ın yasak ettiği şeylerden- tövbe etmezse onlar zâlimlerin ta kendilerdir." (Hucûrat, 49/11) buyurmaktadır.

Ama güzel lâkap caizdir. Kötü takılan lâkapla tanınma zarureti varsa, o takdirde takılan o lâkapla çağırmakta bir beis yoktur.

Hz. Hamza'ya "Allah'ın arslanı" ve Hz. Halid İbn Velid'e "Seyfullah -Allah'ın kılıcı-" denmesi gibi kişileri hoşlanacakları güzel bir lâkapla anmak hoş bulunmuştur.

29- İhya-yı Ulûm-id Din, c. 6, s. 462.

Hile Yapmak

Müslüman aldatmaz ve ihanet etmez.

Müslim'in bir rivâyetinde zikredildiğine göre Resûlullah -s.a.v.- bir yiyecek küfesinin önünden durup elini küfeye soktuğunda parmaklarına bir yaşlık geldi. Bunun üzerine küfe sahibine sordu:

— Bu nedir? Adam:

— Yağmur yağdı yâ Resûlallah, cevabını verdi. Peygamberimiz:

"İnsanlar görsün diye -yaşlığı- yiyeceğin üstüne getiremez miydin? Bizi aldatan bizden değildir." buyurdu.[30]

Resûlullah -s.a.v.- Efendimiz, hile ve sahtekârlığı şiddetle kınamıştır.

Kaba Söz Söylemek

Allahu Teâlâ, Kur'ân-ı Kerîm'de:

"Eğer kaba ve katı kalpli olsaydın, şüphesiz etrafından dağılıp giderlerdi." (Âl-i İmrân, 3/159) buyurmaktadır.

Sevgili Peygamberimize:

— "Yâ Resûlallah! Öyle bir şeyden haber ver ki, o bize cenneti gerekli kılsın." denildiğinde:

— "Cenneti gerektiren şey; Allah rızâsı için yedirmek, tanıdık tanımadık her Müslümana selâm vermek ve bir de -kaba sözden kaçınıp- güzel konuşmaktır." buyurmuştur.[31]

30- İhya, c. 4, s. 67.
31- Tarikat-ı Muhammediye, s. 370.

Fitne -Kargaşa-

Fitne, dinî bir faydası olmaksızın nefsi ıztırap, sıkıntı ve belaya düşürmektir. Meselâ; halkı ayaklanmaya sevkedip karışıklık çıkarmak, ana babaya karşı gelmek, iki kişinin arasını bozmak, sözü gereğinden fazla uzatmak, maksadı anlaşılmayacak şekilde konuşmak gibi söz ve hareketlere birer fitnedir. İnsanlara seviyelerine göre hitap etmelidir.

Kişinin düşünce ve çalışmalarında ölçülü olmadığı için bir meselede hata yapması, halka kullanılmayan sözleri hatırlatması, unutulmuş hükümlerle fetva vermesi veya zayıf rivâyetlere dayanması, bundan dolayı ihtilâfa ve karışıklığa sebebiyet vermesi, fitnedir.

Cenâb-ı Hak, Kur'ân-ı Kerîm'de:

"Fitne çıkarmak, adam öldürmekten daha kötüdür." (Bakara, 2/191) buyurmaktadır.

Dinimizde fitne çıkarmak büyük günahlardan sayılmıştır.

Hafif Meşreplik

"Ağırbaşlı olmamaktır. Ahlâken düşük bir seviyede bulunmak demektir. Yolda giderken ya da oturuyorken sağa-sola, gelen-geçen herkese bakmak, söylenen her konuşmayı dinlemeye çalışmak, din ve dünya için lüzumlu olmayan şeyleri sorup öğrenmek, soru ve cevapta acele etmek, bedendeki bazı organları gereksiz yere kımıldatmak, ihtiyaç olmadığı halde sık sık elbiseye yeni bir düzen vermeye çalışmak, bunlarla oynamak, ayakları lüzumsuz yere hareket ettirmek vs. bütün bunlar, hafif meşreplikten ve ahlâkî seviyesizlikten ileri gelir."[32]

Hafif meşreplik, dinimizce hoş görülmemiştir.

32- Tarikat-ı Muhammediye, s. 284.

Acelecilik

Acelecilik, kalpte sabit olan bir düşünceden dolayı dikkatle araştırmadan bir isteğin veya bir işin hemen oluvermesi için, insanı sürate sevkeden bir melekedir. Veya o isteğin bütün gereklerini yerine getirip tamamlamadan, şartlarını oluşturmadan hemen oluvermesi için kişiyi anında harekete geçiren bir arzudur.

Cenâb-ı Hak Kur'ân-ı Kerîm'de:

"İnsan aceleci olarak yaratılmıştır. Size âyetlerimi göstereceğim, bunu benden acele istemeyin." (Enbiya, 21/37) buyurmaktadır.

– Aceleciliğin birinci zararı, gevşeklik ve bezginlik getirmesidir. Bu ise insanı hayırlı, güzel işlerden ayırır, uzaklaştırır, arzusunun yerine gelmemesine vesile olur. Meselâ; hayırlı bir makam veya iş murad edilir. Hemen oluvermesi için de acele edilir. Olmayınca da ya bezginlik ve ümitsizlik veya aşırı bir çaba sonunda nefis yorgunluğu başlar. Neticede kişi arzu ettiğine kavuşamaz. Veya bir kimse bir ihtiyacı için Allah'a duâ eder, duâsının hemen kabul olunmasını ister. Kısa zamanda kabulünü görmeyince duâyı terkeder, böylece isteğinden mahrum kalır.

– İkinci zararı ise takvâyı ve şüpheli şeylerden kaçınmayı yitirmektir. Çünkü takvâ çok dikkatli olmayı gerektirir.

– Aceleciliğin zararlarından biri de niyetin ve onunla ilgili ihlâsın kaybolma ihtimalidir.

– "Aceleciliğin bir başka zararı ise amellerde âdâp, sünnet, vacip hatta farzların yitirilmesiyle amelin noksan kalması veya boşa gitmesidir. Meselâ namazı bitirmek için acele eden kimse, çoğu zaman rükû ve secdeleri gereği gibi yapamaz, zikirleri eksik bırakır, yerlerini değiştirir, bir tesbihi başka birinin yerinde yapar... Bunlar da onun bu amelini noksanlaştırır veya boşa çıkarır.

İnsan bütün işlerini, şimdiki halde olan durumunu ve sonunu düşünerek yapmalıdır.

Teennî -Ağır Davranma- Rahmân'dan, Acele İşe Şeytandandır

Hâtemi, Asem, beş şey müstesna her hususta acele etmek şeytandandır demiştir. Bu beş şey;

1- Misafire yemek yedirmek,

2- Ölüyü techiz etmek,

3- Bekâr kızı evlendirmek,

4- Borcu hemen ödemek,

5- Günahtan tövbe etmektir.

Bu beş hususta acele etmek sünnettir. Geciktirme ve sonraya bırakma âhiretle ilgili hususlarda sözü edilmez.

Resûlullah -s.a.v.- Efendimiz "İyi ameller hususunda acele ediniz." buyurmuştur.

Husûmet -Düşmanlık-

Husûmet, bir mal veya hak iddiası ile alâkalı bir sözde, bir durumda, inat ve ısrar etmektir.

Resûlullah -s.a.v.- Efendimiz "Allah katında en sevilmeyen erkekler, mücadelede ısrar edenlerdir." buyurmuştur.

Husûmette cahilce mücadele eden kimse, bu mücadelesinden vazgeçinceye veya ölünceye kadar Allah'ın gazabındadır.

Haklı bir kimse, haksızlığa uğradığı zaman, hakkını korumak ve aramak için dâvâ açabilir, hakkını arayabilir. Burada yerilen, haksız ve bilgisizce olan husûmettir. Husûmet zihni karıştırır. Kişi namazında dahi düşmanına karşı ileri süreceği delilleri düşünür. Zaruret halinde de kalbi ve dili, husûmetin kötü sonuçlarından korumak gerekir. Bu ise oldukça zordur. Çünkü husûmet, kişiyi bıktırır, gazabı harekete geçirir. Her kötülüğün başlangıcı husûmettir. Onun için terkinde büyük faydalar vardır.

Öyleleri vardır ki, bile bile karşısındakine eziyet maksadıyla hakkından fazlasını ister ve bunda ısrar eder. Bazıları da hakkını meydana çıkarmaya ihtiyacı olmadığı halde, inadından dâvâ açar, tüm istediği hasmına zahmet vermektir. Bu gibi davranışlar yasaklanmıştır.[33]

Dünya Sevgisi

Resûlullah -s.a.v.- Efendimiz:

"Dünya sevgisi her yanlışlığın temeli ve başıdır."

Hz. İsa "Dünya ve âhiret sevgisi bir mü'minin kalbinde su ile ateşin aynı kapta bir arada bulunamayacağı gibi bulunmaz!" buyurmuşlardır.

Rivâyet edilir ki, Cebrâil aleyhisselâm Hz. Nuh'a sorar:

– Ey peygamberlerin en uzun ömürlüsü, sen dünyayı nasıl gördün?

Hz. Nuh cevap verir:

"İki kapılı bir ev gibi... Onların birisinden girdim, diğerinden çıktım."

33- İhya, c. 6, s. 414, 415.

Kur'ân-ı Kerîm'in birçok âyet-i kerîmeleri, halkı dünyadan döndürmeye ve âhirete yönelmeye çağırmaktadır. İmam Gazalî "Belki peygamberlerin maksadı odur. Onlar ancak onun için gönderilmişlerdir." demiştir.

– Hasan Basrî, Halife Ömer b. Abdülaziz'e şöyle bir mektup yazmış:

"Selâm sana, sen bu dünyada en son ölümü yazılan ve ölmüş bulunan bir insan gibisin."

Abbasi Halifesi Ömer b. Abdülaziz de şöyle cevap yazmış: "Sen de dünyada yok olan bir var gibi, âhirette ise hiç yok olmamış gibisin."

Ebû Hâzim, insanın, dünyada mutlak huzur ve rahatı bulamayacağını söylemiştir: "Dünyalıkta seni sevindiren her şeyin karşısında Allah seni mahzun edecek bir şeyi yaratır."

– "Dünyanın helâli hesaptır, haramı azâptır."

Cenâb-ı Hak -c.c.- Kur'ân-ı Kerîm'de:

– *"Biliniz ki, -Allah'a itâat ve âhiret kazancına sarfedilmeyen- dünya hayatı ancak bir oyun, bir eğlence, bir süs, aranızda bir övünme, mal ve evlâtta bir çoğalıştır..."* (Hadid, 57/20) buyurmaktadır.

Dünya İşlerinden Dolayı Üzülmek

Dünya için olan üzüntünün sebebi; bir kimsenin dünyayı sevmesi, bütün arzu ve isteklerinin hasıl olmasını ve devam etmesini istemesinden kaynaklanır. Dünya nimetlerinin elden çıkmasına ne içten içe üzülmeli, ne de nimet gelince aşırı sevinmeli, her halde Allahu Teâlâ'ya şükredici olmalıdır. Cenâb-ı Allah Kur'ân-ı Kerîm'de: *"-Allah bunu- elinizden çıkana tasalanmayasınız, onun size verdiği ile sevinip şımarmayasınız diye -yazmıştır.- Allah çok böbürlenen hiçbir kibirliyi sevmez."* (Hadid, 57/23) buyurmaktadır.

Elinde bulunan dünyalığın elinden çıkmasından korkmak, bundan dolayı kalbinde bir kuşkunun doğması mü'mine yakışmaz.

Üzüntü geçmiş şey için, korku gelecek şey için olur.

Dünya İçin Üzülmenin Sebepleri

Dünya işlerinden korkmak; fakirlik, hastalık veya bir musibete giriftar olmak endişesi ve tasasından doğar:

Fakirlikten korkmak cidden kötüdür. Çünkü fakirlik Peygamberimizin, çoğu peygamberlerin, evliya ve salihlerin hâlidir. Aslında fakirlik bir nimettir ve asıl mutluluğun alâmetidir....

Ayrıca fakirlikten korkmakta, Allah'a karşı su-i zan da vardır.

Fakirlikten korkmanın sebepleri genelde şunlardır:

– Ölüm veya açlık sebebiyle, hastalanıp, günlük geçimin sağlanamamasından korkulur. Bundan dolayı müthiş bir kuşku ve sıkıntı başlar.

Hangi halde bulunursak bulunalım ölüm gelir. Ya ansızın gelir veya mukadder bir sebeple.. Eğer ezelde ölümümüze açlığın sebep olacağı takdir olunmuşsa, ondan elbet kurtuluş yoktur. Eğer açlık sebep kılınmamışsa, açlıktan ölmememize imkân yoktur. Bu çalışmayı bırakmak mânâlarına gelmemeli. Fakir olmayı istememeli ancak fakirliğe sabretmeli ve endişeye düşmemelidir.

– Çalışma ihtiyacından korkulur:

Resûlullah -s.a.v.- Efendimiz ve diğer peygamberler de çalışmışlardır. Çalışıp hayatı kazanmaktan korkmak, riya, kibir veya tembellikten olur. Bunların hepsi de kötülenmiştir. Çalışan insanın, yetecek kadar geçimini temin etmesi çok kere mümkündür.

– Dilenme durumuna düşmekten korkulur.

Dilenmek İslâm'da hoş görülmeyen bir kazanç yoludur. İslâm bunun yollarını kapatmıştır. Resûlullah -s.a.v.- Efendimiz:

"Veren al alan elden üstündür. Üstte olan el infak eden, veren, alttaki ise dilenen eldir." buyurmuştur.

Burada başka kazanç yolu bulması mümkünken dilenen kasdedilmektedir. Zaruri hallerde dilenmek caiz görülmüştür.

– Hastalıktan korkmaya gelince bu, ni'metler içinde yaşamaktan mahrum kalırım endişesinden doğabilir veya ibâdetimi tastamam yapamam ve bu yüzden sevabım noksanlaşır, düşüncelerinden kaynaklanır. Hastalık hallerinde sabırlı olmalı, hastalığın tedavisi ile uğraşmakla beraber Allah'a hamd ve şükürden de geri durmamalı.[34]

Bir hadis-i şerifte:

"Hastanın inleyişi tesbih, bağırışı tehlil, nefes alışı sadakadır. Uykusu ibâdet, bir yerden bir yere götürülüşü Allah yolunda cihaddır. Hasta iken yapamadığı amellerin sevabı sıhhatli iken işlemekte olduğu ibâdetlerin en iyisi gibi yazılır." buyurulmuştur.

– Musibet de kadere bağlıdır. İnsan musibete uğramayı arzu etmemelidir. Ancak musibetlere sabretmek olgun Müslümanlığın alâmetidir.

34- Tarikat-ı Muhammediye, s. 277-279.

Küfran-ı Nimet

Küfran-ı nimet, nimeti örtmek, belirsiz hale getirmek, kimden nasıl geldiğini düşünmemektedir.

Allahu Teâlâ'nın verdiği nimetleri, sevmediği yerlerde kullanmak küfran-ı nimettir.

Ellerin yaratılması, işlerin yapılması içindir. El ile yemek yenir, su içilir, çalışılır vs... El ile günah işlenirse, bu, küfran-ı nimet olur. Meselâ; sol el ile Mushafı tutmak, küfran-ı nimettir. Çünkü Allahu Teâlâ'nın, sevdiği şeylerin dışına çıkılmıştır.

Kibir -Büyüklenme-

Kibir çok yerilmiş bir sıfattır. Allahu Teâlâ, Kur'ân-ı Kerîm'de:

– *"Yeryüzünde haksızlıkla kibirlenenleri âyetlerim -idrak-den çevireceğim."* (A'raf, 7/146) ve, "Hakikat O, büyüklenenleri sevmez." (Nahl, 16/23) buyurmaktadır. Resûlullah -s.a.v.- Efendimiz "Kalbinde hardal tanesi ağırlığı kibir bulunan kimse cennete giremez." buyurarak kibrin ne derece kötü olduğunu çok açık belirtmiştir.

Kibrin Hakikatı

Kibir "iç" ve "dış" -bâtını ve zâhiri- olmak üzere iki kısımdır.

Bâtınî kibir; kişinin başkalarından kendini üstün görmesi, iyi bilmesi ve bundan da kalbinde sevinç havası husule gelmesiyle olur. Kalpte meydana gelen bu havaya kibir denir.

Zâhiri kibir; kalpteki kibrin azâlarda kendini göstermesidir. Bu ise konuşmalarda, oturmada, yürüyüşte, yemek yemede, çeşitli davranışlarda kendini gösterir. Kibrin kaynağı başkalarını hor görmek, hafife almak ve küçümsemektir. Kibir insanı iyi ahlâklardan uzaklaştırır. Pek çok kötü ahlâka da sebep olur.

Kibirli insan hiç kimseye tevazu ile bakmaz. Kin ve hasetten kurtulamaz. Kızgınlığını yenemez. Dilini gıybetten koruyamaz. Hürmet bekler. Yürümekte ve oturmakta öncelik hakkı ister.

Kibir nevilerinin en fenası, hakkı kabul etmeye, engel olanıdır.

Kibrin Belirtileri

Bazen kibir, sahibine de gizli kalır. Hatta o kendisinin kibirden uzak olduğunu zanneder.

Kibrin bir kısım alâmetlerini İmam Birgivî şöyle sıralamıştır:

— Halkın kendisine saygı gösterip ayağa kalkmasını istemek ve bundan dolayı kendi nefsinde bir vicdan azâbı duymamak, bilakis böyle yapmalarından memnun olmak. Eğer içinde böyle bir saygıya karşı isteksizlik hissederse, ondan sadır olan tabîi bir meyil, zarar vermez.

— Ziyaretinden kendisine veya diğer insanlara hayır umsa dahi, bir başkasının ziyaretine gitmemek.

— Hastaların ve sakatların bulunduğu meclise girmekten çekinmek.

— Evinde elini bir işe uzatmamak.

- Elinde öte beri taşımamak.

- Kalitesi düşük elbise giymekten kaçınmak.

Resûlullah -s.a.v.- Efendimiz:

"Eski ve yamalı elbise -giyinmek- imândandır." buyurmuştur.

- Fakirlerin dâvetini kabul etmeyip zengin, şan ve şeref sahiplerininkini kabul etmek.

- Arkadaşı ile giriştiği münazarada hakkı kabul etmemek. Böyle yapması, ya küçümsediği ve hakir gördüğü için arkadaşının sözüne aldırmamaktan, ya da inat ve haksızlık üzerinde ısrar etmekten ileri gelir.[36]

Kibrin Sebepleri

Kibin, kişinin büyüklenmesi, kendisinde kemâl sıfatlardan bir sıfat bulunduğuna inanmasından kaynaklanır.

Bu sıfatlar dînî veya dünyevî olur.

1- İlimdir. İlmin kıymeti Yüce Allah nezdinde büyüktür. İnsanlar nezdinde de büyüktür.

Fakat insan bilmelidir ki Allah'ın ilim ehline karşı hücceti daha kuvvetlidir. Cenâb-ı Hak -c.c.- Kur'ân-ı Kerîm'de:

"Tevrat'ın içindeki emir ve nehiyleri yüklenip de sonra onunla amel etmeyenlerin misali ciltlerle kitap taşıyan eşeğin haline benzer." (Cuma, 62/5) buyurmaktadır.

Âlim, kulun gururlanıp kibirlenmesinin haram olduğunu hiç unutmamalıdır.

36- Tarikat-ı Muhammediye, s. 171.

Âlim kula yakışan, hiç kimseye karşı kibir taslamamaktır. Bir cahile baktığı zaman "Bu Allah'a cehliyle isyan etmiş, ben ilmimle isyan ettim. Bu bakımdan o benden daha azizdir." demeli. Bir âlime baktığı zaman, "Benim bilmediğimi bu bilir, ben onun gibi nasıl olabilirim." demeli. Yaşça kendinden daha büyüğüne baktığı zaman, "Bu benden önce Allah'a itâat ve ibâdete başlamıştır." demeli. Yaşça kendisinden küçüğüne baktığı zaman, "Ben bundan daha önce Allah'a isyan etmişimdir." der. Kendine yaşıt olana baktığı zaman, "Ben kendi halimi biliyorum fakat onun halini bilmiyorum. Malûm olan şey, meçhul olan şeyden hakir görülmeye, daha lâyıktır." demelidir.

Sahabe kendileri için kibirden çok korkarlardı.

2- Amel ve ibâdettir.

Kendilerini ibâdete veren kimselerde kibir illeti ileri derecede olmamakla beraber çokça görülür. Âbid olup da gâflet içinde bulunan kimseler, insanların kendilerine rağbet etmesini, kendilerini vera, tevazu ve takvâ sahibi olarak görmesini ve onların kalblerinde yer etmeyi arzu eder. Bunlardan bir kısmının illeti daha da fecidir, çoğu insanları helâk olmuş ve kendilerini kurtuluşa ermiş olarak görürler.

Resûlullah -s.a.v.- Efendimiz:

"Bir adamın 'İnsanlar helâk oldu.' dediğini duyduğunuz vakit biliniz o, onların en fazla helâkta olanıdır."[42] buyurmuştur.

Âbidlerin birçoğu, birisi kendilerini hafife alsa veya gönüllerini incitse o kimsenin Allah'ın rahmetinden uzak kaldığını düşünür. Allah'ın katında kendi kadrinin büyük oldu-

---

42- İhya-yı Ulûm-id Din, c. 7, s. 617.

ğuna inandığı için böyle sanır. Bazıları da, kendisine eziyet eden adam, bir belaya uğrasa bunu kendi kerâmetine yorar ve Allah -c.c.-'ın onun hesabına intikam aldığını sanır.

Âbidlerin akıllı olanlarına gelince, onlar, geçmiş büyüklerin, Arafat'tan döndüklerinde söylediklerini:

— "Ben içlerinde olmasaydım bütün hacılara rahmet olunacağını umardım!" derler.[43] Böylesine bir tevazu gösterirler.

3- Kişinin yaratılışındaki özellikleridir; vücudunun, sesinin güzelliği gibi. Bunların hepsi de bir gün yok olmaya mahkumdur. Bu, genellikle hanımlarda olur.

Hz. Enes -r.a.- anlatmıştır: Ebû Bekir Sıddîk bize hutbe okuyor, nefislerimizi gözümüzden düşürmek için de:

— "Her insan sidiğin yolundan iki defa geçmiştir." diyordu.

4- Kuvvet, kudret ve kahramanlıktır. Bir hastalık, bir kaza gelince kişinin, kuvvet ve kudretinden eser kalmayabilir. Bedeni kuvvet devamlı bir şey değildir. Hemen kaybolan bir gölge gibidir. İhtiyarlık geliverir. Ağır bir hastalık halinde insanda ne güç, kuvvet kalır ne de kahramanlık yapacak bir hal.

5- Keskin zekâsı olup din ve dünya işlerinin inceliklerini sezmesidir. Bir kulun ilmi ne kadar çok olursa olsun, ona ilimden yine de çok az bir şey verilmiştir. Bilmedikleri, halkın bildiklerinden fazladır. Allah aklı alsa, insan deli olur.

Kişi, Allah'ın kendisine rızık olarak vermiş olduğu akıldan dolayı, şükür etmelidir.

43- Gazalî'den Vaazlar, s. 525.

6- Şerefli bir soydan gelmektir. Bir kimsenin kurtuluşu, nesebinin şerefine bağlı değildir. Allahu Teâlâ üstünlüğü, takvâ ile ilgili kılmıştır.

"Biliniz ki, Allah katında en iyiniz, takvâsı en ziyade olanınızdır." (Hucurat, 49/13)

Soylu bir nesebe sahip olan kişi, tanınmış bir soydan olmayan kimseyi ilim ve amelce kendisinden üstün olsa bile küçümser, hakir görür. Böyle bir büyüklenme, başkalarının kemâliyle, şeref ve şöhretiyle, şeref gösterisinde bulunmaktır. Başkalarının kemâliyle kibirlenmek ise cehalettir.

Allahu Teâlâ Hazretleri:

"En yakın akrabalarını korkut." (Şuara, 26/24) âyetini inzâl buyurduğu zaman, Peygamberimiz akrabalarını, soy soy çağırmış, onlara şöyle seslenmiştir:

"Ey Muhammed'in kızı Fâtıma, Ey Allah Resûlü'nün halası ve Abdulmuttalib'in kızı Safiyye! Nefisleriniz için amel ediniz, ibâdette bulununuz. Çünkü ben Allah'ın azâbından sizleri hiçbir şekilde koruyamam."[44]

7- Akraba, yardımcı ve evlâtların çokluğudur. Öldüğü zaman her insan onlardan ayrılacak ameliyle ve sorgu melekleriyle başbaşa kalacaktır.[45]

Cenâb-ı Hak Kur'ân-ı Kerîm'de, bunların fayda vermediği güne işaret buyurmaktadır:

"O gün kişi kaçacak kardeşinden... annesinden ve babasından, zevcesinden ve oğullarından..." (Abese, 80/34-36)

Ne âilesi, ne çocuğu, ne yakını, hiçbir kimse kişi ile beraber kabre giremez. En muhtaç zamanda insan yalnız bırakılır.

44- İhya-yı Ulûm-id Din, c. 8, s. 79.
45- İhya-yı Ulûm-id Din, c. 7, s. 619-628.

8- Maldır. Hakiki mü'min zenginse malda olan hakları yerli yerine vermek hususunda kusurlu davranmaz. Her mal sahibine, malını nerede kazandığı ve nereye harcadığı sorulacaktır. Kibir ancak zenginliğin afetlerini bilmeyende olur. Başkasına gösterme hevesiyle sadakasını açıktan verende de kibir ve gösteriş illeti vardır.

Kibir Haramdır

Kibirli insanlara ve savaşta düşmana karşı ve bir de sadaka anında kibirli olmak müstesna, kibir haramdır."

Sadaka anında kibirli olmaktan gaye, sadaka verene karşı doygun davranmak ve verilen şeye iltifat etmemektir. Fakir sadakaya sevinerek meyletmemeli. Sadaka verenin de verdiğini mühimsememesi, çok büyük bir ihsanda bulunuyormuş gibi bir tavır takınmaması gerekir. Kibir göstermeksizin dünyalıkla gösteriş yapmak, her ne kadar yerilecek bir huysa da haram değildir.

Kibrin Dereceleri

— Birinci derece: Allahu Teâlâ'ya karşı kibirdir. Nemrud'un, Firavun'un kibirleri bu cinstendir.

Allahu Teâlâ -c.c.- Hazretleri Kur'ân-ı Kerîm'de:

"Ne İsa, ne de Allah'a yakın melekler, Allah'ın kulu olmaktan utanmazlar, çekinmezler." (Nisa, 4/172) buyurmaktadır.

"Ben Müslümanım" demekten çekinip utananlar, bu âyet-i kerîmenin beyânına göre tehlikededirler. Böyle insanlar, özü Allah'a kulluk olan İslâm'ı kendilerine yakıştıramamakta, Allah'a kulluğu değersiz görüp kibre düşmektedirler. Maalesef bu gaflet ve cehaletin içinde bulunanlar vardır.

– İkinci derece: Resûlullah -s.a.v.- Efendimize karşı kibirlenmektir. Kureyş kâfirlerinin ve Yahudilerin kibri bu nev'idendir.

Yahudiler Hz. Peygamberin kendilerinden olmamasını sindiremediler. Kureyşliler de; *"Niçin bu Kur'ân bu iki şehirden -Mekke ve Taif- büyük bir kimseye indirilmedi dediler."*

– Üçüncü derece: Kullara karşı kibirdir.

Kibir, ilâhlık sıfatlarındandır. Kibirlenip böbürlenenler, yüce yaratıcının sıfatlarından birisinin kendinde olduğunu söylüyor demektir. Bu yüzden de onlar Resûlullah'ın haber verdiği azâba müstehak olurlar.

Kibri Gidermenin Yolları

Kibri gidermek farzı ayndır.[38] Kibir sadece temenni ile giderilmez. Muhtelif usûl ve tarzlar vardır:

– İlimle olan tedavisi:

Kibri gidermek, Allahu Teâlâ'ya inanmakla, kibriya ve azamete, ondan başkasının lâyık olmadığını bilmekle ve insanın kendini tanınmasıyla mümkündür. Mü'min, müslümanlar arasında belki de kendinden aşağı, hakîr, zelil hiçbir kişinin bulunmadığı tevazusu içinde olmalıdır.

Âyet-i kerîmede insanın hali ne güzel anlatılmıştır:

"O kahredilesi insan, ne nankördür o, onu -yaratan- hangi şeyden yarattı. Bir damla meniden yaratı da onu biçi-

---

38- Gazalî'den Vaazlar, s. 528.

mine koydu. Sonra -belli bir miktar büyüyünce- -anne karnından çıkış- yolun ona kolaylaştırdı. Sonra onu öldürdü ve kabre koydu. Nihayet dilediği zaman onu diriltip mahşer yerine getirecek." (Abese, 80/17-22)

Bu âyet-i kerîmede Allahu Teâlâ -c.c.- insanın öncesini, sonrasını ve ikisi arasındaki ahvalini beyân buyuruyor.

Başka bir âyet-i kerîmede Cenâb-ı Allah -c.c.- insanın başlangıcını bize şöyle hatırlatıyor:

"İnsanın üzerine uzun devirden öyle bir zaman gel-ip geç-ti ki -o vakit- o, anılmaya değer bir şey bile değildi."

— Amelî ilâcı:

Her işte ve harekette tevazu sahipleri gibi davranmalıdır. Kibir, kendini kişinin görünüşünde, dilinde, bakışında elbisesinde, hareketlerinde ve duruşunda belli eder. Bunların hepsini atmaya ve tevazuyu âdet haline getirmeye alışmalıdır.[39]

Kim Hasan Basrî ile beraber gitmek istese müsaade etmez, "arkamda insan olursa, kalbim yerinde durmuyor." dermiş.

Hazreti Ömer -r.a.-, çarşıda yamalı bir elbise ile görülmüştür.

Fakat güzel elbise her zaman kibir için giyilir, zannedilmemeli. Bazı kimseler her şeyin iyi olmasını sever.

Bazıları da eski elbise giyip zâhid görünmek ister. Rivâyete göre Hz. İsa -a.s.- şöyle buyurdu: "Ruhbanların - zâhidlerin, âbidlerin- elbisesini giymenizin ve kalplerinizi kurt huylu yapmanızın sebebi nedir? Padişah elbisesi giyin, fakat kalbinizi Allah korkusu ile yumuşak ve ince yapın."

39- İhya-yı Ulûm-id Din, c. 8, s. 20-27.

Ucûb

Ucûb, bir kimsenin iyi amellerini gözünde büyütmesi ve iyi amel işleme ni'metini Allah'tan bilmemesi bunun kendisine âit bir sebeple meydana geldiğini düşünmesidir. Bu bana sahip olduğun ilim sebebiyle gelmiştir, demek gibi. Bazen de bu, sadece nimeti büyütme ve onu ihsan edeni, unutmak şeklinde ortaya çıkar.

Allahu Teâlâ -c.c.- kime ilim, ibâdetlerde kolaylık ve bunun gibi bir nimet verdiyse bunun elden gitmesinden korkmalı, böyle kimse ucûb sahibi olmaz. Korkmaz fakat kendinden olduğunu düşünmeyip Allahu Teâlâ'nın nimet ve ihsanı olduğuna sevinirse, yine ucûb etmiş olmaz. Bu nimeti kendinden bilip mutlu olursa ve bunun, Allahu Teâlâ'nın nimeti olduğunu unutarak sevinirse ucûb olur.

Ucûb, kötülenmiş ahlâkdandır.

Tâbiînden Mutarref demiştir ki:

"Geceyi uyuyarak geçirip sabahleyin pişman olarak kalkmam, gece ibâdet edip sabahleyin kendimi beğenmemden benim için daha sevimlidir."

Hz. Âişe -r.anhâ- vâlidemize:

– İnsan ne zaman kötü amel işler, diye sorulduğunda O, cevaben:

– İyi amel işlediğini sandığı zaman, buyurmuştur.

Cenâb-ı Hak -c.c.- Kur'ân-ı Kerîm'inde:

"Sakın sadakalarınızı minnet edip başa kakmak ve eziyet vermek suretiyle iptal etmeyiniz." (Bakara, 2/264) buyurmaktadır.

Kişi ancak kendi malı olan şeylerde başkasına minnet yükleyip başa kakabilir. Sadaka olarak verilen malın yegâne sahibi Allah'tır. Böyle olunca bununla büyüklenmek basiretsizliğin alâmetidir. Minnet yüklemek sadakayı büyük saymanın neticesidir. Ameli büyük saymak ise ucûbun ta kendisidir.

İbn-i Mes'ud, Helâk olma sebebi ikidir:

1- Allah'ın rahmetinden ümitsiz olmak,

2- Ucûba kapılmak, demiştir.

Allahu Teâlâ Kur'ân-ı Kerîm'de:

"Nefislerinizi tezkiye edip temize çıkarmayınız. O muttaki olanı daha iyi bilir." (Necm, 53/32) buyurmaktadır. İbn Cüreyc bu âyete: "Sen bir hayır işlediğin zaman sakın 'Ben işledim.' deme." mânâsını vermiştir.

Resûlullah -s.a.v.- Efendimiz ucûbun tehlikesine şöyle işaret buyurmuştur:

"Eğer siz günah işlememiş olsaydınız, muhakkak sizin için günahtan daha büyük olan bir nesneden korkacaktım. - O da- ucûbdur, ucûb."[40]

"Ucûbdan birçok afetler doğar. Bii kibir olup kişi kendini diğer kimselerden iyi bilir. Bir diğeri günahlarını hatırlamamasıdır. Hatırlasa dahi kendini affedilmiş sanır. İbâdet eder, şükretmez ve şükre ihtiyacı olmadığını sanır. İbâdetin afetlerini bilmez, öğrenmek de istemez. Kendini o afet ve zararlardan uzak düşünür. Kalbinden korka gider ve mekr-i ilâhiden emin olur. Allahu Teâlâ'nın kendisine verdiği ibâdet nimeti ile Allahu Teâlâ'nın katında bir yeri olduğunu sanır. Kendini över ve beğenir. İlmi ile ucûb eder, ilmini beğenip kimseye bir şey sormaz. Ona uymayan bir görüş ve söz söylenirse dinlemez, nasihate aldırmaz."[41]

40- İhya-yı Ulûm-id Din, c. 8, s. 59.
41- Kimya-yı Saadet, s. 568.

Ucûbu Gidermenin Yolu

Kulun, amel ve vasıflarının, Allah katından birer nimet olduklarını ve Mevlâ Teâlâ'nın müstehak olmadan ilim, kudret ve irade gibi nimetleri, kuluna ihsan ettiğini bilmekle, ucûb ortadan kalkar.

Gurur

Yüce Allah, Kur'ân-ı Kerîm'de:

"O halde sakın sizi dünya hayatı aldatmasın; ve sakın şeytan, sizi Allah'a güvendirmesin." (Lokman, 33) buyurmaktadır.

Gurur; bâtıl vee sonuçsuz, boşuna, bir şeye güvenmek demektir.

Gurur, insanın, nefs-i emmârenin isteklerine uygun düşen şeylere ısınmasıdır.

Çoğu kimse, hatalı yolda bulunduğu halde, kendisinin hayır üzere olduğunu zanneder.

Müslümanların arasında, "Allah Kerîm'dir, hatalarımı, kusurlarımı Cenâb-ı Hak affeder" deyip, ibâdet etmeyenler, amellerinde gevşeklik gösterenler bir hayli fazladır. Hasan-ı Basrî'ye onların durumu sorulduğunda:

— "Heyhât, heyhât! Bu onların kuruntularıdır, öyle olmasını tercih etmeleridir.

Bir şey uman onu elde etmeye çalışır. Bir şeyden korkan da ondan kaçar" demiştir.

İmân eden, sâlih ameller işleyen, günahları terkeden, korku ile umut arasında dolaşan, amellerinin kabul edilmemesinden endişe duyan, ölünceye kadar tevhid üzere bulunmaya azmeden, ömrünün geri kalan kısmında günahlara meyletmemek için vargücünü sarfeden, kalbini şehvetlere yönelmekten koruyan kimse, ferâset sâhibidir, sezişi kuvvetli kimsedir. Bunların dışında kalanlar, Yüce Allah'a mağrur olmuş kişilerdir.*

Tezelzül

"Bulunduğu mertebeden aşağı derecelerde tevazu göstermek, övgüye değer bir davranıştır; fakat fazlası yerilecek bir mânâ taşır. Ancak ilim peşinde koşan kimse istifade etmek için böyle bir tevazu gösterebilir."

Peygamber -s.a.v.- Efendimiz:

"Sevgi ve alçalarak yalvarmada aşırı gitmek, mü'minlerin ahlâkından değildir; ancak ilim peşinde koşarken -bu aşırılık- olabilir." buyurmuştur.

Tevazunun fazlası haram olan bir tezellüldür.

Meselâ; ilim meclisine gelen cahil birine, âlimin hürmeten ayağa kalkıp yerini vermesi, ayrılacağı zaman arkasından kapıya kadar onu takip etmesi onun ayakkabısını düzeltmesi gibi hareketler hoş değildir. Ama onu nezaketle karşılaması, güler yüz göstermesi, sualini yumuşaklıkla dinlemesi, dâvetine icabet etmesi, ihtiyacını gidermeye gayret etmesi, kendini ondan hayırlı görmemesi ve onu tahkir etmemesi, uygun davranışlardır.

Bir günlük nafakası olduğu halde dilenmek tezellül sayılmıştır. Çokça karşılık almak gayesiyle az hediye vermek de bir nevi dilencilik kabul edilir.

---

* Gazalî'den Vaazlar, s. 552.

Bu genellikle nikâh ve sünnet düğünlerinde yapılır.

Dâvet edilmeksizin ziyafetlere ve ölü vasiyetine gitmek tezellüldür.

Resûlullah -s.a.v.- Efendimiz bu konunun önemini şöyle bildirmiştir:

"-Bir düğün veya ziyafete- çağrıldığı halde gitmeyen kimse, gerçekten Allah'a, Peygambere isyan etmiştir. Çağrılmadan -bir ziyafete- giren, hırsız olarak girmiş ve talancı olarak çıkmıştır."[46]

İmam Birgivî, "Zaruret olmadığı halde ellerinde olan nimete göz dikerek zenginlere gitmek ve onlarla oturup kalkmak da bir nevî tezellüldür." demiştir.

Cimrilik

Cimrilik; şeriatın mal verme emri ile veya insanlık icabı verilmesi uygun olan malı vermemektir. Şeriatın mal verme emri, zekât, fitre, zevcesine ve küçük çocuğa nafaka vermeyi içine alır. Mürüvvet -insanlık- hükmü ile mal vermek, fakirlere sadaka, sevdiklerine, akrabaya ve komşulara hediye vermek ve gelen misafire ikram etmektir. İnsan kendi nefsine de cimri olabilir. Meselâ lüzumu kadar yemez, içmez, giymez, tedavi için gereken parayı harcamaz.[47]

Cenâb-ı Hak Kur'ân-ı Kerîm'de cimriliği yasaklayarak:

"Allah'ın fazlından kendilerine verdiği şeye cimrilik edenler hiçbir zaman onu kendilerine hayırlı sanmasınlar. Aksine bu kendileri için bir şerdir. Onların cimrilik ettikleri

---

46- Tarikat-ı Muhammediye, s. 152.
47- Vesiletü'n-Necât, s. 119.

şey, kıyâmet günü boyunlarına dolanacaktır..." (Âl-i İmrân, 3/180) buyurmaktadır.

Cömert olan Allah'a da, insanlara da, cennete de yakındır; cehennemden uzaktır. Cimri kimse, Allah'tan da, insanlardan da, cennetten de uzaktır; cehenneme yakındır. Allah katında cömert bir cahil, cimri bir âbidden daha sevimlidir.[48]

İsraf

İsraf, dinen veya insanlık icabı tutumlu olunması gereken yerlerde malı gelişi güzel harcama alışkanlığıdır.[49]

Allahu Teâlâ Hazretleri Kur'ân-ı Kerîm'inde:

— *"Ey âdemoğulları, bir mescit huzurunda zinetinizi alın -giyin- yeyin, için ama israf etmeyin. Çünkü Allah israf edenleri sevmez."* (A'raf, 7/31)

— Diğer bir âyet-i kerîmede ise:

"Hısıma, yoksula, yolda kalmışa haklarını ver. -Malını- israf etme, israf ile saçıp savurma. Çünkü saçıp savuranlar şeytanların kardeşleridir. Şeytan ise Rabbine karşı çok nankördür." buyuruluyor. (İsra, 17/25-26) buyurmaktadır.

İsrafın şekilleri, yerleri çok çeşitlidir. İnsanın yapısında bulunan iyiye, güzele, yeniye meyli, onu israfa sevkedebilir. Bu meyil, yeni bir aleti olanı daha değişiğini almaya, giyilebilir elbiseleri bulunanı başka elbiseler yapmaya, bir yere ucuz yolla gidilebilirken kişiyi daha pahalı ve gösterişli olanı tercihe ve benzerlerine götürür.

Kişinin, evinde ve her yerde giyecek, yiyecek, içecek ve malzeme hususunda ölçülü olması gerekir. Meselâ, insanın

---
48- Tarikat-ı Muhammediye, s. 222.
49- Tarikat-ı Muhammediye, s. 219.

fazla yemesi israf olduğu gibi hasta ve zayıf düşecek şekilde az yemesi de başka yönden zararlı olduğundan israf sayılır.

İsraftan sakınmak için, giyecek, yiyecek, içecek ve kullanılacak eşyaları, sıcak, soğuk, rutubet ve güneş gibi zararlı etkenlerden de korumalıdır.

"Ekmek ve benzeri şeylerin kırıntılarını toplamamak, çocukların doğrayıp etrafa yaydığı gıda maddelerini değerlendirmemek de bir nevi israftır." Pirinç, mercimek, buğday ve benzeri hububattan olan şeyleri muhafaza etmemek bilhassa yıkarken, yere dökülmelerine aldırmamak israftır. Bunlar ve ekmek kırıntıların tavuklara, koyun, inek, karınca ve kuşlara yedirilecek olursa israf sayılmaz.

Elbise ve ayakkabı gibi şeyleri çürümekten, yırtılmaktan korumamak, çamaşırda, temizlik sırasında ihtiyaçtan fazla sabun kullanmak da israf sayılır.

Nicelik ve nitelik bakımından kefeni sünnet olan miktardan fazla kullanmak, abdest alırken lüzumundan çok su harcamak da israftır.

Resûlullah -s.a.v.- Efendimiz, Sa'd bin Ebi Vakkas'a uğramış, abdest alırken suyu bol kullandığını görünce:

– "Yâ Sa'd! Bu ne israftır?" demiştir. Sa'd -r.a.-:

– Abdestte israf var mıdır, diye sorunca Resûlullah -s.a.v.- Efendimiz:

– "Evet, bir nehir kenarında da olsan.", cevabını vermiştir.

İsyan ve günaha, Allah'ın menettiği hususlara sarfedilen her şey israftan sayılır. İsrafın başlı başına ekonomi haline geldiği asrımızda Müslümanların tutumlu olmaları ve yaptıkları tasarrufları kendilerinin ailelerinin ve toplumun dinî ve ictimaî ihtiyaçlarına sarfetmeleri gerekir.[50]

50- Tarikat-ı Muhammediye, s. 244-249.

Şikâyet ve Sızlanmak

Bu, mihnet ve belâlara tahammül edememek, başa gelen musibetlere karşı sabredememek, söz ve davranışlarla bunu açığa vurup sızlanmaktır.

Resûlullah -s.a.v.- Efendimiz:

"Kim malına ve canına dokunan musibeti sabredip gizlerse, hiç kimseye şikâyette bulunmazsa onu mağfiret etmek Allah'ın kanunu ve merhametinin genişliği icabıdır."[51] buyurmuştur.

Müslüman Kardeşinin Başına Gelen Kötülüğe Sevinmek

Peygamberimiz Müslümanları "binanın, biri diğerine kuvvet veren yapı taşlarına", "vücudun, biri elem duyduğunda diğerlerinin de acı çektiği azâlarına" benzetmiştir. Bu sebeple bir Müslümanın kötülüğüne sevinmek, aşağılık bir duygudur.

Resûlullah -s.a.v.- Efendimiz:

"Kardeşinin başına gelen kötülüğe sevinme. Allah ona acır da seni -o kötülüğe- mübtela eder." buyurmuştur.[52]

Yapılan İyiliği Başa Kakmak

Başa kakmak ve ezâ Müslümanın sadaka sevabını götürür:

Allahu Teâlâ'nın buyruğu açıktır:

"Ey insanlar, sadakalarınızı başa kakmak ve ezâ ile boşa çıkarmayınız." (Bakara, 2/264)

51- Tarikat-ı Muhammediye, s. 262.
52- Müslüman Şahsiyeti, s. 241.

İslâm dininde alan da veren de iki eşit insandır. Aralarında ancak takvâ ve salih amel bakımından fark vardır. Yapılan iyilik her zaman mal ve madde cinsinden olmayabilir. Müslümana yakışan iyiliğin hangi çeşidi olursa olsun Allah rızâsı ve Müslüman cemiyetin sorunları için yapmasıdır.

İki Yüzlülük

İki kişi arasında olan fitne ve düşmanlık ateşini iyice arttırmak için, tarafların mizacına uygun şekilde birinin sözünü diğerine nakletmek, bu kişilerin birbirlerine karşı besledikleri düşmanlığı kışkırtır mahiyette konuşmak, kısacası herkesin durumuna göre konuşmak veya davranmak iki yüzlülük yapmak, demektir. Kişinin, gerçeğe aykırı olarak, tarafları yüzlerine karşı övmesi, onlara yardım edeceğini vadetmesi de iki yüzlülüktür. Böyle davranışlar toplumun düzenini bozmakta ve insanlar arasında nifâkı artırmaktadır."

Resûlullah -s.a.v.- Efendimiz:

"Dünyada iki yüzlü olanın, kıyâmet günü ateşten iki dili olur."[53] buyurmuştur.

Nifak

Nifak; dışın içe, sözün işe uymamasıdır.

Peygamber Efendimiz:

"Üç haslet vardır ki bunlar bir insanda olursa o oruç tutsa, namaz kılsa ve ben Müslümanım dese bile bunları terk edinceye kadar münâfıktır, buyurmuştur.

1- Konuştuğu zaman yalan söyler,

2- Söz verdiği zaman sözünde durmaz,

53- Tarikat-ı Muhammediye, s. 358.

3- Emin sayıldığı zaman hâinlik yapar, emanete ihanet eder."

Abdullah İbn-i Ömer -r.a.- Haccac-ı Zâlim'i çekiştiren bir kimseye rastlamış ve sormuş:

– Eğer Haccac burada olsaydı, senin bu konuşmalarını dinleseydi, acaba bu şekilde konuşabilir miydin?

– Hayır, konuşamazdım.

Bunu üzerine İbn-i Ömer:

– İşte biz böyle hareket etmeyi Resûlullah'ın devri saadetinde nifak sayardık, cevabını vermiştir.

– Nifak, itikad hususunda olursa, küfürdür.

– İnsanlar ile muamelede olursa, çirkin, aşağı olup büyük günahtır.

– Amelde nifak, sahibini bir müddet için ateşe götürür. Veya onun derecesini eksiltir ve sıddıklar rütbesinden düşürür.[54]

Övmek

İslâm'da, övgünün bazı çeşitleri yasaklanmıştır. Övgüde altı afet vardır. Dördü öven, ikisi övülen ile ilgilidir.

Medhedenin Afetleri

– Olduğundan fazla söyleyip yalancılık yapar.

– Bazen medhedici övgüsünde, sevgisini izhar eder. Oysa, kalbinde sevgi yoktur ve söylediklerinin hepsine inanmamaktadır. Bu durumda hem riyâkar, hem münafık olur.

54- İhya, c. 7, s. 566-573.

Öyle olup olmadığını bilmediği halde meselâ; siz zâhidsiniz, müttakisiniz, gibi sözler söyler. Bilmeden kesin konuşmamalıdır. Hz. Ömer -r.a.- bir kişiyi öven birisini dinlediğinde, sormuş:

– "Sen onunla sefere çıktın mı?"

– "Hayır!" dedi.

– "Sen onunla muamele ve alışverişte bulundun mu?"

– "Hayır!"

– "Sen onun komşusu musun? Sabah ve akşamını biliyor musun?"

– "Hayır!"

Hz. Ömer -r.a.-:

– "Allah'a yemin ederim ki, seni o adamı tanımış olarak görmüyorum." demiştir.

– Bâzen bir adam, zâlim veya fasık olduğu halde övülür.

Resûlullah -s.a.v.- Efendimiz:

"Fasık bir kimse övüldüğü zaman Allahu Teâlâ öfkelenir."[55] buyurmuştur.

Övgü Övülenin Kendisine İki Yönden Zarar Verebilir

– Övgü övülende, kibir ve gurur meydana getirebilir. Kibir ve gurur ise helâk edici sıfatlardır.

– Övülen, övüldüğü zaman, bu medhu senâdan sevinir, hayır yönünden gevşer ve nefsinden râzı olur. Nefsinden râzı olan bir kimsenin ciddiyetle çalışması azalır.

55- İhya-yı Ulûm-id Din, c. 6, s. 564.

Övgünün Cevazı İçin Beş Şart Vardır

1- Medih kendi nefsi için olmamalı. Çünkü kişinin kendi nefsin tezkiye etmesi caiz değildir. Cenâb-ı Allah Kur'ân-ı Kerîm'de: *"Siz kendinizi temize çıkarmayın, o takvâ üzere olanı daha iyi bilir."* (Necm, 53/32) buyurmaktadır.

Bir şahsın evlâdını, babasını, talebe ve eserlerini ve bunlara benzer şeyleri methetmesi de nefsine taalluk eden hususlardan olduğu için kendini övme hükmündedir. Ancak övünmekle Allahu Teâlâ'nın kendisine verdiği nimeti anlatmak istiyorsa veya ilim ve amel üzere olan halini öğrenip kendisini örnek edinsinler, hakkını ödesinler, bir zulmü ondan gidersinler gibi şeylerin gerçekleşmesi içinse o zaman bir beis yoktur. Çünkü böyle yapmakta nefsi tezkiye ve büyüklemek söz konusu değildir.

2- Övgüde aşırı gidilmemelidir. Takvâ, iffet ve zühd gibi halleri methetmekte çok dikkatli kelime sarfedilmeli, bu gibi hususlarda kesin ifade kullanılmamalı, ancak "Öyle zannediyorum, olabilir." denilmelidir.

3- Medhedilen kimse fasık olmamalı.

4- Medhin, övülen kimsede kibir, kendini beğenmişlik ve gurura sebep olmayacağından emin bulunmalı.

5- Övgü, haram bir maksat veya fesada sebep olacak bir gaye için olmamalı; meselâ bir hanımın kocasına yabancı bir kadının güzelliğinden bahsetmemeli.

Metheden ile medhi yapılan, sözü edilen bu afetlerden uzak kalabilirse o vakit medihte bir sakınca olmaz. Belki bu takdirde hatta methetmek iyidir."

Resûlullah -s.a.v.- Efendimiz, Ashabını Övmüştür

— "Eğer Ebû Bekir Sıddîk -r.a.-'ın imânı -peygamberler hariç- bütün âlemin imânıyla tartılsa muhakkak ağır basardı."

Hz. Ömer'e -r.a.- "Eğer ben Peygamber olarak gönderilmeseydim, yâ Ömer muhakkak sen Peygamber olarak gönderilirdin." demiştir.

Resûlullah -s.a.v.- Efendimiz kendisi hakkında:

— "Ben âdemoğullarının efendisiyim. Ve bu sözde övünme yoktur. Ben bu sözü söylemekle, halkın kendi nefsini övdüğü gibi bir övmeyi kastetmiyorum." buyurmuştur.[56]

Bunun hikmeti şudur: "Peygamberimiz, Allah ve Allah'a olan yakınlığıyla övünüyordu. Âdem -a.s.-'ın evlâdı olmakla ve onların önderi bulunmakla değil."

"Bir kimse mürşid, üstad ve rehber ise, diğerlerinin de yükselmesi için kendi halini anlatması caizdir."

Övülen Kimse Ne Yapmalı?

Övülen bir kimseye, kibir ve ucûbtan sakınmak, övgüden dolayı ibâdetlerde gevşeklik göstermekten şiddetle kaçınmak vazifesi düşer. Övülen, kendi nefsini iyi tanıdığı takdirde tehlikeyi savabilir. Çünkü övülen zât, nefsi hakkında övenin bilmediklerini bilir. Düşünür ki öven, kendisinin bütün sırlarını bilseydi, kalbinden geçenleri görseydi, mutlaka onu övmekten çekinecekti."

"Üyeyne'nin oğlu Süfyan -r.a.-:

56- Tarikat-ı Muhammediye, s. 405-407.

"Övülen bir kimse, nefsini bildiği takdirde, övgü kendisine zarar vermez." demiştir.

Hz. Ali -r.a.- övüldüğü zaman şöyle buyurmuştur:

"Yâ Rabbi, benim için söylenenlerden dolayı beni mesul tutma. Onların bilmediği taraflarımı da affeyle ve beni onların zannettiklerinden daha iyi eyle."[57]

Riya

Riya "rü'yet" kökünden gelmektedir. Riya şöyle tarif edilebilir:

Allah'ın ibâdetiyle, kulları kasdetmek -ve avlamak-tır. Allahu Teâlâ'ya yapılan ibâdet ve itâatlarda riya yapmak büyük günahtır, şirke yani Allah'a ortak koşmaya yakındır. Zâhidlerin kalbinde, bir ibâdet yaptıkları zaman insanların bunu bilmesini ve onları zâhid tanımasını istemekten büyük hastalık yoktur. İbâdetten maksat insanlar olunca, bu ibâdet bir nevi insanlara tapmak olur. Allahu Teâlâ'ya taparken bunu da istiyorsa, şirktir, kendi ibâdetinde bir başkasını Allahu Teâlâ'ya ortak etmektir.

Cenâb-ı Hak -c.c.- Kur'ân-ı Kerîmi'nde:

"Onun için her kim ki Rabbine kavuşmayı arzu ederse salih amel işlesin ve Rabbine yaptığı ibâdete hiç kimseyi ortak etmesin." (Kehf, 18/110) buyurmaktadır.

Ebû Hüreyre -r.a.- anlatmıştır: Resûlullah -s.a.v.- şöyle buyururken işittim:

Kıyâmet günü hakkında hükmolunacak ilk insan şehit olmuş biridir. Allahu Teâlâ ona -dünyada- vermiş olduğu nimeti hatırlatır, kul da -nimeti- hatırlar. Bunun üzerine Yüce Allah sorar: *"-Bu nimete karşılık- dünyada ne yaptın?"*

57- İhya-yı Ulûm-id Din, c. 6, s. 569.

— Şehit oluncaya kadar senin rızân için savaştım, Cenâb-ı Allah:

"Yalan söyledin, -benim için değil- fakat cesur desinler diye savaştın ve dediler de." buyurur. Sonra emredilir, onu yüzüstü sürüyerek çekerler ve ateşe atarlar.

Daha sonra ilim öğrenmiş ve öğretmiş, Kur'ân okumuş bir adam getirilir. Allah ona dünyadaki nimetlerini hatırlatır, kul da o nimetleri hatırlar. Yüce Allah sorar:

— "Dünyada nimetler karşılığında benim rızâm için ne yaptın?"

— İlim tahsil ettim, başkalarına da öğrettim ve senin rızân için Kur'ân okudum.

Allah -c.c.-:

"Yalan söyledin, sen sana âlim denilmesi için ilim tahsil ettin. Bu adam güzel Kur'ân okuyor denilmesi için Kur'ân okudun. Öyle de denildi." buyurur. Sonra emredilir, bu kişi yüzüstü sürüklenerek ateşe atılır.

Bir adamı da Yüce Allah, çeşitli mallar vermek suretiyle zengin yapmıştır. Bu adam da getirilir. Allah ona dünyada verdiği nimetleri hatırlatır, o da bunları hatırlar. Yüce Allah sorar:

— "Bu nimetler karşılığında dünyada ne yaptın?"

— Senin rızân için harcanmasını istediğin yerlerin hepsine malımı harcayıp infakta bulundum.

Yüce Allah:

— "Yalan söyledin. Sen şu adam cömert desinler diye malını harcadın. Böyle de denildi, buyurur." Sonra emredilir, bu da yüzüstü sürüklenerek ateşe atılır.

Kahramanlık, ilim ve zenginlik, riyanın sıkça görüldüğü durumlardır. Fakat bir kahraman, bir âlim ve bir zenginde riya hiç olmayabilir de.

Dînî emirlerin inceliklerini anlamış bir Müslüman amellerinde riyadan uzak durur.

Ebû Ümame el-Bahili, camide, secde halinde ağlayan bir zât gördüğünde:

— Acaba camide yaptığın bu işi, evinde de yapıyor musun? demiştir.

Hz. Ali -r.a.- göre riyakârın üç alâmeti vardır:

1- Tek olduğunda tembelleşir,

2- Halk arasında olduğunda pek faal olur,

3- Övüldüğünde fazla ibâdet eder. Zemmi yapıldığı zaman ibâdeti azaltır.

Kendisiyle Riya Yapılan Şeyler

1- Beden ile riya yapılır:

Dînî bir hususta büyük üzüntü çektiğini, âhiret korkusunun çok olduğunu vehmettirmek için, bâzı kimseler çeşitli davranışlar sergiler.

Meselâ oruç tuttuğunu açlıktan güçsüz düştüğünü göstermek için konuşurken sesini alçaltır, gözlerini yumar, halsizliğini belli eder.

2- Kılık kıyafetle riya yapılır:

İnsanların kendisini zâhid sanmaları için eski, şekilsiz elbise giyer.

3- Konuşma ile riya:

Meselâ; dâima dudaklarını kımıldatır, hep zikir halindeymiş gibi görünmek ister. Kalp ile zikreder fakat dudaklarını oynatmazsa yapamaz, zikrettiğini göstermemekten korkar.

Başkalarına, emr-i maruf ve nehy-i münker yapar, yalnızken kendisi bunlara riâyet etmez. Başını eğik tutar, arada-sırada sallayıp vecd içinde bulunduğu zannını verir. Soğuk soğuk ah çeker. Müslümanların Müslümanlığı bilmemeleri sebebi ile daima üzüntülü görünür...

4- İbâdette riya yapılır:

Birileriyle birlikte bulunduğunda namaza daha çok dikkat eder. Rükû ve secdelerde daha çok eğlenir, etrafına bakmaz.

Başkalarının yanında iken sadaka verir. Bunun gibi daha birçok işler yapar.

5- Arkadaş ve ziyaretçilerle riya yapılır:

"Şu âlim onu ziyaret etti." desinler diye bir âlimin ziyaretini, temin etmek için uğraşan bir kimsenin hali de riyakârlıktır.

Riyanın Hükmü

– Riya, ibâdet ya da ibâdet dışı davranışlarla olur. İbâdet olmayan davranışlarla yapılan riya, bazen mübah olur. İnsanlar tarafından horlanmamak, yerilmemek onlarla rahat arkadaşlık yapmak için, saçları taramak güzel giyinmek gibi...

– Riya bazen ibâdet sevabına vesile olur. Mürşid ve önder durumunda olan kimselerin güzel giyinmesi ve tutumları insanları kendisine doğru çeker, gönülleri ısındırır. İbâdet dışı riya bazen de günah olur. Riyanın kişiyi caiz olmayan şeylere sürüklemesi veya haram olan hususlara götürmesinde olduğu gibi.

İbâdet dışı yollarla yapılan riyanın hükmü o riya ile güdülen gayeye bağlıdır.

Sadaka, namaz, oruç, harp ve hac gibi ibâdetlerle yapılan riyaya gelince... Bu ibâdetlerle riya yapan kişi, ibâdetini hükümsüz bıraktığı gibi âsi ve günahkâr da olur.

Burada iki mâna vardır:

Birincisi: İbâdetle ilgilidir. Bu, bir aldatmaca ve hiledir. Çünkü o kendisini ihlâslı, Allah'a itâat eden, dindar biri olarak tanıtmaktadır, aslında hiç de öyle değildir.

İkincisi: Allah ile alâkalıdır. Kişi, Allah'ın ibâdetiyle Allah'ın yarattıklarının beğenisini gaye edindiği vakit -hadis-i şerifte buyurulduğu gibi, Allah ile istihza ediyor demektir. Riyada başka bir mahzur olmasa dahi, Allah'tan başkası için gösteriş maksadıyla secde edilmesi, rükû yapılması yeterlidir. Çünkü riyakâr, bu hareketiyle Yüce Allah'a yaklaşmayı kastetmiş ise bir kimseye yaklaşmayı gönlünden geçirmiştir. İşte bunun için riya gizli şirktir.

Riyanın Dereceleri

Kullukta yapılan riya üç derecedir:

– Birinci derece: İmânın aslında riya olur. Bu münafıkların imânıdır. Onun kıyâmette hali, kâfirden daha zordur. Çünkü o da kalpten kâfirdir, bunu görünüşte örtmüştür.

– İkinci derecede: İbâdetlerin aslında olan riyadır. İnsanların yanında abdestsiz namaz kılmak veya oruç tutmak fakat yalnızken bunları yapmamak büyük riyadır. Fakat imânın aslındaki riya gibi değildir. Velhasıl, Allahu Teâlâ'ya yakın olmaktan ziyade kullara yakın olmak isteyenin imânı çok zayıftır. Kâfir değilse de, ölüm vaktinde tövbesiz giderse, küfründen korkulur.

– Üçüncü derece: İmânın ve farzların aslında olmayıp sünnette olan riyadır. Ayıplanmaması veya övülmesi için, gece namazı kılar, sadaka verir, cemaate gider, arefe ve aşûre günü, Pazartesi ve Perşembe günleri oruç tutar.

Riyanın Sebepleri

Riyanın temeli mevki ve makam sevgisine dayanır. Riyanın ayrıntılarına girildiğinde, şu üç esasta toplandığı görülür.

1- Övülmeyi sevmek.
2- Yerilmenin eleminden kaçmak.
3- Halkın ellerinde bulunana göz dikmektir.[58]

Riyakâr, ancak mal, mevki ve herhangi bir maksada ulaşmak için riyakârlık yapar:

Riyanın Çeşitleri

Riya "açık" ve "gizli" olmak üzere iki kısımdır.

– Açık olan riya, kişiyi amele sevkeden riyadır.

– Gizli olanı, başlı başına amele sevketmeyen riyadır. Meselâ; Allah rızâsı için her gece teheccüt namazına kalkmayı alışkanlık haline getirmiş birinin namazı zorlanarak kıldığı halde, yanında başkası bulunduğunda aynı namazı hevesle kılması gibi..

– Bundan daha gizli olanı şudur. Başkasının onu görmesi, amel yapmasına, yapmakta olduğu ameline daha itina göstermesine tesir etmez, fakat amelinin bilinmesini ister.

– İhlâs ile amel eden niceleri vardır ki, amellerinin duyulmasına sevinirler ve amelleri duyulduğu içinde ibâdetlerine daha sıkı sarılırlar.

İşte bu sevinç daha gizli riyaya delâlet eder.

Kalblerinin insanlara karşı bir meyli olmasa idi, insanların onların ibâdetini duyması neşelerini artırmazdı.

58- Gazalî'den Vaazlar, s. 510-511.

— Bundan daha gizli olan riyada kişi amelini duyurmak istemediği gibi, ibâdetinin çevrede işitilmesiyle sevinmez de. Bununla beraber, insanların kalbinden, kendisini güler yüz ve saygıyla karşılamalarını, övmelerini, ihtiyaçlarını gidermeye koşmalarını, alış-verişte müsamaha göstermelerini, meclislerde kendisine yer vermelerini arzular.

Hakkında birisi bir kusur işlerse bu kendisine ağır gelir, o kişiden hoşlanmaz olur.

Halk ile ilgili ilişkilerinde, ibâdetlerinin varlığı ile yokluğu eşit olmadıkça, kul karıncanın ayak sesinden daha gizli olan riya kusurlarından kurtulamaz.

Bütün bunlar yapılan ibâdetlerin sevaplarını yok eder. Çok gizli olan riyadan ancak sıddîklar selâmet bulur.

İbâdetini Başkasının Bilmesine Sevinmek Ne Zaman Caizdir?

Başkalarının ibâdetini bilmesine sevinen, riyadan kurtulamaz. Ancak şu hususlar bunun dışında tutulmuştur.

1- Kendisi ibâdeti gizlemeye niyet eder ve gizler. Allah Teâlâ -c.c.-, o kimse istemeksizin onu meydana çıkarır, işlediği kusur ve günahları ise açığa vurmaz. Bundan Allahu Teâlâ'nın lütûf ve ihsanının kendisiyle olduğunu anlar. Çünkü kötülüklerini gözlemekte, iyiliklerini göstermektedir. Allahu Teâlâ'nın lütûf ve ihsanına sevinir. Bu insanların övmesine ve teveccühüne sevinme değildir. Nitekim Allahu Teâlâ Kur'ân-ı Kerîm'de:

"De ki: Ancak Allah'ın fazl-u keremi- ile, rahmetiyle, işte yalnız bunlarla sevinsinler Bu, onların toplayıp durdukları - bütün dünyalıklar-dan hayırlıdır." (Yunus, 10/58) buyurmaktadır.

2- Ve Müslüman, "Benim, kötü işlerimi dünyada açığa vurmaması, âhirette de gizleyeceğini gösterir. Allahu Teâlâ bu dünyada bir kulunun günahını örtüp öbür dünyada onu rezil etmez." diye düşünür.

3- Kendisini gördükleri zaman, kendisi gibi ibâdet yapıp saadet-i ebediyyeye kavuşacaklarına ve ayrıca bundan dolayı sevap elde edeceğine sevinir.

4- İbâdetini görüp de methedenin kendisine inanmasına, bu medih ve inanma ile Allahu Teâlâ'nın emir ve yasaklarına uymasına sevinir. Allahu Teâlâ'ya itâat etmesine sevinip o kimse yanındaki mertebesine sevinmez. Bunun alâmeti, başkalarının itâatini duyunca, kendi yapmış gibi sevinmesidir.

Halis Niyetle Yapılan İbâdetleri Açıklamaya Ruhsat Verilmiştir

Amelleri gizlemekte ihlâsı korumak ve riyadan kurtuluş vardır. İbâdetleri izhar etmekte ise, örnek olma ve insanları hayra teşvik etme yararları bulunur. Ancak bu ikinci şıkta riya afetleri de vardır.

Ameli açıklama usullerinden biri, ibâdeti açıktan yapmaktır.

Meselâ; insanları sadaka vermeye teşvik için halkın huzurunda sadaka vermek, gibi.

Rivâyete göre, Ensardan biri elinde dolu para kesesi olduğu halde sadaka vermek üzere gelince, ashab da ona bakarak tasaddukta bulunmuş. Peygamber Efendimiz:

– "Kim güzel bir âdet ortaya çıkarır onunla amel ederse, ona amelinin mükâfatı ve ona bakarak o iyiliği yapanların ecri gibi ecir verilir." buyurmuştur.

– Namaz, oruç, hac, cihad ve başka amellerde de hüküm böyledir.

— Örnek alınılmayacak yerlerde gizlilik aleniyetten daha üstündür. Ama başkalarına örnek olmanın söz konusu olduğu yerlerde açıktan yapmak gizlilikten daha iyidir.

Allahu Teâlâ'nın peygamberlere, örnek alınmaları için aşikâre ibâdet yapmakla emretmesi buna delâlet etmektedir.

Riya Korkusuyla İbâdeti Terketmek

İnsanlardan bazıları 'riyakâr olurum' korkusuyla ameli terkeder. Bu yanlıştır, şeytanın isteklerine uymaktır. Kişiyi, tembelliğe ve hayrı terketmeye götürür.

"Namaz, oruç, hac vb. Allahu Teâlâ ile ilgili farzlar, riya korkusuyla asla terk edilmez. Farzda, sünnet de bırakılmaz. Fakat ibâdete başlarken, yahut ibâdet arasında riya düşüncesi akla gelirse, gidermek için uğraşmalı. İbâdete niyeti yenilemeli.[59]

Anlatım ve Sözün, İnceliklerinde Hata Yapmak

Peygamberimiz:

"Biriniz 'Allah'ın dilediği ve benim dilediğim' demesin. 'Allah'ın dilediği, sonra benim dilediğim' desin."[60] buyurmuştur.

Zira "ve" kelimesi ile yapılan bağlamada ortaklık ve eşitlik mânâsı vardır, bu ise Yüce Allah'ı tazim emrine aykırıdır.

İbn-i Abbas -r.a.-:

— Sizden birisi, "Köpek olmasaydı soyulmuştuk." derse köpeği sebebiyle şirke düşer."

59- İhya-yı Ulûm-id Din, c. 7, s. 433-509.
60- İhya-yı Ulûm-id Din, c. 6, s. 569.

Bu köpeği mutlak sebep olarak, görme nokasında olsa gerektir. Yoksa Allah her şey için bir sebep yaratmıştır. Sebebi, fâil gibi görmemelidir.

Camiüssağîr'de "Duâda, 'peygamber hakkı için' demek mekruhtur. Hiçbir mahlûkat ile bu şekilde duâ etmek doğru değildir." denilmiştir. Mahlûkun, Yaratıcı üzerinde hiçbir hakkı yoktur. Ancak "şu kişinin hürmetine" demek caizdir.

Dünyevî Mal ve Menfaat Dilenmek

Resûlullah -s.a.v- Efendimiz:

"Muhtaç olmadığı halde dilenen kimse, bununla ancak cehennemin kızgın taşlarını çoğaltmayı istemiştir."[61] buyurmuştur.

Ashab-ı kiram "Muhtaç olmadığı halde'nin ölçüsü nedir?" diye sorduklarında Resûlullah -s.a.v- Efendimiz "Bir gecenin yiyeceğidir." cevabını vermiştir.

Sadaka ne zengine helâldir ne de güçlü kuvetli ve sıhhati sağlam kimseye..."[62]

Sadaka ancak fakir, ağır borç altında kıvranan veya üzücü bir diyet ödemek zorunluğunda kalan kimseye verilir. Malını çoğaltmak için dilenen kimsenin dilendiği şey kıyâmet günü onun yüzünü yaralayacak birer sıcak taş olacaktır.[63] Resûlullah -s.a.v- Efendimiz "Kimseden bir şey istememeye söz vereni, ben cennet ile müjdelerim." buyurmuştur.[64]

61- Tarikat-ı Muhammediye, s. 346.
62- Tarikat-ı Muhammediye, s. 346.
63- Tarikat-ı Muhammediye, s. 346.
64- Ramuz el-Ehadis, c. 2, s. 447.

Ebû Bekir, Ebû Zer ve Sevban Hazretleri buna söz vermişler, deve üzerindeyken sopaları yere düştüğünde eğilip kendileri almışlar. Yanlarında yürüyen kimselere "Şunu alıp bize verir misiniz?" demişlerdir.

Bütün bu rivâyetler dilenmenin yalnız mala has olmadığına, belki şuna, buna hizmet teklif etmeyi de içine aldığını belirtmektedir.

Dilenciliği mübah kılan zaruret, kazanmaya güç yetirilemeyen hastalık, zayıflık veya yanında bir günlük yiyeceğinin bulunmamasıdır. Fakat alacağı ile ilgili bir hakkı, işçiden, ücrete karşılık hizmeti ve evinin düzeni için karısının ilgilenmesini istemekte bir sakınca yoktur. Bunlar gibi kendi talebesini -ergenlik çağına girmişse- arzusuyla, henüz çocuksa, velisinin müsaadesiyle, hizmete sevketmek de caizdir.

"Dilenciliğin en kötüsü, 'Allah için ver.' denilenidir. Yani Allah'ın ismini istismar etmek suretiyle istenilenidir." Kötü olan isteklerden biri de dini bir zarar yokken kadının kocasından boşanmayı veya nikâh mülkiyetini mal karşılığında izale etmeyi dilemesidir.[65]

Resûlullah -s.a.v- Efendimiz:

"At üzerinde de gelse dilenci için hak vardır."[66] buyurmuştur.

Bir parça ekmek de olsa, dilenciye vermelidir."[67] Bir lokma yiyecekle açlık giderilebilir.

Belki dilenen hakikaten muhtaç kimsedir. Dilenciliği yasaklayan hadislerde "muhtaç olmadığı halde" gibi kayıtlar vardır. Zor durumda olan kimseye ise yardım etmek bir kardeşlik borcudur.

65- Tarikat-ı Muhammediye, s. 346-347.
66- İhya-yı Ulûm-id Din, c. 9. s. 175.
67- İhya-yı Ulûm-id Din, c. 9, s. 175.

Şöhrete Düşkün Olmak

Allahu Teâlâ -c.c.- Hazretleri Kur'ân-ı Kerîm'de:

"Kim -yalnız- dünya hayatını, onun ziynet -ve ihtişamını arzu ederse, onların yaptıklarının -çalıştıklarının- karşılığını orada tastamam öderiz. Onlar bu hususta bir eksikliğe de uğratılmazlar. İşte âhirette onlara ateşten başka bir şey yoktur. İşledikleri şeyler orada boşa gitmiştir. Zaten yapa geldikleri de bâtıldır -onların-." (Hûd, 11/15-16) buyurmaktadır.

"Bu âyet-i kerîmede genel ifadesiyle şöhrete düşkünlük sergilenmektedir. Zira şöhret, dünyevî tatmin vasıtasının en büyüğü, dünya zinetlerinin en gösterişlisidir."

Resûlullah -s.a.v- Efendimiz:

"Dini ve dünyası hakkında insanların kendisine parmakla işaret etmeleri, kişiye şer olarak kâfidir. Ancak Allah'ın korudukları müstesna. Allah sizin suretlerinize bakmaz, ancak gönüllerinize ve amellerinize bakar." buyurmuştur.

Bişrî: "Şöhrete düşkün olup da dini gidip rezil olmayan bir kimse görmedim." demiştir.

"Şöhret ve nam salmaktaki gaye, makam ve gönüllerde yer edinme arzusudur. Makam hırsı, her fesadın kaynağıdır. Yerilmiş olan, üne kavuşmayı arzulamak ve buna karşı aşırı istek göstermektir. Ama, kulun bir gayreti olmadan Allah tarafından ihsan edilen şöhrete gelince o yerilmemiştir."[68] İnsanın dünyevî ve uhrevî makamı yükseldikçe tevazusu artmalıdır.

68- Gazalî'den Vaazlar, s. 490-492.

Yemin Etmek

Yemin, lügatte kuvvet mânâsına gelir. Şer'an; bir işi yapmak veya yapmamak hususunda azme veya iddiaya kuvvet vermek için Allahu Teâlâ'yı veya mukaddesatı araya koyarak belli lâfızları söylemektir. Bu lâfızlar "Vallahi, billahi, tallahi veya Kur'ân'a yemin olsun ki" gibi sözlerdir. Buna Türkçemiz"de "and" da denir.

Meselâ; "Vallahi filân işi yaptım." veya "Yapmadım." demek kasem sureti ile bir yemin olduğu gibi "filân işi yaptımsa -veya yaparsam-" demek de şartlama suretiyle bir yemindir.

Kasem sureti ile olan yemin, ya "Vallahi, billahi, tallahi" gibi Allahu Teâlâ'nın, ism-i zâtına ve üzerine yemin edilmesi sıkça tekrarlanan "Rahmân, Rahîm" gibi mübârek isimlerinden birine veya "izzeti ilâhiye, kudreti ilâhiye" gibi zatî sıfatlarından birine and içmekle yapılır.

Başkalarına, meselâ peygamberlere, Kâbe-i Muazzama'ya yemin edilemez. Mahlûkattan birinin başına veya hayatına yemin edilmesi de caiz olmaz.

Kur'ân-ı Kerîm kelâmı ilâhi olduğundan -bir kavle göre, Kur'ân'a yapılan yemin muteberdir.

Yeminin Keffareti

Şartlarını haiz bir yeminin keffareti; on fakiri akşamlı, sabahlı doyurmak veya on fakire orta halde birer elbise giydirmektir. Kulun bunlara gücü yetmiyorsa üç gün peşpeşe oruç tutmaktan ibarettir.[69]

69- Büyük İslâm İlmihali, s. 401.

Allah'tan Başkasının Adıyla Yemin Etmek

"Allah'tan başkası ile yemin eden kimse küfretmiş veya düşmüş olur"[70]

Resûlullah -s.a.v- Efendimiz babasının adıyla yemin eden bir adamın yeminini duyunca:

"Babalarınızla yemin etmeyin. Allah adı ile yemin eden kimse de yemininde doğru söylesin. Kendisine Allah ile yemin edilen kimse buna râzı olsun. Allah ile yapılan yemine râzı olmayan kimse Allah'ın rahmetine kavuşamaz."[71] buyurmuştur

Doğru Yere de Olsa Çokça Yemin Etmek

Yüce Allah bir âyet-i kerîmede, Peygamber Efendimize hitaben:

"Doğruya da eğriye de alabildiğine yemin edeni tanıma - öylesine tâbi olup boyun eğme-..." (Kalem, 68/10) buyurmaktadır.

Rivâyete göre, Ahmed bin Hanbel, Allah -c.c.-'a olan saygısından ötürü ömründe hiç yemin etmemiştir.

Eş'as bin Kays: "Bir defasında yeminimi yetmiş bin dirheme satın aldım. -Yani yemin etmemek için bu miktar parayı ödedim.-" demiştir.

Bir şey satarken çok yemin etmekten sakınmalı. Bu önce kazanç temin ederse de daha sonra o kimseyi perişan eder."[73]

70- Tarikat-ı Muhammediye, s. 382.
71- Tarikat-ı Muhammediye, s. 382.
73- Ramuz el-Ehadis, c. 1, s. 175.

Bedduâ Etmek

"Bir Müslümana, bilhassa küfür üzere ölmesi için bedduâ etmek dilin afetlerindendir. Bu tarz bedduânın küfür olduğunu söyleyenler de olmuştur. Bazılarına göre de, küfrü tasvip ettiği için bedduâ ediyorsa, kâfir olur. Küfürden başka bir şey ile de mü'mine bedduâ etmek de caiz değildir. Bedduâ edilen kişi zâlim ise, zulmü nisbetine göre bedduâ etmeli, aşırıya kaçmamalıdır. Bütün bunlarla beraber en iyisi, mü'mine zâlim bile olsa bedduâ etmemektir."[74]

İnsan kendine de bedduâ etmemeli.

Allahu Teâlâ Yüce Kitabı'nda buyuruyor ki:

"İnsan, hayra olan duâsı gibi, şerre de duâ eder. Pek acelecidir -bu- insan." (İsra, 17/11) buyurmaktadır.

Hiçbir kimse ölümü temenni etmemeli. İyi bir insansa yaşamakla iyiliklerini arttırır; kötü ise Allah'ın hoşnutluğunu istemesi umulur."[75]

Tâbi Olanın, Tâbi Olunanı Reddetmesi

"Tâbi olan kimsenin, tâbi olduğu kişiyi reddetmesi, ona karşılık vermesi, sözünü kabul etmemesi ve meşru bir hususta ona itâat etmemesi İslâm'da hoş görülmemiştir. Halkın idareciyi, çocuğun ana babasını, talebenin hocasını, zevcenin kocasını ve cahilin âlimi dinlememesi gibi.[76] Ancak kendisine uyulan kimsenin,s şahsiyeti, ahvali, inancı çok önemlidir. İster idareci olsun ister hoca olsun, ister ana baba olsun bunlar hakka, doğruya çağırmadıkça, hak ve doğruyu yapmaya çalışmadıkça bunlara uymak gerekmez."

74- Tarikat-ı Muhammediye, s. 375.
75- Tarikat-ı Muhammediye, s. 375.
76- Tarikat-ı Muhammediye, s. 397.

İnsanlarla Ünsiyete -Arkadaşlığa- Dalmak

Mü'minin ilim öğrenmesi, İslâm edeb ve ibâdetinde ihtimam göstermesi, geçimini sağlayacak ticaret veya bir işle meşgul olması lâzımdır. Bunların hepsi veya bir kısmı bir mü'minde bulunmayıp daima insanlarla arkadaşlık ederse, müflis sayılır. Büyük mutasavvıflardan Ebû Bekr-i Şiblî - r.a.- "İnsanlarla ünsiyet iflâsın alâmetidir." demiştir.

Zira insanlarla ünsiyet etmek, insanı dünya ve âhiret işlerinden alıkoyup iki yönden de iflâsa götürür. Mü'min zamanının bir dakikasını bile boşa geçirmemelidir.[77]

"Bunun gibi bağ, bahçe, değirmen ve benzeri işlerle meşgul olayım derken, uhrevî vazifeleri ihmal edecek derecede aşırı bir ünsiyette bulunmak da yerilmiştir."[78]

Mal Sevgisi

Cenâb-ı Hak -c.c.- Kur'ân-ı Kerîm'de:

— *"Herhalde mallarınız ve çocuklarınız -sizin için- bir belâ ve imtihandır. Allah ise; büyük sevap O'nun katındadır."* (Teğâbün, 64/15) buyurmaktadır.

Kim malını ve evlâdını Allah katındaki sevabın üzerine tercih ederse o zarar etmiş ve açıkça büyük bir hüsrana uğramıştır.

Kul öldüğü zaman, melekler, 'Kendisinden evvel neyi gönderdi?' Halk da 'Arkasında neyi bıraktı?' diye sorarmış."[79]

Malda, helâlinden onu edinmek ve hakkı olan yere onu harcamak vardır.

77- Vesiletün Necat, s. 128.
78- Tarikat-ı Muhammediye, s. 284.
79- İhya, c. 7, s. 231-235.

Yahya b. Muaz -r.a.-:

"İki musibet vardır ki evvelkiler ve sonrakiler benzerini işitmemişlerdir. Onlar, ölüm çağında malı hakkında kula isabet eder." demiştir.

— Nedir onlar? denildiğinde:

— Bütün malı kendisinden alınır ve bütün malından da sorulur, cevabını vermiştir.

Malın Âfetleri

Malın âfetleri:

— İnsanı günahlara doğru kaydırabilir. Âcizlik ve imkânsızlık, çok defa kişi ile günah arasında perde olur. Bulmamak, masum kalmaktandır denilmiştir. Mâli imkâna kavuşan insanın sabretmesi çok zordur. Mal çoğu kere, günaha çağıran bir dâvetçi olur. İnsanın elinde mal olmayınca yapacağı şey sabırdır. Ama zengin kişi sabırla, bu mal sebebiyle günaha girmek arasında kalır. Sabretmek zor gelir. Diğer önemli bir husus da şudur: Kişinin elinde maddî imkân olursa onu kötülüğe çağıran kadınların da erkeklerin de sayısı artar.

— Zenginlik, ihtiyaç olarak yenilmesi, giyilmesi, kullanılması helâl ve mübah olan şeylerde insanı aşırı gitmeye ve israfa kaçmaya sürükler.

— Malın ıslahı, artırılması, işlenmesi Allah'ın zikrinden alıkor. Halbuki insanı Allah'ın zikrinden alıkoyan her şey zarardır. Rivâyete göre Hz. İsa -a.s.-:

— Maldaki üç afetten biri, helâlinden kazanmamaktır, demiş.

Bunun üzerine sormuşlar:

— O halde helâlinden kazanırsa durum ne olur, diğer afetler nelerdir?

Hz. İsa -a.s.-:

– Hakkı olmayan yere sarfeder, cevabını vermiş.

– Eğer hakkı olan yere sarfedilirse nasıl olur, denildiğinde Hz. İsa:

– "Bu takdirde de onu ıslah etmek, korumak ve geliştirmek kendisini Allah'ın zikrinden alıkor." buyurmuştur.[80]

Şeytan: "Mal sahibi, benden üç afetten biriyle kurtulamaz. Ona akşam sabah musallat olup helâl olmayan şeyi aldırırım. Yersiz olarak harcattırırım. Malı ona sevdiririm. Böylece hakkını ödeyemez." demiştir.

Mal sevgisinin sebebi, çocuklarına ve akrabasına dünyalık bırakma arzusundan da olur. Bu da cahillikten doğar. Zira Allahu Teâlâ yarattığı her mahlûkun rızkını vermeyi kendi üzerine almıştır.[81] Fakat Kur'ân-ı Kerîm'de "Yeryüzünde çalışın ve rızkımdan yiyin." buyurulduğunu gözönünde tutarak nafakanın elde edilmesi için çalışmanın üzerimize farz-ı ayn olduğunu unutmamamız gerekir.

Malı İslâm'a uygun olarak kazanıp yerine göre harcamak, Cenâb-ı Hakk'a şükredip kalbi mal sevgisi ile doldurmamak, güzel ahlâktan sayılmıştır.

Harislik

Bir şeyi elde etmek için aşırı derecede çalışıp kalben ve bedenen yorulmaktır. Bu sırf dünyalık kazanmak için olursa kötüdür. Âhiret hayatının nimetlerine erişmek için olursa iyidir. Hırs, dünyalık elde etmek için olursa insanı kulluk vazifelerinden alıkoyar.

80- İhya-yı Ulûm-id Din, c. 7, s. 249-250.
81- Tarikat-ı Muhammediye, s. 226.

Resûlullah -s.a.v.- Efendimiz:

"Eğer âdemoğulunun iki vadi dolusu altını olsaydı muhakkak üçüncüsünü isterdi. Âdemoğlunun gözünü ancak toprak doldurur. O kadar ki -ihtirastan nefret edip- tövbe edenin tövbesini Allah kabul eder." buyurmuştur.

Hz. Ömer -r.a.-:

"Açgözlülük fakirliktir. Halkın elinde bulunan maldan ümit kesmek ise zenginliktir." demiştir.

Denilmiştir ki:

Hayat geçer, gider. O, tekrarlanan birkaç günün zahmetleridir. Takdir olunan bir hayata kanaat etmeli! Hevâi nefsini bırakmalı! Hür olarak yaşamalı. Muhakkak çok felâketler vardır ki onu insanoğluna altın, yakut ve dürler -inci- getirir!..[82]

Tetayyur -Uğursuz Saymak-

Tetayyur, daha çok bir işe başlarken veya bir yola çıkarken, kişinin karşısına çıkan bazı kimseleri, birtakım şeyleri uğursuz saymasıdır. Cahiliyet devrinin kalıntılarındandır. Resûlullah -s.a.v.- Efendimiz:

"Hastalığın bizatihi sirayeti yoktur. Bir şeyi uğursuz saymak da yoktur. Ökey ve baykuşun ötmesinin tesiri yoktur. Safer ayının hayır ve şerde asla tesiri yoktur. Fakat cüzzam hastalığı olan kimseden aslandan kaçar gibi kaç."[83] buyurmuştur.

Cahiliyye devrinde başkalarına bulaşan hastalıkların ilâhi bir tesire tâbi olmadan kendiliğinden bulaşıcı olduğu sanılırmış. İslâm akîdesine göre her şeyde hakiki müessir

---

82- İhya-yı Ulûm-id Din, c. 7, s. 251-252.
83- Zübdetü'l-Buhârî, Ömer Z. Dağıstanlı, s. 938.

Allahu Teâlâ Hazretleridir. Bu gibi hastalıklarda bulaşıcı özelliği varsa onu bulaşıcı kılan Allah'tır.

Hayvanların bağırmasını ve kuşların ötmesini, günlerden bazılarını uğursuz saymak, o günlerde bir işe başlamamak, bir insanın işine giderken kendi sûizannıyla uğursuz saydığı bir şahsa yolda rastladığı zaman "Filân kişi ile karşılaştım, işim aksine gidecek." demesi gibi birtakım inançlar bâtıldır. Bir sayı veya olayı uğursuzluğa alâmet saymak, kötü olan zan, fena kuruntu eseri olduğundan caiz görülmemiştir.

Tefe'ül-Fe'l

Fe'l, uygun bir söz söylemek, salih bir kişinin yüzünü görünce sevinmek veya mübârek günlerde, çok sevdiği birine kavuşunca bunu mübârek sayma demektir. Bu müstehaptır.

Resûlullah -s.a.v.- Efendimiz: "Adva, uğursuz sayma yoktur; fakat fe'l hoşuma gider." buyurmuştur.

Ashab -r.a.-:

– "Yâ Resûlallah, fe'l nedir?" diye sorunca:

O:

– "Güzel bir sözdür." buyurmuştur.

Fe'lde gayb üzerine hükmetmek yoktur. Sadece hayrı talep etmek, muradın oluverme ümidi ve Allah'tan müjde alma inancı vardır.[85]

Fal Baktırmak

Fal baktırmak ve falcıların söyledikleri sözlere inanmak İslâm dininin yasak ettiği şeylerdendir. Bir insan falcıya fal baktırıp da falcının söylediği şeylere kalben inanırsa Allah

---

85- Tarikat-ı Muhammediye, s. 217-219.

korusun küfre girer. Küfre girmesiyle imânı, nikâhı ve o güne kadar yapmış olduğu ibâdetlerinin sevabı gider. Bir kâfir gibi eli boş kalır. Eğer falcının söylediği sözlere inanmazsa fal baktırdığı için Cenâb-ı Hak bu kimsenin kırk gün ibâdetini kabul etmez.

Bu hususta rivâyet edilen Hadis-i şerifte:

"Her kim yitikten, geçmişten haber verene ve falcıya gider -fal baktırır da- dediğini tasdik ederse Muhammed'e indirileni terk etmiş olur. Kim de inanmayarak da olsa giderse kırk gün namazı kabul olunmaz."[86] buyurulmuştur.

Gaybı Allah'tan başka kimsenin bilemeyeceği Kur'ân-ı Kerîm'de haber verilmiştir. Nasıl olur da falcı, gelecek zamandan haber verebilir? Peygamber Efendimiz:

"Uğursuz sayan, kendisi için uğursuz haberi verilen, kehanette bulunan, kâhine gidip gaybten haber almak isteyen, sihir yapan ve yaptıran bizden değildir."[87] demiştir.

Kaza ve Kaderin Mahiyetinden Sormak

İmam-ı Âzam Ebû Hanife -r.a.- İmam Cafer-i Sadık'a sormuş:

– Allahu Teâlâ, insanların istekli işlerini, onların arzusuna bırakmış mıdır?

– Allahu Teâlâ, rübûbiyetini, -yaratmak ve her istediğinde tasarruf etmek büyüklüğünü- âciz kullarına bırakmaz.

– Kullarına, işleri zor ile mi yaptırıyor?

– Allahu Teâlâ âdildir. Kullarına zor ile günah işletip sonra cehenneme sokmak O'nun adaletine yakışmaz.

– O halde, insanların, istekli hareketi, kimin arzusu ile oluyor, kim yapıyor? Cafer-i Sadık bu soruya da şöyle cevap vermiş:

86- Hz. Muhammed'in Sünnetinde Terbiye, s. 247.
87- Âile Eğitimi, c. 2, s. 426.

– İşleri insanın arzusuna bırakmamış ve kimseye cebr kullanmamıştır. İkisi arası ola gelmektedir. Yaratmayı kullarına bırakmadığı gibi, zor ile de yaptırmaz.

Ehl-i sünnet âlimlerinin görüşüne göre her türlü –istekli-zorunlu– fiillerin yaratıcısı, meydana getiricisi ancak Allah -c.c.-'tır. Fiilin var edilişinde kula düşen kendisine verilen cüz'i irade ile onu istemek ve bu isteğini tatbikat sahasına koymak için faaliyet göstermektir. Buna "kesb" -kazanmak- denilmektedir. Demek ki fiillerin mutlak fâili Allah, kâsibi - kazanıcısı- ise kullardır. Kullar Allah'ın mutlak iradesinin tatbikat sahasıdır.

Bu hususu misallendirmek gerekirse; bazen insan bir iş yapmaya kesin niyetlenir, onu yapacak güç de kendisinde olur. İşi yapmaya başlayacağı zaman ortaya çıkan bir sebep, yapacağı işi tamamen ortadan kaldırır. Burada kader ve kaza ile mutlak irade bu kulun bu işi böyle yapmasını engellemiştir. Kaderin iyisi, kötüsü, acısı, tatlısı hep Allahu Teâlâ'dandır.

Kişi kaderinin ne olduğunu bilmediğinden Allah'ın kendisine gösterdiği yoldan yürümek zorundadır. Bu yolda başına gelen her şeyden -iyi niyeti sebebiyle- iyi karşılık görür. Kadere isyan etmek, kader hakkında konuşmak yersiz, hiç bilmediğimiz, hislerimizle ulaşamadığımız bir yerden haber vermek gibidir.

Kadere İnanmak İmânın Şartlarındandır

- İmam Birgivî şöyle demiştir: "Kaza, kaderbilgisi, Allahu Teâlâ'nın kullarından sakladığı sırlardan biridir. Bu bilgiyi en yakın meleklere ve dinlerin tebliğcisi Peygamberlerine bile açmadı. Bu bilgi, büyük bir deryadır. Kimsenin bu denize dalması, kaderden konuşması caiz değildir. Şu kadar bilelim ki, Allahu Teâlâ insanları yaratıyor. Bir kısmı şâkîdir, cehennemde kalacaktır. Bir kısmı saîddir, cennete girecektir."

Birisi, Hazreti Ali'den -r.a.- kaderi sorduğunda:

– "Karanlık bir yoldur. Bu yolda yürüme!" demiştir. Tekrar sorunca:

– "Derin bir denizdir." Kişi tekrar sorunca Hz. Ali:

– "Kader, Allahu Teâlâ'nın sırrıdır. Bu bilgiyi senden sakladı." diye cevap vermiştir.

Ebû Hanîfe kader meselesine dalmaktan çekinirdi. Ve arkadaşlarına da bunu tavsiye ederdi. Kader ve kaza hakkında:

– "Bu, insanların karşısında dikilmiş güç bir meseledir. Bunu halledip güçlüğü kim yenebilecek? Bu öyle kapalı bir meseledir ki, anahtarı kaybolmuştur. Anahtarı bulunursa o zaman içinde olan belli olacak. Onu açacak kimseler, ancak Allah indinden haber getirenlerdir."

– Kadere bakan, güneşe bakan gibidir, baktıkça gözleri kamaşır, şaşkınlığı artar."[88] demiştir.

Allahu Teâlâ'nın Zâtından Araştırıp Sormak

Buhârî ve Müslim'in Ebû Hüreyre -r.a.-'den yaptıkları rivâyette Resûlullah -s.a.v.- Efendimiz: "Bir zaman gelecek ki insanlar durmadan Allah'ın zâtının esrarı hakkında birbirlerine soracak. 'Şunu Allah yarattı, ya Allah'ı kim yarattı?' denilecek. Kalbinde bundan bir şey hisseden kimse, 'Allah'a ve O'nun Resûlü'ne inandım.' desin ve Allah'a sığınarak bu gibi düşüncelerden vazgeçsin."[89] buyurmuştur.

Ebû Hanîfe -r.a.- Fıkh-ı Ekber'de: "Allahu Teâlâ'yı, Kur'ân-ı Kerîm'inde kendi zâtını bütün sıfatları ile vasfettiği gibi biliriz. Hiç kimse Allahu Teâlâ'ya lâyık ibâdet yapamaz. Sadece Allahu Teâlâ'nın emri ile emrettiği ibâdeti yaparız.

88- Prof. Muhammed Ebû Zehra, Ebû Hanîfe, trc. Osman Keskioğlu, s. 177.

89- Tarikat-ı Muhammediye, s. 349.

Allahu Teâlâ'nın ulûhiyyetine lâyık ibâdet etmeye kimsede kudret yoktur. Emrine uymak için ibâdet edilir. Ama Kur'ân-ı Kerîm'de kendi varlığını ve kemâl sıfatları ile mevsuf olduğunu, haber verdiği şekilde bilmek, Allahu Teâlâ'yı lâyıkıyla bilmektir ve kullara göre marifetin kemâli budur." demiştir.

Bazı Durumlarda Susmanın Kötülüğü

Kur'ân-ı Kerîm okumamak, iyilikle emretmeyi, kötülükten menetmeyi bir zarar getirme ihtimali olmadığı terketmek, fayda getireceği zannedildiği durumlarda nasihat etmemek sünnet olduğu yerlerde, selâm vermeyi ve selâm almayı önemsememek, ana baba ile konuşmamak, akrabalarla ilişkiye kesmek, kudreti olduğu halde söz ile müdahele edip mazlumu kurtarmamak, ism-i Celâli duyduğunda "sübhanellah" veya "tebârekellah" dememek suretiyle Allah ismine karşı saygı göstermemek, mü'mine yakışmayan kötü davranışlardandır.

Resûlullah -s.a.v.- Efendimize salâvat getirmek âlimlere göre, ömürde bir kere vaciptir. Bazılarına göre ise Resûlullah'ın ismi anıldıkça, işiten kimsenin he defasında salâvat getirmesi vaciptir. Söylenmesi vacip veya sünnet olan sözleri söylememek, susmak, haram veya mekruhtur. Resûlullah -s.a.v.- Efendimiz: "Haksızlık karşısında susan dilsiz şeytandır."[90] demiştir.

Lüzumsuz İncelemelerde Bulunmak

Bir şeyin helâl mi, haram mı veya temiz mi, pis mi olduğunu, sahibine inceden inceye sormak mahzurlu görülmüştür.

Bir şeyin haram veya pis olduğunu gösteren bir belirti olmayınca, araştırma yapmak doğru değildir. Bir şey satın

---

90- Tarikat-ı Muhammediye, s. 415-421.

almak isteyen kimsenin o şey hakkında sahibinden, "Bunu nereden temin ettin veya kazandın?" diye sorması namaz kılmak için serilen seccadenin necaset alâmeti bulunmadığı halde temiz olup olmadığının araştırılması gibi. Bütün bunlar karşıdakine eziyettir. Kişi için, sû-i zan, riya, kendini beğenmişlik, cehalet alâmetidir ve bid'attir.

Hak yolcusuna gereken, sahabe ve tâbiinin yaptığı gibi görünüşe itimat etmektir.[91]

Vesvese

Vesvese, kuruntu demektir, kötü bir şeydir. Namazı kerahat vaktine ertelemeye, cemaati terketmeye, kulu talim, zikir ve fikirden alıkoymaya neden olur. Buna benzer nice faziletlerden ve faydalardan mahrum bırakır. Vakitlerin boşuna akıp gitmesine sebebiyet verir.

Vesvese, dinde olmayan yeni yeni mekruh şeylerin meydana çıkmasına yol açar. Abdest için özel bir kap edinmek, namaz için ayrı elbise ve seccade kullanmak, başkasının kabından abdest almamak, başkasının elbisesiyle, yaygısıyla namaz kılmamak, murdar olduğunu kuruntu ederek yemekten çekinmek ve benzeri birtakım bid'atler, bu kabildendir. Daha başka çeşitleri de vardır: Abdest ve gusül de, yeme ve içmede murdar şeylerden sakınmadıkları vehmiyle Müslümanlar hakkında kötü zanda bulunmak ve namazlarının dahi kabul olmadığını düşünerek kendini beğenmek ve başkalarına karşı kibir taslamak gibi... vesvesenin ilacı, ilm ve ameldir. Yukarıda geçen afetleri bilmek ve onların zararlarını sık sık hatırlamak vesveseyi yok eder.

Resûlullah -s.a.v.- Efendimiz:

91- Tarikat-ı Muhammediye s. 397.

"Sizden biriniz hamamına idrar etmesin. Çünkü vesvesenin çoğu ondan olur."[92] buyurmuşlardır.

Gelen haberlere göre; ashab, murdar olduğu bilinen şeylerden şiddetle kaçınır, temiz ve pâk şeyler hakkında şüpheye düşüp araştırma yapmazdı. -Murdar, dînen temiz olmayan şeydir.- Bütün dikkatlerini kalbi kötü ahlâktan temizleyip güzel ahlâkla süslemeye verirlerdi. Bilhassa kul haklarından, hayvan haklarından şiddetle kaçınırlardı. Dili, kulağı, gözü muhafaza etmekte çok titiz idiler.

Özrü Kabul Etmemek

Bir Müslüman özür dilemişse özrünü reddetmemeli, onu kabul etmelidir. Resûlullah -s.a.v.- Efendimiz:

"Her kim ki, arkadaşı kendisinden özrünün kabulünü isterse, o da onun özrünü kabul etmezse sultanın yardımcılarının zulmen alışveriş yapanlardan aldıkları vergiden yüklendikleri günah gibi, günah yüklenmiş olur."[93] buyurmuşlardır.

Günaha Yönelen Kimseye Dil ile Yol Göstermek

Günah işlemek isteyen bir kimseye dil ile yol göstermek caiz değildir. Zira bu, günah işlemek isteyene yardım etmek demektir. Cenâb-ı Allah -c.c.- Kur'ân-ı Kerîm'de:

"İyilik etmek, fenalıktan sakınmak hususunda birbirinizle yardımlaşın. Günah işlemek ve haddi aşmak üzerinde yardımlaşmayın." (Maide, 5/2) buyurmaktadır.

Hulâsa adlı kitapta: "Dinsizin biri, Müslüman bir kimseden kilisenin yolunu soracak olursa, Müslümanın ona yolu göstermesi doğru olmaz. Zâlimlere ve onların yardımcılarına, zulüm ve günaha gitmek istedikleri zaman, haksız dâvâ pe-

---

92- Tarikat-ı Muhammediye, s. 532-535.
93- Tarikat-ı Muhammediye, s. 392.

şinde koşan kimselere, onlara yardımcı olacak meseleler öğretilmemeli."⁹⁴

Uzun Yaşamayı Hayal Etmek

Hz. Ali -r.a.-, Resûlullah -s.a.v.- Efendimizin şöyle buyurduğunu rivâyet etmiştir:

"Sizin için korktuklarımın arasında en şiddetlisi şu iki haslettir:

1- Heva-yı nefse tâbi olmak,

2- Tûl-i Emel, -"uzun yaşama hayalini beslemek"

Bir zât, dostuna mektubunda şöyle yazmış:

"... Bil ki dünya hayatı rüyadır. Âhiret ise uykudan uyanıklık... İkisinin arasında olan ölümdür. Biz karmakarışık rüyalar içerisinde kıvranıp duruyoruz. Selâm sana!"

Hz. Ebû Bekir Sıddîk -r.a.-'tan rivâyet edilmiştir. Bir hutbesinde:

"Yüzleri güzel, pırıl pırıl parlayan kimseler, gençliklerine meftun olanlar nerede?

Şehirleri bina edenler, duvarlara onları koruyan, padişahlar nerededir?

Harp sahalarında galebe çalanlar nerede?

Dehrin sahibi onların hepsini yere serdi. Onlar kabirlerin karanlıklarına büründüler.

Acele ediniz. Acele kurtuluşa koşunuz kurtuluşa!.." demiştir.

Herkes kendini, kısa emelli zanneder.

Kısa emelli olmanın alâmeti vardır;

İbâdetleri tam ve doğru olarak yerine getirmek, bu hususta bütün gücü sarfetmek, ömrün kıymetini bilmektir.

94- Tarikat-ı Muhammediye, s. 399.

BEŞİNCİ BÖLÜM

Âile, ictimaî yapının en küçük birimini ve
temel unsurunu teşkil eder.
Âile dar mânâda anne baba ile çocuklardan,
geniş mânâda ise bunlarla birlikte akrabalardan
oluşan bir topluluktur.

İslâm'da âile, değerlerinin saygı gördüğü, sıhhatli bir inanç ve
ahlâk düzeninin hâkim olduğu bir kurumdur.

☙❧

AHLÂK SOSYAL BİR DİSİPLİNDİR

İslâm toplumu, birinci derecede mütekâmil ve ileri bir toplumdur. Çünkü fertleri, dinin kendilerine telkin ettiği hükümlere bağlıdır. İslâm'ın ahlâk ve hayat düsturlarını benliğine sindiren kişi, cemiyetin her zaman kendisinden faydalanılan bir üyesi, örnek bir şahsiyetidir.

Toplumun rahat ve huzuru ancak, Kur'ânî hayatın içinde garkolan, onu günlük yaşantılarında uygulayarak somut bir hale getiren Müslümanlarla mümküdür.

Evrensel bir din olarak İslâm, bütün dünya insanının bünyesinde bir araya getirmeyi amaçlar ve bu ideal peşinde koşar. İnsanı serkeşlikten kurtarmak ister. Umursamazlık felsefesine izin vermez. Müslümanlara, Kur'ân-ı Kerîm'deki ifadesi ile *"Yeryüzüne salih kulların hâkim olması."*[1] idealine hizmet etme sorumluluğu da verilmiştir. Ahlâk, sadece bir ferdî faziletler toplamı değil, aynı zamanda sosyal bir disiplindir. Hiçbir beşeri sistem, yalnız kendi kanunları ile insanlar arasındaki münasebetleri yeteri kadar düzenleyememiştir. Âilede olduğu gibi, komşuluk, yardımcılık, dostluk, talebelik, hocalık, iman kardeşliği ve diğer insanlarla ilişkilerde, en güzel kanunları koyan, mutlak otorite sahibi Allah -c.c.-'tır.

1- Enbiya, 21/105.

İslâm'da Âile

İslâm ahlâkı, yaşamın diğer sahalarında olduğu gibi âile kurumunda da başıboşluğu kabul etmez.

Mükemmel ve huzurlu bir âile hayatı için en başta gelen şart hiç şüphesiz hak-sorumluluk dengesidir. Hakların göz ardı edildiği, sorumlulukların umursanmadığı âile, her zaman parçalanmaya ya da yıkılmaya mahkûmdur. İslâm, âile içerisinde her bir ferdin birbirleri ile olan münasebetlerini, karşılıklı hak ve vazifelerini bütün teferruatıyla açıklamıştır.

Evlilik Yüce Allah'ın Emri, Peygamberimizin Sünnetidir

İslâm'da evlilik; nefsin sükûnet, kalbin rahat, gönlün huzur bulması için erkek ve kadının sevgi, hoşgörü, yardımlaşma, şefkat çerçevesi içinde birleşmeleri ve bunu neticesi olarak yavrularının cıvıldaştığı bir âile kurmaları demektir.

Şuurlu bir Müslüman erkek örnek bir koca, şuurlu bir Müslüman kadın da örnek bir zevcedir.

Anne Babaların Çocuklarına Karşı Vazife ve Sorumlulukları

Müslüman anne ve baba İslâm ahlâkının ebeveyne yüklediği vazifeleri bilir ve evlât terbiyesinden sorumlu olduğunu idrak eder.

Çocukların, Allah -c.c.-'a ve O'nun Peygamberine itâat terbiyesi ile yetiştirilmeleri gerekmektedir.

Çocukların beslenme, barınma, giyim-kuşam ve tedavi gibi maddî ihtiyaçlarının karşılanması ile âilenin sorumluluğu bitmemektedir. Anne ve babaların çocuk terbiyesi konusunda yeterince bilgileri olmalıdır.

Ana Baba Hakları ve Sorumlulukları

Çocukların anne ve babalarına karşı vazifelerini şöyle sıralayabiliriz:

– Allah'a karşı günahı gerektiren hususlar dışında emrettikleri her konuda ana babaya itâatkâr olmak.

– Ana babaya nezaketle, yumuşak bir ifadeyle ve saygı dolu bir dille hitap etmek.

– İçeri girdiklerinde hemen toparlanıp saygı ile ayağa kalkmak.

– Evden uzaklaşılacağı zaman, eve dönüldüğünde ve münasip zamanlarda, ellerini hürmetle öpmek.

– Ana babanın kişiliklerini, şeref, itibar ve mallarını korumak; bu hususta gereken titizliği göstermek.

– Arzu ettikleri şeyleri onlara ikram etmek.

– Önemli meselelerde fikirlerinin alınması, uygun olan bütün işlerde onlarla istişarede bulunmak.

– Ana babaya sık sık duâ edip bağışlanmaları için Allah'a yalvarmak, istiğfarda bulunmak.

– Ana babanın yanında konuk bulunuyorsa, kapıya yakın oturmak, onların verecekleri emri yerine getirmek için çok dikkatli bulunmak.

– Onları sevindirecek işler yapmak, bir şey emrettiklerinde memnun olacakları tarzda onu yerine getirmek.

– Karşılarında yüksek sesle konuşmamak.

– Konuştukları zaman onları dinlemek, sözlerini kesmemek.

– İzin vermedikleri takdirde evden çıkmamak.

– Uyudukları zaman onları rahatsız etmemeye dikkat etmek.

– Eşini ve çocuklarını ana babasına tercih etmemek; her konuda ana babaya öncelik tanımak.

– Beğenilmeyen bir iş yaptıkları zaman onları kınamamak.

– Ortada gülmeyi gerektiren önemli bir şey yokken ana babanın huzurunda kahkahalarla gülmemek.

– Sofra kurulunca, ana babadan önce el uzatmamak.

– Ana babanın huzurunda ayakları uzatmamak, derli tolu oturup saygı sınırlarını aşmamak.

– Beraber olunduğunda onlardan önce bir eve veya iş yerine girmemek, yolda önlerine geçmemek. Çağırdıkları zaman, edeple "Buyur!" deyip hemen cevaplandırmak.

– Ana baba hayatta iken de vefâtından sonra da dost ve yakınlarına saygı ve ikramda bulunmak.

– Ana-babasına iyilik etmeyen, onları incitip kıran kimselerle arkadaşlık etmemek.

– Özellikle ebeveyn yaşlı ise sık sık hastalanmaları mümkün olduğundan sabır ve sevgi ile onlara eğilmek.

– Öldükten sonra çok önemli bir engel yoksa ebeveynin evlâtları tarafından yıkanması ve kefenlenmesi gerekir.

Ebeveyne evlâtlarının saygı ve hürmette kusur etmemeleri gerektiği gibi onlar da evlâtlarına bunu tavsiye etmelidirler.

İbn-i Sirîn -r.a.- annesine olan saygısından dolayı ona karşı, hastaymış gibi, zayıf bir sesle konuşurmuş.

Cenâb-ı Hak -c.c.- Kur'ân-ı Kerîm'de:

"Biz insana anne ve babasına iyi davranmasını tavsiye etmişizdir. Annesi onu zorluk ve ıstırap üzerine sıkıntıyla karnında taşımıştı." (Lokman, 31/14) buyurmaktadır.

"Anasının babasının yüzüne merhamet nazarı ile bakan kimseye makbul bir hac sevabı yazılır."[3]

3- Ramuz el-Ehadis, c. 2, s. 382.

Akrabalarla Dostluk ve Dayanışma

Allahu Teâlâ -c.c.- bir âyet-i kerîmede:

"Allah'a kulluk edin, O'na bir şeyi ortak koşmayın. Ana babaya, yakınlara, yetimlere, düşkünlere, yakın komşuya, uzak komşuya, yanınızdaki arkadaşa, yolcuya ve elinizin altında bulunan kimselere iyilik edin." (Nisa, 4/36) buyurmaktadır.

Âyet-i kerîmede görüldüğü gibi akrabalar, önem bakımından, ana babadan sonra gelmektedir.

Kur'ân-ı Kerîm, İslâm'da, akrabalığa verilen önem üzerinde durarak, akrabalık hukukunu korumakta, onlara kötü davranmaktan sakındırmaktadır. İslâmî terim olarak, hısımlarımız "erham" tâbiriyle anılır. Bunlar ya evlilik sebebi ile ya da nesep yoluyla yakınlarımızdır. İslâm, yakınlarımızı şu tertibe göre sıralamıştır:

- Babalar,
- Anneler,
- Dedeler,
- Nineler,
- Kardeşler,
- Kız kardeşler,
- Amcalar ve halalar,
- Kardeş çocukları,
- Kız kardeş çocukları.
- Dayılar ve teyzeler, sonra da diğer hısımlar.

Erham'ın Mânâsı

Akrabalar dinimizde, iki sebepten dolayı "erham" tâbiriyle anılmışlardır:

1- Erham'ın tekili olan 'rahm", Allah'ın Rahmân isminden alınmıştır. Resûlullah -s.a.v- Efendimiz bir hadis-i kutsîde Allahu Teâlâ'nın şöyle buyurduğunu rivâyet etmiştir:

"Ben Allah'ım. Ben Rahmân'ım, rahmi ben yarattım, kendi ismimden bir isim ayırıp ona verdim. Artık kim yakınları ile ilgi kurup rahmi işlek duruma getirirse, ben ona rahmetimi ulaştırırım. Kim de onu keser, ilgisiz kalırsa, ben de ondan rahmetimi keserim."

2- Hısımlık, insanın, bağlı bulunduğu asla, köke doğru inmesi ile gerçekleşir. Zira bir kimsenin akrabaları bir rahimden çıkarak çoğalırlar.

Akrabalarla İyi Geçinmenin Faydaları

– Hısım ve yakınlarla iyi ilişkiler kurmak, Allah'a ve âhirete imânın alâmetlerindendir.

– Akrabaya iyilik insanın malına ve ömrüne bereket verecek, malının artmasına ve ömrünün uzamasına vesile olacaktır.

– Hısımlarla olumlu ilgi kurmak, günahları bağışlatır.

Bir adam, Resûlullah -s.a.v.- Efendimize gelir ve şöyle söyler:

– Doğrusu ben büyük bir günah işledim, benim için tövbeye yol var mıdır?

Resûlullah -s.a.v.- Efendimiz sorar:

– Anne var mı?

– Hayır.

– Teyzen var mı?

– Evet...

Peygamberimiz:

– "O halde ona iyilikte bulun." buyurur.

– Akrabalık bağlarını koparmak, kişinin cennetten uzaklaşmasına neden olur.

"Akrabalık bağını koparan cennete giremez."[4]

– Abdullah b. Mes'ud, duânın kabulüne engel teşkil eder diye akrabalık bağını koparmış insanın meclisinde bulunmasına râzı olmazdı.

– Akrabalık bağlarının koparılması, Allah'ın cezasını erken verdiği, yapanı dünyada cezalandırdığı günahlardandır.

– Müslümanın akrabalarına yaptığı her iyilik için iki ecir vardır: Biri akrabası olduğu için, diğeri sadaka ecri. Bu yüzden de -eğer ihtiyaçları varsa- hediye ve ihsanın akrabaya yapılması daha iyidir.

– Resûlullah -s.a.v.- Efendimiz, akrabaya iyiliğin sınırını oldukça geniş tutmuştur.

Akrabaya iyilik çoğu zaman zannedildiği gibi sadece onlara mal vermekle olmaz, bilâkis bundan daha geniş ve derin bir mânâsı vardır. Fakir akrabanın herhangi bir ihtiyacını gidermenin yanısıra bazen akrabalık bağlarını kuvvetlendiren, sevgi pekiştiren, karşılıklı şefkat ve merhameti güçlendiren bir ziyaret olur. Yardım bazen nasihatle olur. Güzel söz ile hoş sözle olur. Diğer hayırlı amellerle olur.

Müslümanın Komşularıyla İlişkileri

Bir Müslümanın üzerinde titizlikle duracağı haklardan birisi de komşu haklarıdır.

Allah Teâlâ -c.c.- Hazretleri yüce kitabında:

"Allah'a kulluk edin, O'na hiçbir şeyi ortak koşmayın. Ana babaya, yakınlara, yetimlere, düşkünlere, yakın komşuya, uzak komşuya, yanınızdaki arkadaşa, yolcuya ve eliniz altında bulunan kimselere iyilik edin." (Nisa, 4/36) buyurmaktadır.

4- Âile Eğitimi, c. 1, s. 424-429.

Yakın komşu, komşuluğunun yanısıra akrabalığı da bulunan kimsedir. Bu akrabalık soy akrabalığı olacağı gibi din akrabalığı da olabilir. Yani Müslüman olması, Müslüman olmayan komşusuna karşı o komşuyu yakın komşu yapar. Uzak komşu ise soy veya din bağı bulunmayan komşudur. Kişi üzerinde, komşu olan herkesin hakkı vardır. Arada nesep ve din bağı bulunmasa da.

Ashab-ı kirâmdan Kâb b. Mâlik -r.a.- anlatmıştır: Bir adam, Resûlullah -s.a.v.- Efendimize geldi ve şöyle dert yandı:

– Yâ Resûlallah! Doğrusu ben falan mahalleye inip yerleştim. Onlardan bana en çok eziyet eden, bana en yakın olan komşumdur.

Bunun üzerine Resûlullah -s.a.v.- Efendimiz, haberci göndererek Hz. Ebû Bekir, Hz. Ömer ve Hz. Ali'yi mescide çağırdı. Onlar gelince, Peygamberin emriyle, mescidin kapısı önünde durup şöyle seslendiler. "Haberiniz olsun, çevrenizdeki kırk ev komşu sayılır. Komşusunun şer ve kütülüğünden korktuğu kimse, cennete giremez."

Hz. Câbir -r.a.-'den şöyle rivâyet edilmiştir:

"Komşular üçe ayrılır: Bir hakkı olan komşu: Bu, kâfir veya ehl-i kitaptır. İki hakkı olan komşu: Bu Müslüman olandır. Üç hakkı olan komşu: Bu hem Müslüman, hem de akraba olandır. Çünkü bunun komşuluk, Müslümanlık ve akrabalık hakkı söz konusudur."

Komşuya İyilikte Bulunmak

Komşuya iyilikte bulunmaya, Resûlullah -s.a.v.- Efendimizin şu hadisleri ne güzel örnek teşkil ediyor: "Kim âile halkına ve malına bir zarar gelmesin diye kapısını komşusuna karşı kapayıp kilitlerse, o komşusu -gerçek anlamda- mü'min değildir. Komşusu şer ve kötülüklerinden güvende olmayan kimse de gerçek mü'min değildir. Komşu hakkı nedir bilir misiniz? Yardım istediğinde ona yardım edersin. Ödünç istediğinde verirsin. Fakir düştüğünde sana olan borcunu affedersin. Hastalandığı zaman durumunu sorarsın. Kendisine bir hayır ulaştığında kutlarsın. Başına bir musibet geldiğinde taziyede bulunursun. Öldüğü zaman, cenaze merasimine katılırsın. Hava almasını kesecek şekilde binanı yükseltmezsin, ancak izin vermesi halinde böyle yapabilirsin. Tencerede kaynayan yemeğin kokusuyla ona eziyette bulunmazsın, meğer ki o tenceredeki yemekten biraz da ona ayırıp veresin. Meyve alacak olursan, ona da bir miktar gönderirsin. Böyle yapmak istemediğin zaman, meyveyi gizli alıp getirirsin. Çocuğun da onun çocuklarını üzmemek için evdeki meyveyi eline alıp dışarı çıkmasın."

– Komşulara iyilik, sırayla yakınlık durumlarına göre yapılır.

Kapısı en yakın olan ilk hak sâhibidir.

Müslüman, iyiliğini gayri müslim komşularından da esirgemez.

– Resûlullah -s.a.v.- Efendimiz:

"Yanındaki komşusu aç olduğunu bildiği halde tok olarak geceleyen kimse -tam- imân etmemiştir." buyurmuştur.

Müslüman, evinde yemek pişirirken fakir komşularını gözetmeli, yiyecek almaya gücü yetmeyen fakirleri düşünmelidir. Zira, aralarında söz dinlemez küçük çocuk, boynu bükük yetim, kimsesiz dul kadınlar ve güçsüz ihtiyar da bulunabilir. Bütün bunları hesaba katarak etrafındaki ihtiyaç sahiplerini ihmal etmemelidir.

Resûlullah -s.a.v.- Efendimiz:

"Ey Eba Zer! Çorba pişirdiğin zaman suyunu çok koy ve komşularını gözet."[6] buyurmuştur.

6- Ahlâk Hadisleri, c. 1, s. 129.

Komşuya Eziyet Etmemek

Esas olan komşunun komşuya eziyet etmemesidir. Ama bir eziyet vuku bulduğunda da sabretmek gerekir. Eziyetin birçok çeşitleri vardır: Gıybet etmek, kötü söz söylemek, sövüp saymak, komşunun evinin muhtelif yerlerine çöp atmak, asılı çamaşırlarını kirletmek, gibi.

Resûlullah -s.a.v.- Efendimize:

– Filân kadın bütün gün oruç tutuyor. Geceleyin ibâdet yapıyor. Fakat komşularına eziyet ediyor. Hakkında ne buyuruyorsunuz, dendiğinde:

– "O, ateştedir."[7] buyurmuştur.

Gerçek Müslüman, Komşularının En Hayırlısıdır

Allah katında komşuların en hayırlıları komşularına en hayırlı olanlardır."[8]

– "Geniş ev, salih komşu ve itâatkâr binek Müslüman kişinin mutluluğundandır."[9]

– İyi komşuluk gönül rahatlığı ve güven kaynağıdır.

Salih Bir Muhitte İyi İnsanlarla Yaşamak

Müslümanın vasıflarından biri de salihlerle bir arada bulunmak, insanların hayırlıları ile dost olmak, onların takvâ ve amellerine yaklaşmaya çalışmaktır. İyilerle bir arada bulunmak, insanın kalbine rahatlık ve sevinç verir. Şu, Nebevî bir misal ne güzeldir:

7- İhya-yı Ulûm-id Din, c. 4, s. 574.
8- Ahlâk Hadisleri, c. 1, s. 129.
9- Ahlâk Hadisleri, c. 1, s. 130.

"Salih arkadaş ile kötü arkadaşın misali, misk taşıyan ile körük üfleyenin misali gibidir. Misk taşıyan ya sana misk hediye eder veya sen ondan misk satın alırsın. Veya da onun güzel kokusu sana ulaşır. Körük üfleyen ise ya elbiseni yakar veya ondan sana pis bir koku gelir."[11]

Müslüman, Müslüman bir muhitte yaşamaya teşvik edilmiş, Müslüman olmayan muhitte ikâmetine izin verilmememiştir. Yasağın çeşitli yönleri olmakla beraber, bilhassa bunun kültür ve telkin yönü birinci planda nazara alınmıştır. İnsan, fıtratı icabı muhitin tesirinde kalır. Dinî yaşayış ve tefekkürüne etki edecek bir duruma ulaşmadığı müddetçe, yabancı bir muhitte oturulur. Ancak bunu aştığı takdirde, "Kim müşriklerle bir olur yani muvafakat eder onunla beraber yürür ve -onun diyarında- onunla ikâmet ederse aynen müşrik gibi olur." hadisinin tehdidine maruzdur.

Hicret Etmek

Yaşadığı muhit, sosyal müesseseleri ile kendi temel prensiplerine aykırı olur, bir başka deyişle şahsına ve âilesine vermek zorunda olduğu terbiye ve telkine ters istikamette işlerse, Müslüman, o muhiti terk etmek, "hicret etmek" zorundadır.

İmam Mâlik'in ifadesiyle: "Münkerin açıkça işlendiği yerden göç etmek gerekir. Eğer kötülük gizli olursa sadece işleyene zarar verir."

Allahu Teâlâ Hazretleri Kur'ân-ı Kerîm'de:

"Nefislerine zulmeder oldukları halde meleklerin canlarını aldığı kimselere melekler şöyle derler: 'Ne işte idiniz?' 'Biz yeryüzünde zayıf kimselerdendik, hicret etmekten acizdik.' derler. Melekler de 'Allah'ın arzı geniş değil miydi, siz

---

11- Müslüman Şahsiyeti, s. 203.

de oraya hicret etseydiniz ya!' derler. İşte onların yeri cehennemdir. O ne kötü bir dönüş yeridir." (Nisa, 4/97) buyurmaktadır.

Müslüman, içinde bulunduğu çevre şartlarını diliyle, eliyle değiştiremediği gibi, bu şartlar kalben buğuz etmekle tesirinden kurtulamayacağı bir halde ulaşmışsa, orayı terketmek zorundadır.

Gayr-i salih sosyal çevreyi derhal terketmekle ilgili olarak Kur'ân-ı Kerîm'de, Yahudilerin Mısır'dan çıkışı, kavimlerinin küfründen dolayı onları terkedip, mağaraya giren Ashab-ı Kehf, anlatılmaktadır.

Allahu Teâlâ'ya en sevimli kimseler dinleri sebebi ile yurtlarını terkeden gariplerdir. Allahu Teâlâ kıyâmet gününde onları Meryem oğlu İsa ile beraber diriltir.

Müslümanın Hocasıyla Olan Münasebetleri

Müslüman, kendisine hocalık edenlere karşı saygılı olur, kendisini yönlendiren, terbiye eden, ilim verenlere hürmet eder.

— "Talebe hocasının karşısına edep ve saygı ile çıkıp selâm vermeli, mümkün olduğu kadar huzurunda az konuşmalı, hocası sormadan bir şey söylememeli. İzin almak şartı ile soru sorup konuşmalı, hocayı tenkide kalkarak Şu kimse senin dediğinden başka fikir beyân ediyor' gibi sözler söylememeli ve doğruluğu herkesçe bilinen hususlarda, hocanın görüşüne karşı fikir beyân etmemeli. Hoca ile aynı mecliste otururken başkasına bir şey sormamalı, huzurunda iken sağa sola bakmayıp, sakin ve edepli oturmalı. Hocayı yorgun iken fazla soru sorarak daha da yormamalı. Hocanın yaptıklarının görünüşüne bakıp ona karşı kötü zan taşımamalı.

Çünkü o ilim ve hikmet sahibi olan zât, yaptığı işin iç yüzünü talebeden daha iyi bilir."[12]

– Talebe, hocasına "sen" veya "siz" ile değil, "efendim", "hocam", "üstadım" gibi saygı ve nezaket ifade eden sözlerle hitap etmesini bilmelidir.

– Talebe ayrıca, yaşadığı müddetçe hocasına duâ etmeli, onun aile halkına ve soyuna, onu sevenlere saygı göstermeli.

– Talebe hocasının bazı nahoş huylarına, yersiz davranışlarına karşı sabretmeli, bu yüzden dersini terk etmemeli. Hocasının kızması halinde, buna kendisi sebebiyet vermişse derhal özür dilemeli, pişmanlığını göstermelidir.

– Talebe hocasının sözlerini dikkatle dinlemeli, yüzünü bütünüyle ona çevirmeli, sağına, soluna, yukarıya ve aşağıya ihtiyaç olmadığı halde dönüp bakmamalı. Ders esnasında üzerindeki elbiseyle meşgul olmamalı, parmak çıtlatmamalı, ortada hayret uyandıracak bir şey yokken gülmemeli, gülünce de sesini yükseltmemeli, mutlaka gülmesi gerekiyorsa tebessüm etmeli.

Hocasının kapısını edeple çalmalı.

– Talebe, hocasının meclisine yıkanıp temizlendikten, kendine iyi bir çekidüzen verdikten sonra katılmalı, özellike bu meclis ilim meclisi ise daha çok dikkat ve itina göstermeli.

Talebe, kalbini diğer lüzumsuz şeylerden boşaltıp, nefsini bir takım heves ve temayüllerden uzak tutarak hocasının öylece yanına gitmeli.[13]

12- Bidâyetü'l-Hidâye, Gazalî, s. 37.
13- Âile Eğitimi, s. 441-443.

Hocanın Vasıfları Nasıl Olmalı?

– Öğrenciden gelecek güçlüğe katlanıp sabretmeli.

– Lüzumsuz konuşmamalı.

– Halim selim olmalı.

– Ağırbaşlı ve mütevazı olmalı.

– Aşırı şaka ve mizahı terketmeli.

– Talebeye yumuşak davranmalı.

– Anlayışsız öğrenciye yavaş yavaş öğretmeli, geri zekâlı olanı ise güzel bir metodla terbiye etmeli.

– Muhatabın delilini kabul etmeli, hakka dönmeli.

– Zararlı ilimden öğrenciyi menetmeli.

– Faydalı ilmi, öğrencinin Allah rızâsı için öğrenmesi üzerinde durmalı.

İmam Gazalî; "Hoca bütün davranışlarını takvâ yoluna uydurmalı, kendisini hesaba çekmelidir. Çünkü öğrenci evvela onun davranışına bakar, sonra söylediklerinden faydalanır." demiştir.

Yine İmam Gazalî'ye göre, hoca talebesini evlâdı yerine koymalıdır.

İslâm'da Yardımcılara Muamele

Resûlullah -s.a.v.- Efendimiz devrinde ya ücretle tutulan hür kimselerden veya o zamanın âdeti üzere parayla satın alınan kölelerden, ev işlerinde yardımcılar kullanılmakta idi. Peygamberimiz bunlara, ailenin diğer fertlerinden biri gibi muamele edilmesini öğütleyerek:

– Sağ ellerinizle mülk edindiğiniz köleler hakkında Allah'tan korkunuz. Yediğinizden onlara yediriniz. Giydiklerinizden giydiriniz. Güçleri yetişmeyen işlerde onları çalıştırmayınız. Sevdiğiniz köle ve câriyeleri yanınızda bırakınız. Sevmediklerinizi satınız. Allah'ın mahlûkatına azap vermeyiniz. Çünkü, onları size mülk eden Allah'tır. Eğer o Allah dileseydi sizi onlara mülk edebilirdi."[14] buyurmuştur.

Hz. Ömer'in oğlu Abdullah -r.a.- anlatmıştır:

Resûlullah'ın huzûr-ı saadetine, bir kişi gelip sordu:

– Ey Allah'ın Resûlü! Biz hizmetçilerimizden ne kadar kusuru affedelim?

Resûlullah evvela susup cevap vermedi, sonra şöyle buyurdu:

– "Günde yetmiş defa affediniz."[15]

Ebû Hüreyre kendisi devesinin sırtında, hizmetçisi yaya olarak arkasından yürüyen birisini görünce:

– "Ey Allah'ın kulu! Bu hizmetçi senin kardeşindir. Onu da terkine alsana. Onun ruhu da seninki gibidir." demiştir.

Müslümanın Dost ve Arkadaşlarıyla İlişkileri

İmam Gazalî Hazretleri, arkadaşlık haklarını 8 grupta toplamıştır:

– Birinci hak maldır. Hasan-ı Basrî; "Bizden evvelki müslümanlar, gerektiğinde havlusunu ortadan ikiye böler, bir parçasını kardeşine verirdi, demiştir.

Resûlullah -s.a.v.- Efendimiz:

"İki kardeşin misali iki elin hâli gibidir. Birincisi diğerini yıkar." buyurmuştur.

14- İhya, c. 5, s. 19.
15- İhya, c. 5, s. 20.

İki el aynı hedefte yardımlaşmakta oldukları gibi kardeşler de yardımlaşırlar. Sıkıntıda ve genişlikte birbirlerinin hallerine ortak olurlar.

– İkinci hak, dostun ihtiyaçlarını yerine getirmeye koşmak suretiyle yardım etmek ve bunu seve seve yapmaktır.

Âlimlerden biri:

Sen kardeşinden herhangi bir ihtiyacının yerine getirilmesini istediğin zaman, senin o ihtiyacını yerine getirmezse, ikinci bir defa ona hatırlat. Belki de unutmuş olur. Eğer ikinci defa hatırlatmana rağmen yapmazsa, onun üzerine tekbir getir ve şu âyeti oku:

"Ölüler! Cenâb-ı Hak onları diriltip haşredecektir." (En'am, 6/36) demiştir.

-Onu, nefsinde ölüymüş gibi tasavvur et.-

Salih Müslümanlardan bazı kimseler, arkadaşının âile efradının hâlini, arkadaşının ölümünden kırk sene sonraya kadar sorar, onların ihtiyaçlarını yerine getirirmiş. Öyle ki âile efradı, sâdece babalarının zâtını kaybetmiş gibi olurlarmış. Hatta babaları hayattayken görmediklerini, baba dostlarından görürlermiş.

– Üçüncü hak, gerektiği yerde dost hakkında sükût etmek, gerektiği yerde konuşmaktır.

Müslüman, kardeşinin gıybetini yapmaz, onunla mücadele ve münakaşaya girişmez. Arkadaşının kendisine söylediği sırlarını kimseye açıklamaz. Hatta arkadaşından ayrıldıktan ve araları bozulduktan sonra dahi onun sırlarını gizlemeye devam eder.

Arkadaşın dostlarını, âile efradını ve çocuğunu tenkit etmekten çekinmelidir. Bir başkası, arkadaşını tenkit ederse bunu kimseye anlatmamalı. Fakat başkasından arkadaşından yana dinlediklerini gizlemesi doğru olmaz. Böyle bir durumu gizlemek, hasetten kaynaklanır.

İyiliği emir veya kötülükten menetmek gerekirse, bundan çekinmemelidir. Çünkü bu hususta konuşmak, arkadaşa iyilik yapmaktır. Her ne kadar, arkadaşı böyle bir konuşmayı zâhirde aleyhinde kabul etse dahi. Müslüman, arkadaşı hakkında kötü zanda bulunmaz ve onun kusurlarını affeder."

– Dördüncü hak arkadaşını memnun edecek sözler söylemektir.

Resûlullah -s.a.v.- Efendimiz:

"Sizden biriniz arkadaşını sevdiğini haber versin." buyurmuştur.

"Sevginin belli edilmesi, sevgiyi artırdığı için, emredilmiştir."

Müslümanlar arasında sevginin oluşması İslâm'ın istediği hususlardandır.

– Arkadaşlığın icaplarından biri de onu güzel isimlerle çağırmaktır.

Hz. Ömer -r.a.-:

"Üç haslet vardır. Bu üç haslet arkadaşının sana karşı olan sevgisini saflaştırır.

1- Rastladığın zaman evvela ona selâm vermen,

2- Oturduğun mecliste o geldiğinde ona yer genişletmen,

3- Kendisince en sevimli isimleriyle onu çağırmandır." demiştir.

"Arkadaşlığın hukukundan birisi de öğretmek ve nasihat etmektir."

– Beşinci hak, arkadaşlarının kusurlarını affetmektir.

Dostun, dostluktan vazgeçmesi ya bir günah işlemekten dolayı dinî hususlarda, veya kardeşlikte kusur yapmaktan sebep olur.

Günah işlemişse kusurunu düzeltmesi için uygun bir lisanla nasihat etmek gerekir.

O, kimse yaptığında ısrar ederse, ne yapmalıdır?

Ashab-ı Kiram ve tabiînin, böyle bir kimseyle dostluk ve sevgiyi devam ettirmek veya kesmek hususunda değişik görüşleri vardır.

Ebû Zer Gifari -r.a.-:

"Kardeşin eski durumunu muhafaza etmediği zaman, onu ne için seviyorsan onun için de ona buğzet." demiştir. Yani, Allah için seviyordun, kötülüğe sapınca da Allah için buğzet."

Ebû Derda -r.a.- ve diğer grup sahabeye göre, bunun tam aksini yapmalıdır.

Ebû Derda -r.a.-'ya:

– Arkadaşın kötü bir iş yapmasına rağmen hâlâ da ona buğzetmeyecek misin? denildiği zaman:

– Ben ancak onun ameline buğzederim. Eğer kötü ameli olmasa, o, yine benim arkadaşımdır, demiştir.

Birkimseye, bir din kardeşi, bir kusur ederse, kendinde onun yetmiş çeşit özrünü aramalı. Nefsi kabul etmezse, "İşte senin kötü huyun. Kardeşin senden yetmiş türlü özür diliyor kabul etmiyorsun." demeli.

Dostu ifrata kaçmaksızın normal bir sevgi ile sevmeli. Belki o, kişinin bir gün buğzettiği bir kimse olur. Sevilmeyen bir kimseye karşı da ifrata kaçıp kin gütmemeli. Umulur ki, o, bir gün dostu olur!"

– Altıncı hak, dostunu, duâ ile anmaktır.

"Gerek hayatında ve gerekse ölümünden sonra mü'min kul, kendi nefsine, âile efradına ve kendisiyle yakın ve uzak ilgisi olan kimselere sevdiği duâ ile duâ etmeli.

Resûlullah -s.a.v.- Efendimiz:

"Kişi arkadaşına o yokken duâ ettiği zaman melek kendisine 'Sana da onun benzeri olsun.' der." buyurmuştur.

– Yedinci hak sevmeye, dostlukta vefâlı olmaktır.

Vefânın mânâsı, sevgiye ölene kadar devam edip üzerinde sebat etmektir.

– Sekizinci hak, aralarında tekellüf -zahmet verici şeyler- olmamasıdır.

Cafer-i Sadık -r.a.-:

"Benim için arkadaşlarımın en ağırı ve çekilmez olanı şudur: Bana karşı birtakım zorluklara girer. Ben de ondan çekinir, resmiyete bürünürüm. Arkadaşlarımdan kalbimin üzerinde en hafifi o kimsedir ki, onunla beraber bulunduğumda sanki yalnızmışım gibiyimdir."

Dostlardan bir şey beklememeli onlara hakkıyla davranmalıdır.[16]

16- İhya, c. 4, s. 427-490.

Arkadaş Seçimi

Resûlullah -s.a.v.- Efendimiz:

"Kişi, dostunun dini üzerindedir. Öyleyse sizden herhangi biriniz kiminle dostluk yaptığını güzelce düşünüp araştırsın." buyurmuştur.

Arkadaş seçiminde çok dikkatli olmamız tavsiye edilmiştir.

Sohbet ve arkadaşlık yapmak istenilen bir kimsede şu hasletler aranması üzerinde durulmuştur:

1- Akıllı olması,

2- Güzel ahlâklı olması,

3- Fasık olmaması,

4- Bidatçi olmaması,

5- Dünyaya fazla düşkün olmaması.

Alkame el-Attaridi'nin Oğluna Vasiyeti

"Ey oğlum! Erkeklerin sohbetine muhtaç olduğunda öyle bir kimse ile arkadaş ol ki sen ona hizmet ettiğin zaman o seni korumuş olsun.

Onunla arkadaşlık ettiğin takdirde seni süslendirsin.

Nafakanın herhangi bir derdi seni zorladığı zaman sana yardımda bulunsun.

Öyle bir kimseyle arkadaşlık yap ki sen elini hayır ile uzattığın zaman, o elinin uzanmasına yardımcı olsun.

İyi arkadaş senden bir iyilik görürse onu sayar, bir kötülük görürse kapatır, ondan istediğin zaman verir.

Sustuğun zaman da senden hoşlanır.

Başından bir belâ geçtiği zaman derdini kaldırmaya çalışır.

Konuştuğun zaman, senin sözünü hak olmak şartıyla kabul eder. Eğer ikiniz aynı şeye tâlip olursanız sana öncelik tanır.

İkiniz bir hususta karşılıklı hak iddiasında bulunursanız, seni nefsine tercih eder."[17]

Müslümanın, Müslümanla Kardeşliği

Bu kardeşlik ile Müslümanların kalplerinin ve ruhlarının birbirlerine inanç bağıyla bağlanması kastedilmiştir. İslâm dini bunun için Müslümanların birbirlerine karşı yapması gereken kardeşlik haklarının ne olduğunu bildirmiş, ödev ve yükümlülüklerini açıklamıştır.

— Müslümanın, Müslüman üzerinde hakkı vardır. Bunlar, karşılaştığın zaman ona selâm vermek, dâvet ettiği zaman gitmek, nasihat istediğinde ona nasihat etmek, aksırınca Allah'a hamd ederse, ona "Allah rahmet etsin." demek, hastalandığında hatırını sormak, vefâtından sonra cenazesini kaldırmaktır.[18]

— Her kim, Müslüman kardeşinin dünya sıkıntılarından birini giderirse, yüce Allah, buna karşılık onun kıyâmet sıkıntılarından birini giderir. Kim eli dar olan borçluya, kolaylık gösterirse, Allah dünya ve âhirette ona kolaylık gösterir. Her kim bir Müslümanın ayıbını örterse, Allah da dünya ve âhirette onun ayıbını örter. Bir kul din kardeşine yardımda bulundukça Allah da ona yardım eder.[19]

17- İhya, c. 4, s. 416-420.
18- Buhârî, Cenâiz.
19- Ebû Dâvûd, Edeb.

– Bir kimseyle üç günden fazla küs kalmamalı.

"Bir kimsenin bir mü'mini üç günden fazla terketmesi - dargın kalması- helâl olmaz. Üç gün geçtikten sonra onu bulmalı, ve selâm vermeli. O şahıs selâmı alırsa ikisi de ecirde ortaktırlar. Eğer selâm alınmazsa selâm veren ayrılık -dargınlık- günahından kurtulmuş olur."

– Kişilere derecelerine lâyık bir şekilde davranmalı.

Rivâyete göre, Peygamber Efendimiz bir eve girdi. Arkasından ashabı geldi evi doldurdu. Son olarak Cüreyr bin Abdullah el-Bucelî teşrif etti. Fakat boş bir yer bulamadı. Eşiğin üzerine oturdu. Bu durumu gören Resûlullah -s.a.v.- Efendimiz abâsını katladı, Cüreyr'e attı ve:

– "Şu abânın üzerine otur!" buyurdu. Bu duruma şaşıran Cüreyr, Resûlullah'ın abâsını aldı, yüzüne koydu. Hem öptü, hem ağladı. Sonra abâyı dürdü, Resûlullah'ın yanına bıraktı ve şöyle hitap etti.

– "Ben senin elbisen üzerine oturamam. Bana ikramda bulunduğun gibi Allahu Azîmuşşan da sana ikrâmda bulunsun."

Resûlullah -s.a.v.- etrafına bakınarak:

– "Ey Ashabım! Size herhangi bir kavmin kerimi ve önderi geldiği zaman ona ikramda bulununuz!" buyurdu.

– Fırsat buldukça Müslümanların arasını bulmaya düzeltmeye çalışmalı.

Müslümanların arasını düzeltmek, çok faziletli bir ameldir.

Lisan sadakasından daha üstün bir sadaka yoktur.

Lisan sadakası, yâni, şefaat ile kanlar akıtılmaktan menedilir. Onun vasıtasıyla başka bir Müslümana menfaat götürülür, yine onun vasıtasıyla başka bir Müslümandan mekruh -istenilmeyen şey- defedilir.

– Müslüman kardeşinin namusunu, nefsini, malını başkasının zulmünden mümkün olduğu kadar korumalı.

Ona gelen felâketlere birlikte göğüs germeli, onun için mücadele etmeli ve ona yardım etmelidir. Böyle yapmak İslâm kardeşliği gereği farzdır.[20]

Yetim Hakkı

Yetimin malı, bülûğ çağına erişinceye kadar güzelce idare edilmeli, daha sonra kendisine verilmelidir. Kur'ân-ı Kerîm'de:

"Yetimlere mallarını verin. Temizi murdara değişmeyin, onların mallarıyla kendi mallarınızı karıştırarak yemeyin, çünkü bu büyük bir günahtır." (Nisa, 4/2) buyurulmaktadır.

Yetim, lûgatte, tek başına kalmak demektir. Dindeki mânâsı babası ölmüş henüz bülûğ çağına erişmemiş çocuk demektir.

Resûlullah -s.a.v.- Efendimiz:

"Her kim, rahmet ve şefkat yönünden elini bir yetimin başına koyarsa, elinin değdiği tüyler sayısınca kendisine hasene yazılır."[21] buyurmuştur.

Bir yetim malını haksız yere yemek haramdır. Fakat velisi muhtaç olup başka türlü nafakasını temin edemediği veya vasisine bir ücret tâyin edilmiş olduğu takdirde, o maldan bilinen şekilde yenilmesi caizdir.

20- İhya, c. 520-546.
21- İhya-yı Ulûm-id Din, c. 4, s. 558.

Meselâ: Fakir, ihtiyar bir baba, oğluna annesi terekesinden intikal etmiş olan bir maldan israf etmeksizin bir miktar alıp yiyebilir.[22]

"İbn-i Abbas hazretlerinden rivâyet edildiğine göre; veli daha sonra zengin olursa, kendisi için aldığı malı yetime iade eder. Zengin olmazsa iadesi lâzım gelmez.[23]

Kul Hakkı

"Kıyâmet günü dağlar kadar hayırları ve iyilikleri olduğu halde bir kimse Allahu Teâlâ'nın huzuruna getirilir. Eğer bu sevaplar kendisinde kalsaydı o kimse muhakkak cennetlik olurdu. Bu arada zulmettikleri ve üzerinde hakkı olan kişiler de oraya gelir. Bu kimse dünyada iken birinin sülâlesine sövmüş, birinin zorla malını almış, şuna buna birtakım ezâ ve cefâlar etmiştir. Sevapları, kendisinde hakkı olanlara verilir. Öyle ki, kendisinde hiç sevap kalmaz. Melekler: "Yâ Rabbi! Bu kişinin sevapları, takas ile bitti, geriye kendisinden alacaklı olan daha birçok kimse kaldı." dediklerinde, Allahu Teâlâ, "Alacaklıların günahlarından, onun günahına katınız ve cehennemliktir diye yazınız.' buyurur. Bu kişi cehenneme gider. Mazlum da, gördüğü zulmün karşılığını alır o zâlimin sevabı ile kurtuluşa erer."[24]

Kıyâmet gününde haklar ehline o derece ödenecektir ki, boynuzlu koyun, vurduğu boynuzsuz koyunla kısas olunacaktır.

22- Kur'ân-ı Kerîm'in Türkçe Meâli, c. 2, s. 559.
23- Kur'ân-ı Kerîm'in Türkçe Meâli, c. 4, s. 1871.
24- Günyetü't-Tâlibin, s. 198.

Âhirete Kul Hakkı İle Gitmemeli

İmam Rabbânî, Hindistan vâlilerinden Hân-ı Hânân'a şöyle bir mektup yazmış:

"Bir kişinin üzerinde kul hakkı varsa, buna tövbe için hakkı hemen ödemesi, onunla helâlleşmesi, ona iyilik ve duâ etmesi gerekir. Eğer o kimse ölmüş ise, bu defa ona duâ ve istiğfâr edip çocuklarına, vârislerine o hakkı ödemeli onlara iyilik yapmalıdır. Çocukları ve vârisleri de bilinmiyorsa, o hak kadar parayı fakirlere, ihtiyaç sahiplerine verip sevabını hak sahibine havale etmelidir."

Abdullah İbn Mübârek,

— "Haram olarak ele geçen bir kuruşu sahibine geri vermek, yüz kuruş sadaka vermekten daha sevaptır." demiştir.

Mecelle'nin otuz ikinci maddesinde "Zaruret içinde olma, başkasının hakkını gidermez." denilmektedir. Açlıktan ölecek olan kimse, başkasının malını, ölümden kurtulacak kadar yiyebilir, ancak daha sonra bunun değerini veya mislini hak sahibine ödemesi gerekir.

Hz. Osman -r.a.- bir defasında bir suçundan dolayı kölesinin kulağını çekmişti. Daha sonra belki suçundan fazla ceza verdim diye düşünüp âhirette kısas yoluyla kölesinin kendi kulağını çekmesinden korkmuş ve kısasın âhirete kalmaması için köleye dünyada iken kulağını çektirmiştir. Büyük zâtlar, kul hakkına bu derece dikkat ederlerdi.

Kâfir Hakkı

Kâfir hakkı mahşerde ödenmesi en zor haklardandır. Çünkü kâfire, sevap verilse fayda vermez. Kâfirin küfür günahı da mü'mine yükletilmez. Eğer Allahu Teâlâ, borçlu mü'mini seviyorsa, kâfirin cehennemdeki azâbını hafifleterek kâfiri râzı eder ve mü'mini haktan kurtarır.

Hayvanlara Muamele

Hayvanların hakkından, mahşerde asla kurtuluş olmaz. Bundan dolayı, yanmak zaruridir. Bir kimsenin üzerinde hayvan hakkı varsa dünyadan gitmezden önce tövbe etmeli, iyilik yapmalı. Çokça ağlayıp Rabbimize yalvarmak gerekir.

Hayvanlara iyi muamele etmek için kişi ehil ve evlâdına nasihat etmeli, bu hususta onlara vasiyette bulunmalı. Hayvanın sürçmesi, düşmesi kabahat değildir. Tepmesi, süsmesi, ürkmesi, kaçması kabahattir. Kabahatli olunca yüzü ve başı hariç diğer taraflarına hafifçe biraz vurulabilir. Hayvanlar suçsuz yere dövülmez. Hayvanı olan onun yiyecek ve içecek ihtiyaçlarını gidermeli. Aç ve susuz bırakmamalıdır.

Hayvanlara gereği gibi bakamayan kişiler hayvan bulundurmamalı.

– Yavrusuna zarar verecek derecede hayvanın sütünü sağmak helâl değildir.

Çocukların kuş ve diğer küçük hayvanlara ilişmesine müsâde etmemeli. Kuş tutmuş ise çocuğa bir şey verip kuşu salıvermeli. Hayvana fazla yük yüklemek ve çok fazla yürütmek günahtır. Hayvanı durdurunca üzerinden inmek gerekir. Hayvanın boynuzunu kırmak, kulağını, kuyruğunu kesmek haramdır. Hayvanlar yularından çekilmeli. Hayvanlara sövmek caiz değildir.[25]

Cenâb-ı Hak, hayvanlar hakkında Kur'ân-ı Kerîm'de:

"Yeryüzünde yürüyen her bir hayvan ve iki kanadıyla uçan bütün kuşlar -yaratılışta, yemede, içmede, Allah'ı tesbih ve zikirde- ancak sizin gibi ümmetlerdir." (En'am, 6/38) buyurmaktadır.

Müslüman Hayvanlara da İyilikte Bulunur

Sahabe:

— Yâ Resûlallah! Hayvanlara yaptığımız iyiliklerden de bize ecir var mı? dediklerinde, Peygamberimiz:

"Her canlı için ecir vardır." buyurmuştur.

Abdullah İbn-i Ömer -r.a.-'den rivâyet olunduğuna göre, Resûlullah -s.a.v.- Efendimiz: "Bir kadın, açlıktan ve susuzluktan ölünceye kadar hapsettiği bir kedi yüzünden cehennemlik oldu." Cenâb-ı Hakk bilir amma bu kadına Allah tarafından 'Ey kadın! Sen bu hayvanı hapsedip yedirmedin, içirmedin, yeryüzünde mukadder nasibini bulup yemesi için salıvermedin de!' buyurulup kadının cezâsı bildirilmiştir."[26] demiştir.

Her insan mahşer gününde hayvanlara yaptığı iyiliğin de, kötülüğün de karşılığını alacaktır.

25- Âmentü Şerhi, s. 220.
26- Müslüman Şahsiyeti, s. 169.

İŞTE İNSAN BUDUR

İslâm'ın şekil verdiği insan şahsiyeti, anlattığımız bu gibi ahlâkî düsturların ürünüdür. Bu düsturlardır insanı besleyen kaynak ve pınarlar.

Müslümanın şahsiyetinde akıl, ruh ve kalp, İslâm'ın Rabbânî parlak nuruyla aydınlanmıştır. İnsanı yücelten onun üstün dînî ahlâkıdır. Müslüman muhteşem bir varlıktır.

෨෦෬

Rabbimiz! Kalplerimizi hidâyete erdirdikten sonra tekrar saptırma. Yüce katından bize rahmet ihsan et.

Bağışı bol olan ancak Sensin.

Âlemlerin Rabbi Allah'a hamd olsun!

Bütün Peygamberlere salât ve selâm olsun.

S. 36-37 "Sihirin şerrinden emin olmak için Muavvazeteyn sûresi"